21 世纪高等院校教材

物流管理实验实践教程

主　编　袁开福　肖　强
副主编　江建宇　李前喜

科 学 出 版 社
北　京

内 容 简 介

本书在充分总结物流管理专业实验实践教学经验的基础上，结合最新的物流信息技术和物流仿真优化软件编写而成。本书共分 15 章，第 1 章给出物流管理专业构建实验实践教学体系的必要性、设计原则、基本构成及其总体思路。第 2～15 章着眼于物流管理专业主干课和集中实习环节的实验实践教学项目设计与实施，其中，第 2 章为物流认知实习环节；第 3～12 章关注学生专业能力的培养，涉及“商品学、物流管理学、仓储管理、运输管理、配送管理、物流信息技术、运营管理、供应链管理、国际物流、物流系统规划与设计”等课程；第 13 章重点关注学生综合能力的提升，涉及“配送中心系统规划与优化、大学生物流设计竞赛”两个综合性实验实践项目；第 14～15 章为专业实习和毕业实习环节。通过对本书的学习，学生不仅能应用基本理论和方法解决现实中的物流管理问题，还能掌握大量符合时代需求的先进物流管理技术和工具，有助于提升学生的现代物流管理能力。

本书可作为物流管理及相关专业本科生的实验实践教学用书，也可作为物流专业教师教学参考用书，还可作为高职高专学生及物流相关专业人士自我提升的参考书。

图书在版编目（CIP）数据

物流管理实验实践教程 / 袁开福，肖强主编. —北京：科学出版社，2019.11

21 世纪高等院校教材

ISBN 978-7-03-059808-0

Ⅰ. ①物… Ⅱ. ①袁…②肖… Ⅲ. ①物流管理-实验-高等学校-教材
Ⅳ. ①F252-33

中国版本图书馆 CIP 数据核字（2018）第 280501 号

责任编辑：王京苏 / 责任校对：王丹妮
责任印制：吴兆东 / 封面设计：蓝正设计

科 学 出 版 社 出版
北京东黄城根北街 16 号
邮政编码：100717
http://www.sciencep.com

北京盛通商印快线网络科技有限公司 印刷
科学出版社发行 各地新华书店经销
*
2019 年 11 月第 一 版 开本：787×1092 1/16
2020 年 4 月第二次印刷 印张：17 1/4
字数：406 000

定价：58.00 元

（如有印装质量问题，我社负责调换）

前 言

物流管理专业是实践性与操作性较强的专业。因此，该专业学生特别是本科毕业生除了系统掌握的物流管理基础理论和基本方法外，还应熟悉企业生产经营活动中的物流运作环节及其业务流程，具备较强的实际操作能力和创新能力，能胜任物流业务运营与管理、物流供应链系统设计与优化等工作。显然，如何让学生有效地将物流管理基础理论和基本方法应用于企业实践，创造性解决物流管理问题，提升物流管理人才的培养质量，构建科学合理的实验实践教学体系已经成为本科院校物流管理专业面临的重要课题。为此，本书以提升物流管理专业学生应用创新能力为目标，以物流管理专业主干课程为载体，以企业专题调研、物流运作图景式呈现、物流方案创造性设计为主线，紧扣专业课程实验实践环节和集中实习环节的设计与实施，旨在让学生理解物流运作、做好物流工作，创建和优化更高效的物流供应链系统。因此，本书在编写过程中力求突出以下特点。

（1）系统性。通过对物流管理专业课程实验实践环节和集中实践环节进行系统的梳理与归纳提升，全方位指导物流管理专业的各项实验实践教学环节。同时，本书包括了 11 门物流管理专业课实验实践环节的教学设计与实施过程，初步构建了一套较为完整的物流管理专业实验实践教学体系。

（2）先进性。强化物流信息技术和物流仿真优化软件的应用，具体包括用于条码制作的 Bartender 软件、RFID 读写软件、用于选址和路径规划的 TransCAD 软件、百蝶物流三维仿真软件、用于 GIS 地图编辑的 MapInfo 软件、EPR 沙盘、用于供应链战略规划的 Supply Chain Guru 软件、用于仓储系统布局的 FlexSim 软件等。

（3）完备性。围绕各类实验实践项目的开展，编写了各类教辅资源，包括实验大纲、实验讲义、实验实践报告模板、实验实践成绩评定参考指标体系、实验实践思考题等，这些资源都可以提供给使用单位教师，保持教材资源的完备性和丰富性。

（4）可操作性。本书充分反映了我校物流管理专业实验实践教学的实际，是对我校物流管理专业开办 15 年来实验实践教学工作的总结和提升，其实验实践项目的设计思路和实操细则可以为开设类似课程的教师使用、参考和借鉴。

本书由袁开福、肖强任主编，江建宇、李前喜任副主编。由袁开福负责全书的整体策划、章节安排及统稿、校稿工作，肖强、江建宇对全书进行了校对。各章节编写分工如下：袁开福编写第 1、9 章，袁开福、肖强编写第 2、14、15 章，袁开福、余淑涵编写第 3 章，李前喜编写第 4 章，肖强编写第 5、10 章，袁开福、万娟编写第 6 章，彭甜编写第 7、12 章，陈佳丽编写第 8 章，肖强、江建宇、陈佳丽、余淑涵编写第 11 章，江建宇编写第 13 章。

在本书编写过程中，硕士生研究生董慧、王小霞在图表制作方面做了大量的具体工作，在此表示衷心的感谢。同时，本书参考和引用了相关的文献资料，在此谨向所有著作者们表示衷心的感谢。

本书出版得到了贵州省教育厅“2015 年省级本科教学工程项目——物流管理专业综合改革试点项目（黔教高发〔2015〕337 号）”的资助。同时，还获得了“贵州财经大学 2018 年自编教材立项”支持。在此，一并表示感谢。

在本书完稿之际，感谢贵州财经大学教务处评审专家对书稿提出的宝贵意见，感谢贵州财经大学教务处副处长范平花教授、工商学院院长肖小虹教授、副院长刘良灿教授给予本书的关心和支持。同样，也衷心感谢编写本书的各位同事，他们的努力和辛勤付出将进一步推进我校物流管理专业实验实践教学水平的提升。科学出版社的王京苏编辑为本书的出版付出了大量辛勤的劳动。在此，一并向他们表示诚挚的谢意。

本书可作为普通高等院校本科物流管理、工商管理、市场营销和国际贸易等专业基础课与选修课实验实践环节的教学用书，也可作为高职高专、成人高等教育物流类专业学生、物流相关从业人员自我提升的参考书。

限于水平和时间的限制，加上物流行业的飞速发展，书中难免存在不足和不妥之处，恳请专家、同行、读者批评指正。

编　者

2019 年 10 月

目　　录

第 1 章

概　　述

1.1　物流人才需求分析

近年来，随着我国物流业的迅猛发展，对物流人才提出了迫切需求。教育部高等教育司 2007 年发布的《中国物流发展与人才需求研究报告》从市场需求角度，将物流人才需求主要分为两个层次：①宏观管理层次的人才。如为政府机构制定物流政策、规划等方面的人才，以及相应的物流教学、科研、培训等方面的人才。②微观管理层次的人才。其具体包括企业的物流管理人才和物流企业的管理人才。而微观管理层次的人才是物流人才中需求最大的一部分，涉及的企业包括制造企业、商贸企业、物流企业等。

宏观管理层次的物流人才主要属于研究型的高端人才，他们是对物流理论和实践前沿进行探索与传播的一个群体，其对物流知识的要求最高、最全面，需要掌握全面、系统的物流理论知识和实践知识。这部分人才的社会需求量较小，且培养最困难，显然不是高校本科教学培养的主要方向。微观物流管理人才是物流人才中需求量最大的一部分。这部分人才按照对物流相关知识和技能的要求程度，可以分为操作人员、中层管理人员和高级管理人员三个层次。其中，操作人员主要要求掌握具体的操作技巧，如仓管员、理货员、拣货员、送货员、订单员、报关员、叉车操作员、货车司机等，这些岗位根据不同经营类型的企业，分工相当细致，针对性较强，也是微观层面需求量最大的部分。但是，这类人才需要的知识层次不高、内容较单一，只需要进行有针对性的培训，就能取得良好的效果。中层管理人员（如物流公司的项目经理和部门经理）必须在掌握必要的物流操作技能基础上，熟悉物流某个环节或相邻环节的业务流程、业务管理内容，具备一定的团队管理能力、规划能力和信息技术能力等，能够带领自己的团队完成所承担的物流任务，并能与相邻的环节密切配合，实现高效无缝对接，保证物流运作效率。该层次对知识和技能要求较高，需要从物流理论和实践方面进行全面、系统的培养。高级管理人员除了懂得必备的物流操作技能外，更注重掌握综合的理论和实践知识，具备较强的管理能力，能够应用现代物流工程技术和管理方法，对物流各环节进行综合分析、科学规划，并能对全过程进行协调管理，实现物流系统整体最优。这类人才属于企业的高管人员，不一定由高校直接培养，更多的是在工作中从中层管理人员中培养、锻炼发展而来。

因此，为了让学生更好地理解企业物流业务的流程和运作，使之具备实际物流业务运营的操作能力和管理能力，高校在教学过程中应加强实验实践教学环节的设计和实施。

1.2 物流管理本科人才能力结构

合格的物流管理本科人才应当具备什么能力？能力与能力之间应当满足什么关系？这些问题只有构筑起合理的物流管理本科人才能力架构才能找到答案。

1. 市场对物流管理本科人才的能力要求

物流管理本科毕业生是否是合格的物流人才不是学校所能决定的，而需通过学生是否满足企业和社会的需求来评判。事实上，企业在招聘时，都会提出相应的条件和要求。换言之，企业要求学生具备特定的能力和素质，这些能力和素质可以通过对用人单位和已就业学生进行问卷调查、访谈来确定。通过分析不同物流管理本科人才岗位能力的需求发现，市场对物流管理本科人才的能力和素质要求主要如下：从知识层面讲，要求掌握扎实的物流基础知识、相关原料及物料知识；熟练使用 Office 办公软件和 ERP（enterprise resource planning，企业资源计划）系统软件；熟悉物流管理业务流程，有丰富的流程管理操作技能；了解国内物流行业运作规律，熟悉行业规范；在物流特定领域（如仓储配送）具有较高的专业资质及技术，精通第三方物流管理理念；等等。从能力层面讲，要求具备较强的协调能力、谈判能力，较强的表达能力和沟通能力；具有较强的业务规划能力（如根据不同项目制定物流策略和方案）、领导能力、团队管理能力和业务拓展能力；对于国际物流业务，还需具备较强英语的听说读写能力。从素质层面讲，能吃苦耐劳；具有良好的市场意识、敏锐的商业眼光和清晰的工作思路；有良好的职业操守、勤奋、有事业心；富有工作激情、能适应出差、承受工作压力；具备较强的责任心和团队精神；作风正派、为人正直、诚实守信、忠诚敬业等。

2. 物流管理本科人才的能力架构

一旦确定物流管理本科人才所需的能力和素质，将有助于构建其能力架构。具体来讲，要建立物流管理本科人才能力架构，思路大致如下：①确定物流管理本科专业的人才培养目标。人才培养目标设定将影响到能力和素质培养的选择。②根据人才培养目标，确定所需的能力和素质。从培养目标看，各高校都着眼于培养高级复合型人才或专门人才。对于高级复合型人才，要求毕业生具有从事物流系统设计和物流企业经营、管理、决策的能力，并具备较强的物流实际操作能力。对于高级专门人才，要求毕业生具有较强的物流运营管理、项目策划及物流规划与设计能力。不论是复合型人才还是专门人才，人才培养目标的提出更多基于毕业生未来工作走向。因此，从市场需求和人才培养目标看，物流管理本科毕业生应当具备三类能力：①较强的基础能力。这表现为学生具备宽厚的人文知识、科技知识、经济管理知识和法律知识，具备较深厚的数学功底，具备较强计算机和英语的应用能力，具备科学锻炼身体的思想和方法。②较强的专业能力。这主要包括物流管理基础能力、物流业务组织能力、物流管理专业技术能力、物流系统设计与规划能力等。其中物流管理专业技术能力包括解决针对采购、运输、仓储与配送、物流成本管理、物流信息处理等方面问题的能力，学生能够做出科学的判断，并及时制订出正确决策方案的能力。除此之外，作为物流管理专业的本科学生，必须掌握仓库的出入库操作、物流信息管理系统的操作、运输与配送的基本操作、包装与装卸等基本操作技能。③较强的综合能力。学生除了具备宽厚的基础知识、良好的专业素养外，同时还应具备良好的身体素质和思想素质，以更好地应对生活和工作中的挑战。这需要在课程设置和实践环节加强学生综合能力的培养，如通过课程专题调研、社会调查、专业认知实习、专业实习和毕业实习等环节为学生提供各种锻炼与实践的机会，以更好地应用其所学，使其整体素质得到提高。显然，为培养物流管理本科学生的三大能力，离不开实验实践教学体系的有力支撑。

1.3 建立物流管理专业实验实践教学体系的必要性

近年来，在电子商务迅猛发展的推动下，我国物流产业发展迅速，物流需求逐年递增，物流人才的需求量巨大，但学生就业情况不容乐观。究其原因，主要是学校的培养和社会的需求之间发生了脱节，社会需要的是理论和实践并举的综合型人才，而大多数高校培养的则是侧重专业知识的理论型人才。显然，为提升学生的实践能力，建立实验实践教学体系已成为物流管理专业当前教学和发展迫切需要解决的问题。

从就业岗位看，物流管理专业学生就业岗位侧重于企业，会涉及采购、仓储、包装、配送、运输等物流业务的运营管理。因此，在注重综合性和专业性理论学习的同时，必须加强动手能力和实践能力的培养，使学生走上工作岗位后能有效地开展工作。

从学科特点看，物流管理是综合性很强的学科，具有环节多、系统性强、科技含量高、理论与实践紧密结合的特点，培育出能够将理论与实践相结合的物流管理人才才能满足社会的需求。

从实验实践教学开展情况看，很多高校受限于专业办学时间短、师资及经费不足等诸多原因，实验实践教学环节仍是物流管理专业整个教学体系中最薄弱的部分。实验实践教学体系的建立将搭起理论与实践的桥梁，为学生提供实践的机会，有助于学生理解和应用现代物流管理理论和方法，提高其分析与解决物流问题的能力。

从提升学生就业质量看，应用型本科是一种能力本位的教育，尤其注重实践能力的培养。构建科学合理的实验实践教学体系，不仅是物流管理专业本身社会实践性特征的内在要求，更是提高专业人才培养质量和毕业生就业竞争力的客观需要。

1.4 物流管理实验实践教学体系的设计原则

物流管理本科专业实验实践教学体系的设计，必须符合应用型人才培养目标的要求，体现应用型人才培养的本质，符合社会对应用型人才的要求。其实验实践教学体系的构建要遵循以下基本原则。

1. 以市场为导向，体现能力本位原则

物流管理应用型本科要以市场为导向，体现能力本位的思想。首先要对人才市场的需求进行调研，从企业所需要的物流人员素质和能力出发，对物流人才需要的能力进行分解和集成，并以核心能力为本位确定核心实践教学环节及其内容体系。在实验实践教学方案设计中，要分别听取校外教学指导委员及专业人士的意见，尤其要听取物流行业专家的意见，以满足用人单位的实际需要。

2. 正确处理理论教学和实验实践教学的关系原则

进一步精简理论教学内容，根据专业技术课和提高学生专业实践能力的要求来设定理论教学。按照实验实践教学本身的规律和内在联系，重组实验实践环节，形成相对独立的实验实践教学体系。实验实践教学内容的安排要根据物流管理人才培养目标进行设计，确保实验实践教学课时与学分数达到一定的比例。

3. 遵循连续性、模块化与渐进性原则

实践能力培养是一个循序渐进的过程。因此，在教学计划中，实验实践教学环节要保持连续性，保证实践能力的培养4年不断线，并且分阶段、分层次逐步推进。要采用模块化、渐进式的设计思路，将实验实践教学分为课程实验、综合实验、课程专题调研、专业认知实习、专业实习、毕业实习等形式，在4年本科培养阶段进行合理分配，形成由基础实验实践、专业实验实践、综合实验实践组成的模块化、项目化、系列化的相对独立的实验实践教学体系，体现实践能力发展的层次性、整体性和循环式上升的发展规律与能力形成机理的内在要求。

4. 产学结合与动态调整原则

应用型物流管理本科教育必须走产学结合的道路，单纯的封闭式的校内实训和模拟训练，是达不到培养效果的。必须放手让学生参加社会实践，走进企业，开展校企合作培养，学校和企业一起，研究并制订培养目标、实施培养过程，这样才能达到企业对物流管理人才的要求。而由于物流行业的快速发展、物流技术的不断进步，在校企合作培养过程中，物流管理专业实验实践教学体系，包括教学内容、培养模式等，必须适时调整、更新，紧跟物流实践发展的步伐。实验实践教学内容、训练方法等绝不能停留在一种状态，需要及时地调整、更新。

5. 突出学生的中心地位原则

在进行实验实践教学体系设计时，要以提升学生的能力为目标。将传统的以教师为中心的实验实践教学模式，向以教师为主导、学生为主体，激发学生学习积极性和创造性的实验实践教学模式转变，从培养学生创新能力的角度，对物流管理实验实践环节进行设计。

1.5 物流管理实验实践教学体系的基本构成

物流管理专业的应用性很强，必须科学设计实验实践教学环节，尤其注重校外的社会实践和企业实习。根据应用型本科人才培养的要求，物流管理实践教学体系应围绕“一个中心、五个环节”进行安排和运作。“一个中心”，即以提高学生实践能力为中心，“五个环节”，即通过“课堂实践教学、实验教学、课外社会实践、企业实习、毕业论文”五个环节，对学生进行实践能力的培养与锻炼。物流管理专业实验实践教学环节整体构架如图1-1所示，所采用的教学手段具体包括以下两方面。

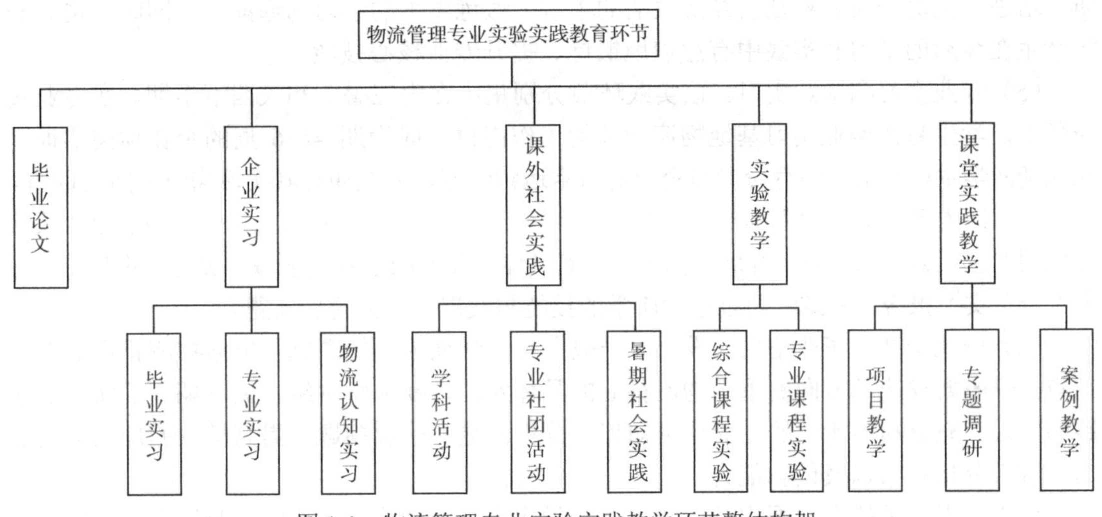

图1-1 物流管理专业实验实践教学环节整体构架

1. 实践教学方面

（1）案例教学。案例教学是一种最简单、最容易学习的实用性教学方法，也是实现物流管理理论教学与物流实践能力培养有机结合的重要方法之一。利用案例教学可以将学生置身于现实的环境中，帮助学生获得分析实际情况的能力，培养学生在实际中根据所获得的资料进行决策和采取相应措施的能力。在案例教学中除了收集、使用一些静态的文字案例外，还要尽量收集一些视频资料，教师甚至可以深入企业自己动手拍摄一些工作现场的视频，让案例活动起来。这样，学生就能更好地感受到物流现场的操作，更好地认知一些物流技术。

（2）项目教学。该方法是在教师的指导下，将一个相对独立的项目交由学生自己处理，信息收集、方案设计、项目实施及最终评价，都由学生自己负责，学生通过该项目的进行，了解并把握整个过程及每一个环节的基本要求。“项目教学法”最显著的特点是“以项目为主线、教师为引导、学生为主体”。

（3）专题调研。调研是学生未来工作中常用的了解市场和企业的有效手段。因此，除了必须专门开设“市场调查”课程外，专业课程如物流管理学、商品学、仓储管理、运输管理、物流信息技术、运营管理和供应链管理等，应结合教学内容，组织学生对企业展开调研，通过组织学生到企业实地调查，并将形成的调查分析报告在全班进行交流，扩大信息资源的共享范围，提高信息的利用率。这样不但让学生直接接触社会、感知社会，还让学生了解企业的实际运作及其存在的问题，做到学以致用，提高社会实践和专业实践能力。

（4）物流认知实习。该实践环节主要集中在大二下学期，在这个学期已开设了物流管理学等基础课程。该类实践环节通常由专业教师组织学生到物流企业或园区等进行参观学习和聘请有经验的专业从业人员到课堂授课两种方式相结合。通过这一模式，使学生对物流管理专业对应的工作职位和具体工作内容有初步的了解，如物流人才社会需求状况、物流产业发展状况以及装卸搬运工具使用等；了解到从事相关工作所需要的知识、能力和素质，增进学生对物流业和社会经济生活的了解，锻炼学生的学习沟通能力。同时，也有利于学生在今后的学习和实践中有意识地锻炼、提升专业核心技能。

（5）专业实习和毕业实习。该实践环节分别集中在大三暑假和大四下学期。在专业实习环节，学生将在专业实习基地物流相关的工作岗位完成为期 4～6 周的企业顶岗实训。在此期间学生以准员工的身份参与企业的日常运营管理，完全履行其实习岗位的所有职责，可以在短期内迅速提升学生的专业综合技能水平。毕业实习，主要以学生已签约的企业或计划应聘的企业为实习单位，开展顶岗实训，其具体工作不限于物流领域。实习结束后，学生需要撰写实习报告，总结实习过程中所学的技能与发现的相关管理问题。

（6）毕业论文。毕业论文（设计）一般在第 7 学期末开始选题，根据物流管理的专业特点，一般要求选题方向侧重于物流行业的具体实践，要求学生结合大学期间的实训、实践与实习，充分利用所学的专业理论知识来分析问题和解决问题，提高学生的理论运用能力、综合分析能力以及创新能力。

由于本书仅关注专业课实验实践环节和学生专业集中实习，因此毕业论文在本书中不做相关的论述。

2. 实验教学方面

（1）专业课程实验。专业课程实验是指在所开设的专业必修课或选修课教学中设置了一定学时的实验教学，以加深对课程理论和方法的理解和应用。专业课程实验主要包括两类：①实验室实验。实验室实验又分为认识与验证型实验和综合与仿真型实验。a.认识与验证型实验。其目的是使学生掌握基本理论知识，熟练基本操作，培养基本技能。例如“商品学”课程开设了条码制作实验；“物流信息技术”课程开设了 RFID（radio frequency identification，无线射频识别）读写实验、基于百碟软件信息系统与信息处理、基于 Mapinfo 软件地图编辑和数字化与基于 Mapinfo 软件 GIS（geographic information system，地理信息系统）地图输出等实验项目。b.综合与仿真型实验。其目的是使学生掌握科学实验的基本思路和方法，培养实验设计、信息收集整理及综合运用知识的能力。如“配送管理”课程开设的配送中心选址规划、配送路径规划等实验项目；“运营管理”课程开设的 ERP 沙盘企业运营模拟；“物流系统规划与设计”课程开设的仓储系统、分拣系统和配货系统仿真与优化等实验项目。②情境模拟游戏。该方法要比案例教学更深入，通过设计一个实际公司运营的情境和一套游戏规则，让不同小组的学生扮演企业中不同的岗位角色，在给定的市场环境下，由学生自主经营企业，自主决策和运行各流程，使学生感到身临其境，这对学生的思考能力、动手能力和综合素质的培养都有很大的帮助。当然，这对任课教师的要求较高，一方面教师要十分熟悉企业的运营情况，能合理设计游戏规则；另一方面在游戏过程中要不断监控学生的操作情况，还要充分调动学生的积极性，游戏结束后还要组织学生讨论分析游戏的结果，评价学生的解决方案。例如，我们尝试在“供应链管理”课程教学中开展啤酒游戏等，这些都在一定程度上培养了学生的创业、创新能力，并取得了很好的效果。

（2）综合课程实验。综合课程实验是为了促进学生所学专业知识的综合应用而设置的综合实验项目，该实验属于研究创新型实验。项目不针对特定的课程而设计，会涉及跨学科、跨专业相关知识的融合与应用，旨在培养学生提出问题、分析问题和解决问题的能力，培养学生的创新思维和科学研究素质。例如，“物流高峰”课程开设的配送中心系统规划与优化和组织学生参加的“全国大学生物流设计大赛”方案设计都属于此类实验。

1.6　物流管理实验实践教学评价的总体思路

为了更好地反映学生在实验实践教学中的参与度及其教学效果，必须建立起明确合理的评价标准，以引导学生认真开展实验实践活动。

首先，根据实验实践环节的各自特点，确定每个环节的考核办法和考核指标，构建一套科学、完善的考核评价指标体系。例如，“运营管理”课程设置了“ERP 沙盘企业运营模拟演练”实验项目。根据学生提交的实验报告和学员手册，将对学生此实验的完成情况进行评价，具体评分表如表 1-1 所示。同样地，在“运营管理”课程也设置专题调研环节，根据调研过程阶段性检查结果、调研报告、调研情况汇报三方面，设计运营系统调研项目评分表如表 1-2 所示。

表 1-1　ERP 沙盘模拟实验评分表

评价指标	指标值	实际评分
报表填写情况及经营结果	30 分	
实验报告语言及结构	20 分	
实验过程描述的清晰性	20 分	
感想和总结	20 分	
各小组成员参与情况	10 分	
总计	100 分	

存在的问题与不足：

任课教师签字：

时间：

表 1-2　运营系统调研项目评分表

评价指标	指标值	实际评分
项目描述的清晰性与逻辑性	25 分	
项目内容与课程的相关性	25 分	
问题回答的准确性与清晰性	25 分	
小组成员配合情况	25 分	
总计	100 分	

其次，实验实践环节成绩应单独核算，并按一定比例记入总成绩。例如，“运营管理”课程的实验环节和实践环节的成绩各占总成绩 20%。独立核算成绩的考核方式，将会引起学生的重视和关注，促使学生投入更多的时间和精力去完成实验实践各环节的具体任务。

最后，注重实验实践的过程考核及团队成员的个人贡献。根据规定项目实施进度阶段性任务完成的时间节点，对项目的推进情况进行监督检查，并作为平时考核的依据。同时，根据学生项目完成过程的个人表现，如汇报环节对教师质询情况回复的表现，给予个人在团队评分的基础上加减分，形成团队成员的个性化评价，由此激发学生参与实验实践的主动性、积极性和责任心，从而提升实验实践教学的效果。

本书实验实践项目的选取主要是对多年来实施的物流管理专业实验实践项目，旨在对其进行系统化的总结、完善和提升，为实验实践教学质量的提升提供方向指引。

第 2 章

物流认知实习

物流管理是一门实践性很强的学科，单纯依靠理论知识，而不了解企业的具体物流运作和管理，不深入具体物流实践，就不可能真正掌握这门学科的精髓。认知实习作为学生学习专业课程前的首个实践性教学环节，对学生初步了解企业，提高学生的观察能力、理解能力、沟通能力，培养学生独立思考的能力，开发学生的创造能力，强化学生的学习研究能力，都具有重要的意义。

2.1　实习目的与要求

1. 实习目的

通过专业认知实习，增加物流管理专业学生对企业及物流管理工作的感性认识，提高理论联系实际的能力，也为今后进一步学好各门专业课程打下良好的基础。同时，通过该实习，使学生认识到物流管理在企业经营管理中的重要性，培养学生对专业的认同感，增强学生专业学习的兴趣，提高主动性。

通过接触实际业务过程，认识物流管理专业的工作内容、工作特点和所需要的技能，培养学生个体专业思维习惯。通过实习了解社会、了解企业，培养学生主动适应社会各种工作岗位需要的素质和能力；使学生在对企业物流管理了解的基础上，对今后的就业意向有一个初步的认识。

2. 实习要求

通过实习，要求学生对现代物流企业的基本情况、物流管理方法、手段及物流运作流程有一个初步的认识，对今后学习培养的专业素质和能力搭建一个初步的框架。其具体要求包括以下几点。

（1）每位学生必须按时参加，无特殊情况不得缺席，不得推迟实习。

（2）参加实习前教育，明确实习目的，端正态度，充分认知实习的重要性，了解实习安排计划，以饱满的热情投入到实习中去。

（3）学生实地参观实习前，需先熟悉实习单位的背景资料。在实习过程中，认真观察，仔细听讲，做好记录。实习结束后，及时按要求撰写实习报告。

（4）实习学生应充分尊重实习单位同事，尊重教师，团结互助，克服困难，顺利圆满完成实习内容。

（5）实习期间应遵守学院与实习单位的规章制度，注意安全保密，服从实习单位统一安排。要体现出大学生精神文明风貌。自尊、自爱、自强，关心集体，爱护公物，不做有损于学校学院荣誉的事。

2.2 实习内容与时间

1. 实习内容

（1）了解实习单位的基本情况，如实习单位的性质、经营规模、经营范围、经营方式、企业的组织结构等。

（2）了解企业物流设施和设备、物流信息系统使用的情况。

（3）了解企业物流产品特点、企业具体的物流服务项目，包括基本服务项目和增值服务项目。

（4）了解物流需求特点，即物流企业客户来源、特点及营销工作组织。

（5）了解企业物流人才状况及其需求。

（6）了解实习单位具体物流运作和管理工作的内容、程序、方法、手段和工具等。

2. 实习时间

第 4 学期第 8～10 周期间开展，总计时间 1 周。

2.3 实习方式与考核

1. 实习方式

（1）到物流园区或物流企业进行参观、调查并参与具体实操。

（2）听取物流园区或物流企业单位领导、管理人员专题讲座。

（3）教师组织班级学生开展专业认知实习座谈会，开展交流与讨论。

2. 实习考核

学生的专业认知实习成绩由实习指导教师根据学生的实习态度（20%）、实习纪律（20%）和实习报告（60%）三个因素综合评定。实习成绩分为五个等级：优秀、良好、中等、及格、不及格。评分标准如下。

优秀：实习态度端正，纪律严明，实习报告全面、深刻。

良好：实习态度端正，纪律严明，实习报告全面，格式正确，但总结深度一般。

中等：实习态度端正，纪律严明，实习报告撰写内容、格式、总结深度一般。

及格：实习态度端正，纪律一般，能够完成实习报告，内容基本正确，但不够完整、系统。

不及格：有以下情况之一者，实习成绩不及格：未按时完成认知实习；在实习中有违纪行为；在实习单位中造成不良影响；未完成实习报告或实习报告质量差。

2.4　实习报告注意事项

实习报告写作内容应包括实习单位总体情况、单位硬件软件情况、企业服务项目、企业客户及营销工作、企业人才情况以及业务流程等，并据此谈谈自己未来专业学习方向。

要求字数在 2000～3000 字，内容全面，认知正确，总结深刻。

第 3 章

“商品学”课程实验实践

3.1 零售门店商品调查实践

3.1.1 实践目的与要求

通过对零售门店进行实地调查，了解、记录门店中商品的分类情况及品种构成情况。其具体要求包括以下几点。

（1）到零售门店进行实地调查，了解门店内商品的分类情况及品种构成情况。

（2）做好调查记录，并对门店商品分类、品种情况做总结分析。

（3）调查过程中注意安全，并及时完成调查报告撰写。

3.1.2 实践内容与时间

1. 了解商品分类的层次

商品分类的层次从粗到细可分为大类、中类、小类、细类、品种、细目等。大类、中类、小类等较高层次类目的划分，通常按商品生产、流通、消费活动类型的逐步细化来进行。细类是对若干具有共同特征的商品品种的归类。品种是指商品的具体名称所对应的商品。细目是对商品品种的详尽区分，包括商品的规格、花色、质量等级、产地、品牌等。

2. 了解商品分类的方法

商品分类的方法有线分类法和面分类法两种。多将两种方法组合使用，通常以线分类法为主，面分类法为辅。

1）线分类法

线分类法也称层级分类法，是将分类对象按照选定的若干分类标志，逐次地分成若干层级，每个层级又分为若干类目，排列成一个有层次、逐级展开的分类体系。

2）面分类法

面分类法也称平行分类法，是将分类对象按选定的若干分类标志划分成彼此没有隶属关系的若干组独立的类目，每组类目构成一个“面”。再按一定的顺序将各个“面”平行排列。用面分类法进行分类时，应根据需要将有关“面”中相应的类目，按“面”指定排列顺序组配在一起，形成一个新的复合类目。

3. 了解商品常用的分类标志

商品常用的分类标志有用途、原材料、加工工艺、化学成分和产地等。

4. 了解商品品种分类

（1）按照生产上的分工划分为物质产品和服务产品。

（2）按照流通中的分工划分为零售商品和非零售商品。

（3）按照消费需求的类型或内容划分为高、低、中档商品或日用品、选购品和特殊品。

5. 分析商品品种结构与消费需求结构的匹配度

商品品种结构是指企业所经营的各类商品之间及每类商品中不同品种规格商品的组合。商品品种结构应适应消费需求结构及其变化。商品品种结构是否合理，实质上是商品能否满足广大消费者多样化、多层次、专业化、特殊化、个性化消费需要的问题，也是人们对商品的不同需要在质的方面能否得到满足的问题。因此，须考虑商品品种结构与消费需求结构是否匹配的问题。

6. 实践时间

本次实践调查要求学生在课外自行安排时间开展。学生从“商品学”课程教学的第 10～13 周这一个月的时间里，按分组前往自己选择的零售门店进行调查，并撰写实践报告。第 14～15 周，按分组在课堂上做调查结果的 PPT（Power Point，演示文稿）展示。

3.1.3　实践思考与报告

1. 实践思考

（1）门店内商品如何分类？

（2）门店内商品主要采取哪些分类方法及分类标志？

（3）选取门店内某一商品的品种，分析其品种结构如何设置，与门店的客户需求度的匹配情况如何？

2. 实践报告

按学校要求的规范格式，依据实践内容和思考及时撰写并提交实践报告。

3.2 商品条码制作实验

3.2.1 实验目的与要求

（1）了解常用商品标识代码的编码方法与常见的条码类型。

（2）学会利用 Bartender 软件编制不同类型的条码。

3.2.2 实验原理与内容

不同的条码有其相应的编码规则，学会利用条码编制软件，制作和打印不同类型的条码。

3.2.3 实验环境与准备

（1）每人一台计算机。

（2）Bartender 软件。

3.2.4 实验步骤与操作

（1）启动 Bartender，会弹出新建文档向导，在其中选择“空白模板”，单击“下一步”按钮，启动界面如图 3-1 所示。

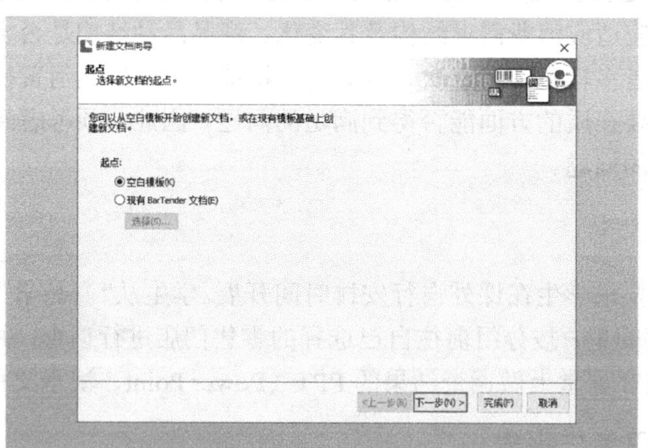

图 3-1 Bartender 软件启动界面

（2）在“选择卷”对话框中选择“指定自定义设置”选项，单击“下一步”按钮，具体界面如图 3-2 所示。

（3）在“纸张大小”对话框中设置打印纸张规格及打印方向，具体界面如图 3-3 所示。注意：条码打印应用专门的条码打印机，这一步根据实际情况设定。

（4）在“打印的项目形状”对话框中设置条码标签的形状，设置界面如图 3-4 所示。

（5）在“边距”对话框中设置打印纸张的页边距，设置界面如图 3-5 所示。

（6）在“行数和列数”对话框中设置每页打印纸张上条码标签的行列数，设置界面如图 3-6 所示。

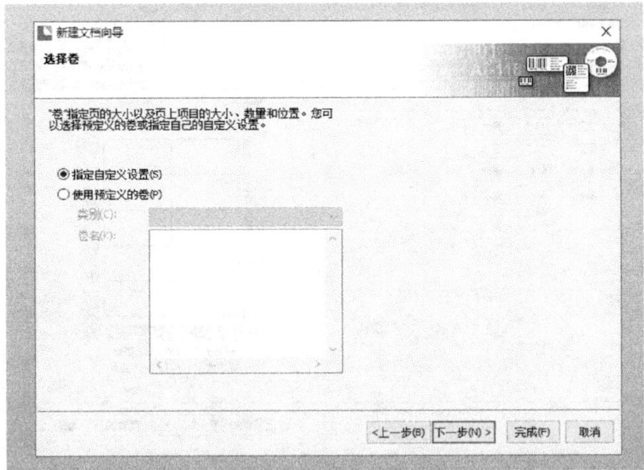

图 3-2　Bartender 的“选择卷”对话框

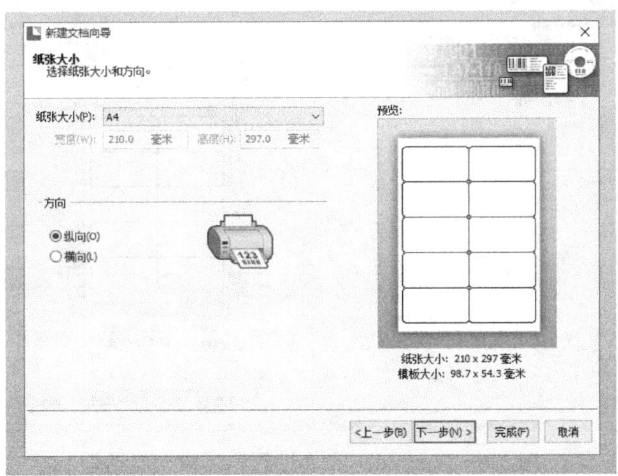

图 3-3　Bartender 的“纸张大小”对话框

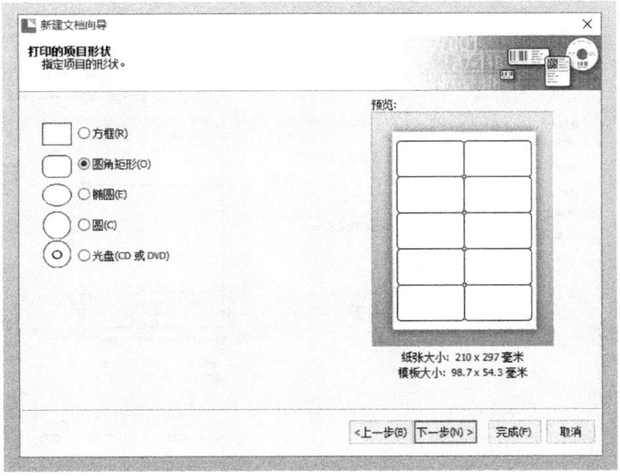

图 3-4　Bartender 的“打印的项目形状”对话框

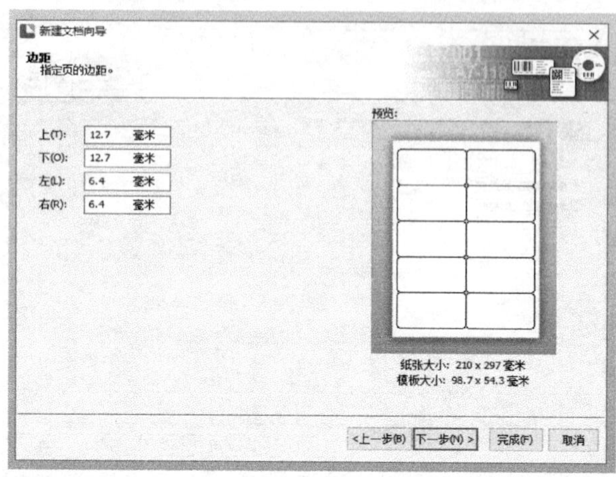

图 3-5 Bartender 的“边距”对话框

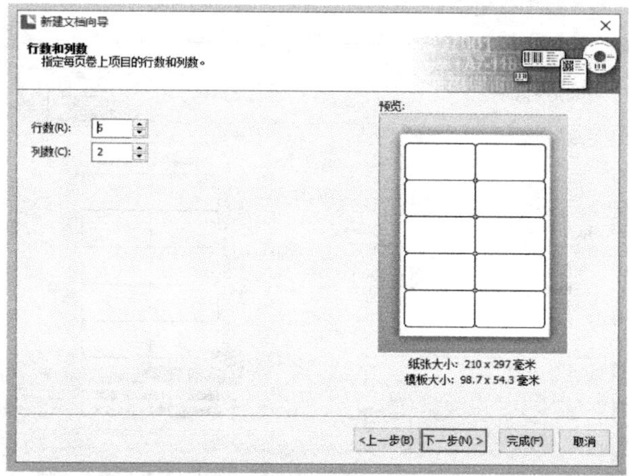

图 3-6 Bartender 的“行数和列数”对话框

（7）在“模板大小”对话框中设置每个条码标签的大小，设置界面如图 3-7 所示。

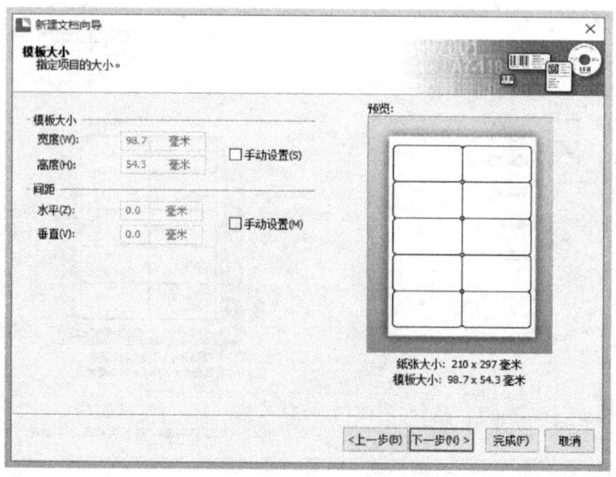

图 3-7 Bartender 的“模板大小”对话框

（8）在“打印顺序”对话框中指定条码的打印顺序，设置界面如图 3-8 所示。

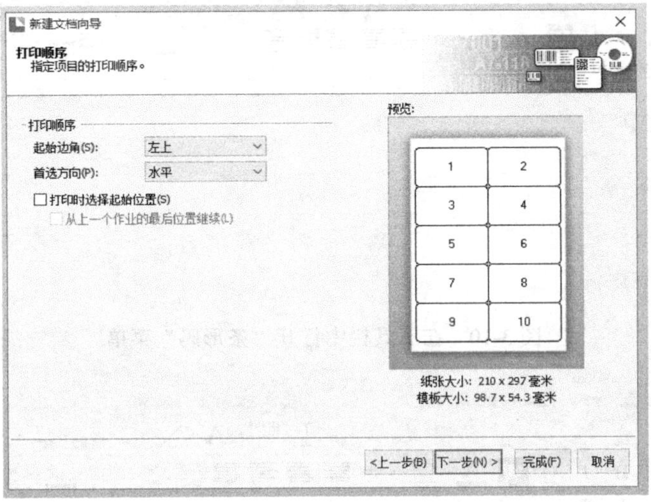

图 3-8 Bartender 的“打印顺序”对话框

（9）在“模板背景”对话框中进行设置。条码如需添加背景，可在此对话框中选择。单击“完成”按钮，完成条码的设置，设置界面如图 3-9 所示。

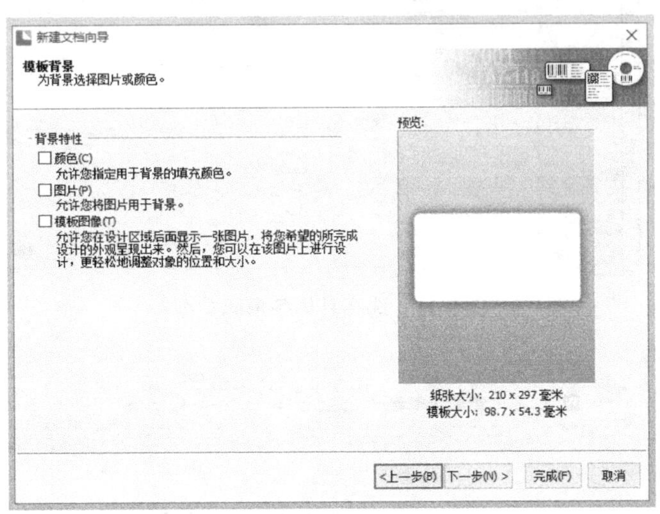

图 3-9 Bartender 的“模板背景”对话框

（10）在软件界面的工具箱一栏中选择条码类型。根据具体情况，选择常用的 EAN-8、EAN-13、UPC-A、UPC-E、ITF-14、UCC/EAN-128 等不同条码类型，具体操作如图 3-10 和图 3-11 所示。

（11）将选择好的条码拖到标签空白处，具体操作如图 3-12 所示。此处以 EAN-13 条码为例。

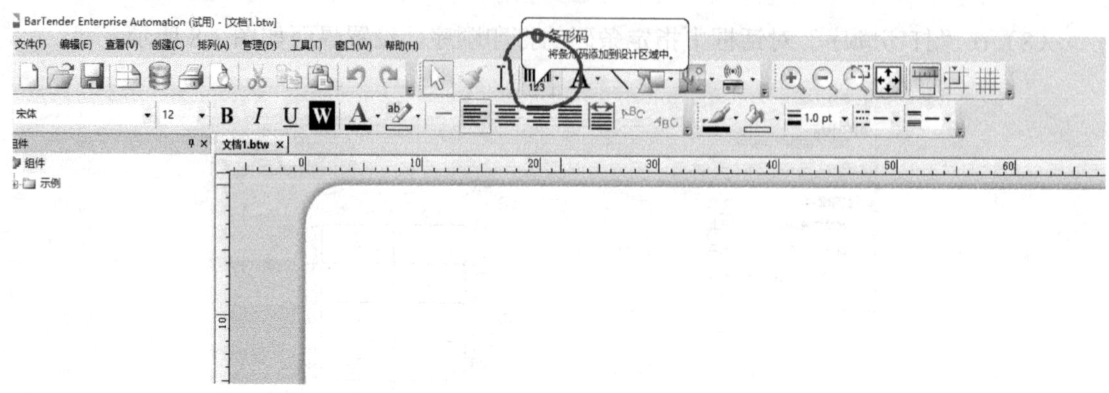

图 3-10　在工具栏中打开“条形码”菜单

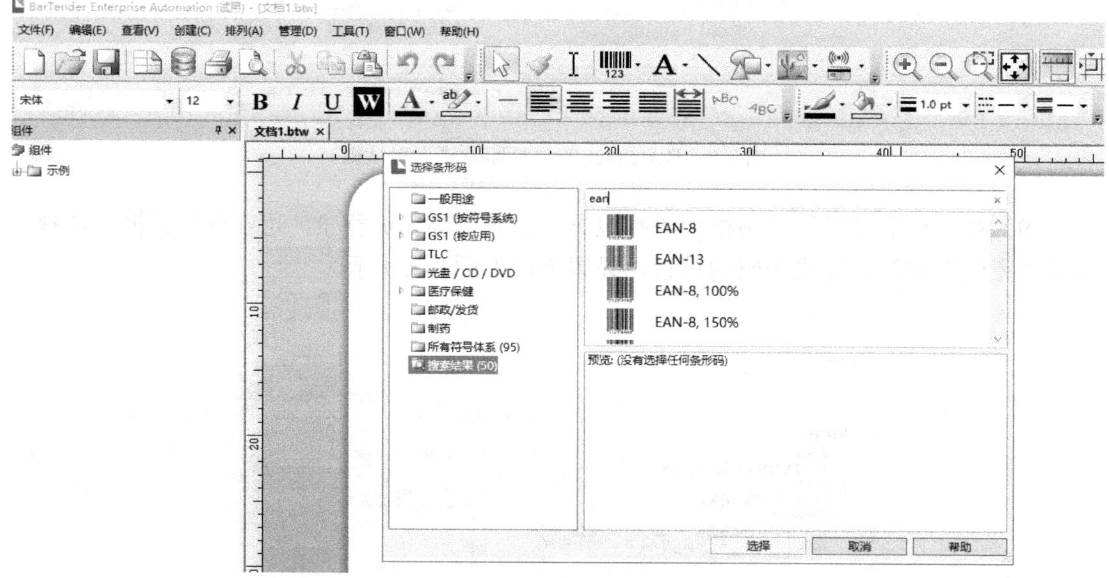

图 3-11　选择具体条形码类型

图 3-12　拖动所选条码类型到标签空白处

（12）双击条码，在弹出的“条形码属性”对话框里，对条码的大小、字体、边框、位置等属性进行设置，具体操作如图 3-13 所示。

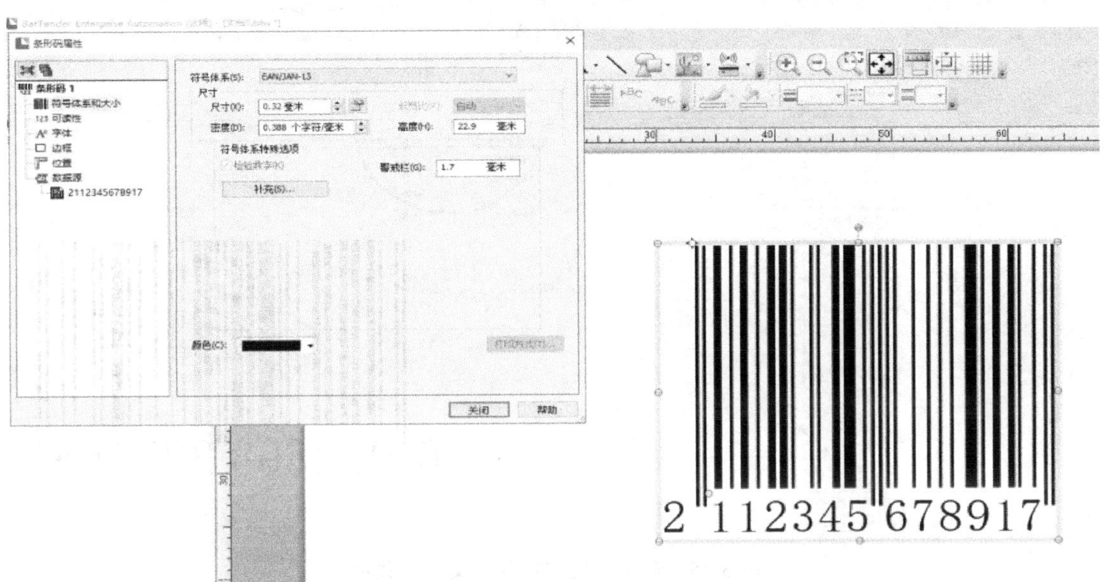

图 3-13　设置条码属性

（13）在条码的“数据源”选项中录入条码数据，具体操作如图 3-14 所示。

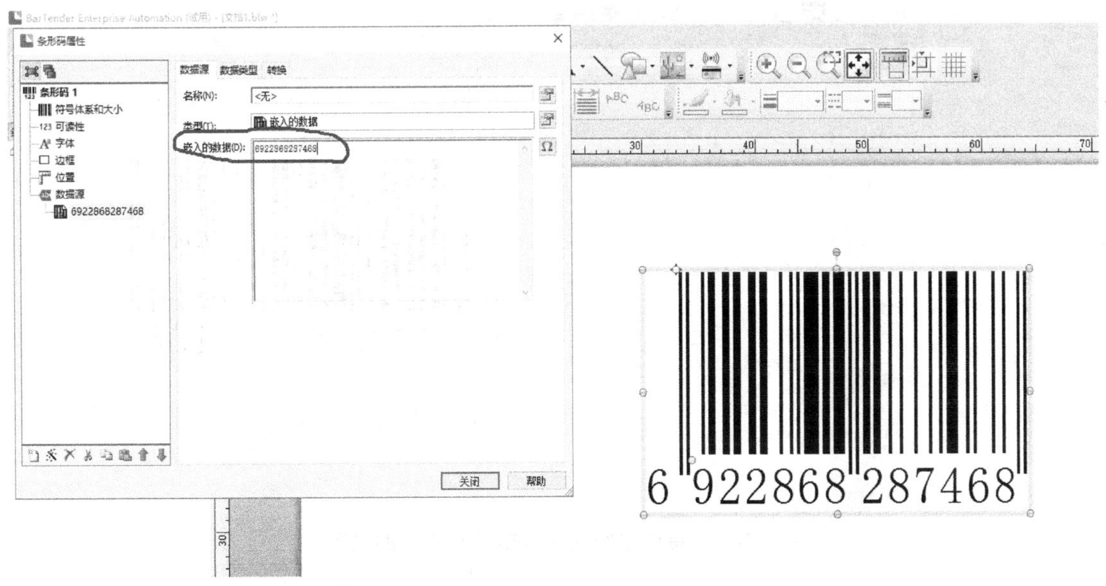

图 3-14　对条码数据进行录入

（14）录入文本。在工具栏上选择“A”文本框，创建文本。选择文本右击，在“文本属性”对话框中对文本的属性进行设置。具体操作如图 3-15～图 3-17 所示。

（15）依次可以进行其他类型条码的制作。编辑结果如图 3-18 和图 3-19 所示。

图 3-15　在工具栏中打开“文字”菜单

图 3-16　将选定好的文本拖动到需要的位置

图 3-17　设置文本的属性

图 3-18　UPC-A 条码与 UPC-E 条码的编辑示例

图 3-19　UCC/EAN-128 条码和 ITF-14 条码的编辑示例

3.2.5　实验思考与报告

1. 实验思考

（1）条码有哪些类型及其适用的情形有哪些？
（2）结合软件，如何批量制作商品条码？

2. 实验报告

按规范格式依据实验内容及时撰写并提交实验报告。

第 4 章

"物流管理学"课程实验实践

4.1 物流企业认知实践

4.1.1 实践目的与要求

为了进一步增加学生对现代物流管理专业工作岗位的感性认识，加强理论联系实际。通过动手操作、实习等实践，更好地体会人机混合作业的工作特点。其具体要求包括以下几点。

（1）学生在实习期间听从指导教师的安排，对现代物流企业的工作环境有一个全面的了解。

（2）观察物流现场作业的技巧、了解安全操作规程，实际体验各种工具的操作方法。

（3）做详细的记录以及写好实习日记和实习报告。

4.1.2 实践内容与时间

1. 熟悉物流业的基本状况

物流企业的特点是人机混合作业较强，通过对基础设施设备的操作，达到运输、储存、包装、装卸搬运等物流职能的衔接与配合，从而提高物流工作效率，降低物流费用。

2. 了解物流的常用设施设备

物流的设施设备是现代化物流企业的主要作业基本保证，是合理组织生产和机械流水作业的基础，它体现着企业物流能力的大小。伴随着物流业的发展与进步，物流设施设备也得到了不断提升与发展。如托盘、货架、叉车、自动分拣机、自动搬运车、集装箱等，不仅减轻了工作人员的劳动强度，也提高了物流运作效率和服务质量，在物流作业中起着重要作用，极大地促进了物流业的快速发展。

3. 了解常见的物流工具

（1）托盘。中国国家标准《物流术语》对托盘（pallet）的定义是：用于集装、堆放、搬运和运输的放置，作为单元负荷的货物和制品的水平平台装置。按材质可分为四种，即木质类、金属类（不锈钢和铝合金）、塑料类和塑木类，如图 4-1 所示。

图 4-1 常见的塑料方形托盘

由于托盘在物流环节中处于中心位置，托盘的规格关系到包装、运输工具车厢、集装箱等规格的配套标准。但由于托盘的尺寸影响到国家经济，所以各国有各自的规格，但为了加快物流效率和世界通用性，ISO（International Organization for Standardization，国际标准化组织）在统一全球联运托盘的规格上存在很大的困难，最终只能对已在相关地区和国家推行的 1200 mm×1000 mm、1200 mm×800 mm、1219 mm×1016 mm、1140 mm×1140 mm、1100 mm×1100 mm 和 1067 mm× 1067mm 六种托盘的规格，在 ISO 6780《联运通用平托盘主要尺寸及公差》中采取兼容并包的态度，将这六种托盘的规格并列称为全球通用的国际标准。由于我国托盘规格也比较多，现在中国的托盘标准选的是 1000 mm×1200 mm 和 1100 mm× 1100 mm 这两种规格。

（2）平板车。平板车是四轮平板型手推车，常于仓库内货物分拣过程中使用，有单层和双层两种车型，如图 4-2 所示。

图 4-2 仓库常用的平板车

（3）叉车。叉车是工业搬运车辆，是指对成件托盘货物进行装卸、堆垛和短距离运输作业的各种轮式搬运车辆。ISO/TC110（International Organization for Standardization / Technical Committee 110，国际标准化组织工业车辆技术委员会）称其为工业车辆。叉车常用于仓储大型物件的运输，通常使用燃油机或者电池驱动。叉车通常可以分为三大类：内燃叉车、电动叉车和仓储叉车，如图 4-3 所示。另外，还有手动液压搬运叉车，是一种不需要电力、在库内移动搬运托盘的工具，如图 4-4 所示。

图 4-3　物流用坐式与立式叉车

图 4-4　常用手动液压式叉车

图 4-5　货物移动用物流台车

（4）笼车。笼车又叫物流台车或载货台车，是一种安装有 4 只脚轮的运送与储存物料的单元移动集装设备，常用于大型超市的物流配送或工厂工序间的物流周转。物流台车存放的产品陈列醒目，在运输中一方面对物料的安全起到保护作用，另一方面不会使已分拣配备好的产品变得杂乱。其装卸十分省力，轮子通常设计为两只定向轮，两只万向轮以方便人工推行，物流台车可承载 500 kg 重量，如图 4-5 所示。

（5）货架。货架泛指存放货物的架子。通常用于存放成件物品的保管设备，是现代化仓库提高效率的重要工具。随着现代物流的发展，已经形成了适应各种仓库和存货用途的货架，如存放普通货物的货架，特殊物品货架、立体仓库货架等，如图 4-6 所示。

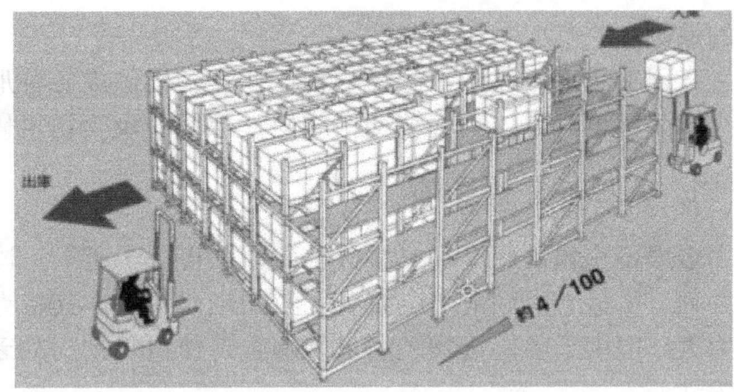

图 4-6 仓库内常用的立体货架

4. 实践时间

本次物流企业调研由学生分组课外进行，在第 6 周之前确定调研对象，第 7～10 周进行调研，第 11 周提交调研报告及 PPT 汇报。

4.1.3 实践思考与报告

1. 实践思考

（1）托盘有哪些类型、规格和作用？
（2）平板车、笼车有哪些使用方式？如何使用平板车在库内理货？
（3）叉车有哪些种类？如何使用仓储叉车存取货物？如何操作手动液压搬运叉车移动货物？
（4）货架有哪些类型？各有什么功能与特点？

2. 实践报告

按规范格式要求，依据实践内容及时撰写并提交实践报告。

4.2 托盘货物堆码实验

4.2.1 实验目的与要求

托盘装盘码垛操作是物流的基础。通过本项目的实训操作，使学生熟练掌握重叠式码垛、正反交叉式码垛、纵横交错式码垛和旋转式码垛这四种常用的装盘码垛方式，第五种方式是其中两种方式的混合。要求学生能够在指导教师的讲解下，以小组为单位亲自动手，完成四种常用的装盘码垛方式。在此基础上观察各种方式的特点，学会计算托盘的使用效率。

4.2.2 实验原理与内容

托盘堆码就是将货物按照一定的方式码放在托盘上，并堆成垛的作业。货物堆码时要考虑货物的大小、托盘的尺寸、托盘的堆码方式。需要遵循牢固、合理、整齐、定量、节约的原则。

在现实物流工作中，可将货物在托盘上码放成各种形式，主要有多层不交错堆码、层间纵横交错堆码、层间旋转交错堆码、层间正反交错堆码四种方式。

1. 多层不交错堆码

多层不交错堆码又称重叠式堆码，如图 4-7 所示。该方式是在托盘上将货物向一个方向并列、从最下层到最上层完全一致的堆码形式。其特点是货物的 4 个角上下对应，承载能力大，但由于各层货物之间未能啮合，使得货物间缺乏联系，容易引起垛间分离，货垛牢固性差。

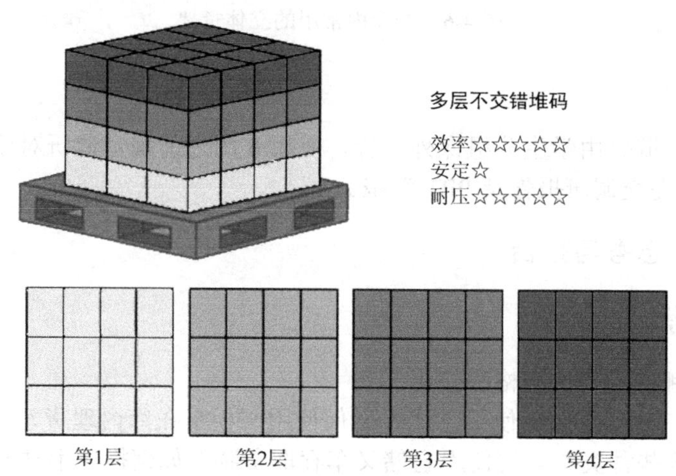

图 4-7　多层不交错的货物堆码方式

2. 层间纵横交错堆码

如图 4-8 所示，层间纵横交错堆码的相邻两层货物的摆放呈 90° 角，一层横向放置，另一层纵向放立。与重叠式堆码相似，该方式适合码放成方形垛，其特点是货物之间的相互交错增加了摩擦力，使得层间有一定的啮合性，货垛相对稳固。

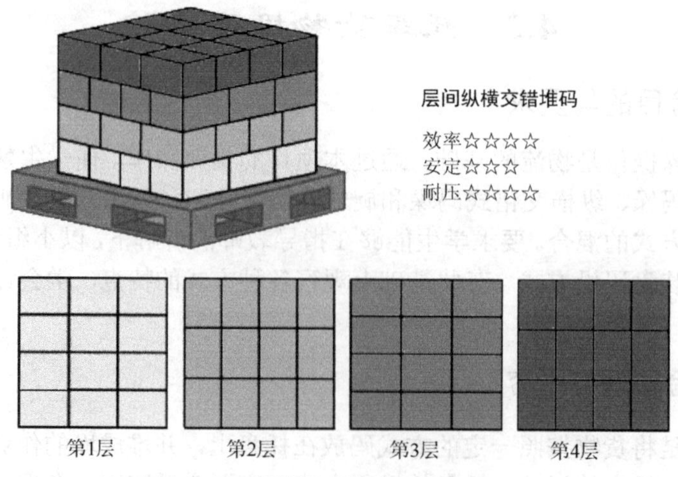

图 4-8　层间纵横交错的货物堆码方式

3. 层间旋转交错堆码

层间旋转交错堆码又称中心留孔堆码，如图 4-9 所示。该方式每层货物间的堆码总体上呈风车形，而层间货物互相啮合交叉。其优点是，由于每两层货物间的交叉，使得货物便于码放成正方形垛，货垛更加稳固，托盘货体稳定性高；缺点是码放难度加大，且中间形成空穴，托盘表面积的利用率降低，托盘装载能力下降。

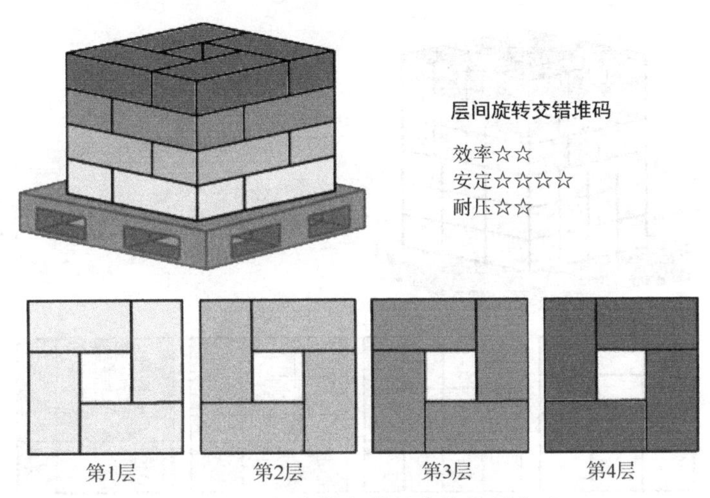

图 4-9 层间旋转交错的货物堆码方式

4. 层间正反交错堆码

层间正反交错堆码又称砖砌体堆码，如图 4-10 所示。该方式是同一层中不同列的货物以 90° 角垂直码放，而层间呈 180° 角进行堆放的方式。该方式的货物上下左右均有联系，相邻层之间不重缝，啮合强度较高，稳定性较强。但由于 4 个角一般不能相互对应，削弱了托盘的承重能力。

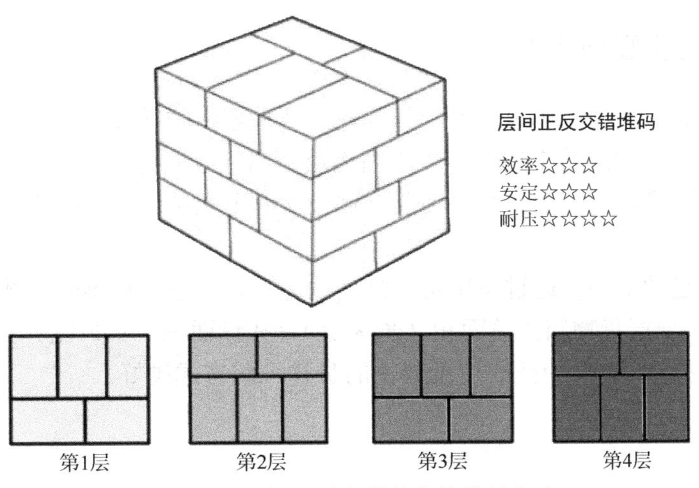

图 4-10 层间正反交错的货物堆码方式

5. 混合方式

混合方式是多层不交错堆码与层间纵横交错混合的堆码形式，如图 4-11 所示。最下面 3 层是在托盘上将货物向一个方向并列、形成完全一致的堆码形式，从第 4 层开始变更为层间纵横交错混合的堆码方式，目的是兼顾承载能力，在上层增加货物间的摩擦力，通过一定的层间啮合增加货垛相对稳固性。

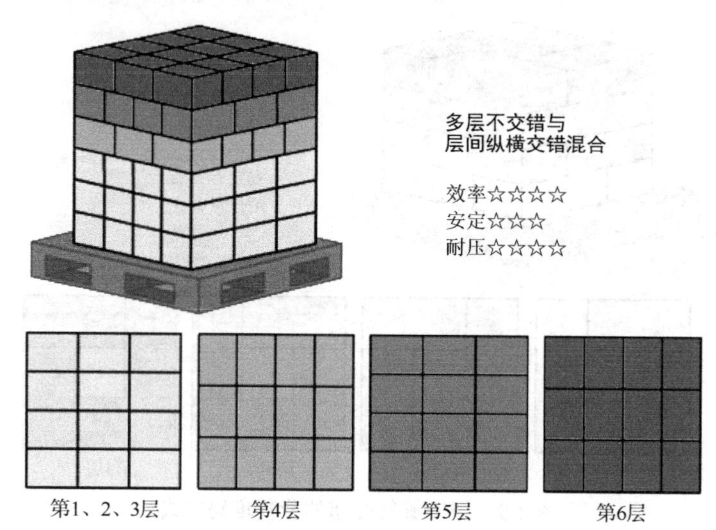

图 4-11 多层不交错与层间纵横交错的混合型货物堆码方式

4.2.3 实验环境与准备

(1) 准备标准托盘，规格分别为 1000 mm×1200 mm 和 1100 mm×1100 mm。

(2) 准备实习用的纸箱（长度和宽度）。

(3) 将学生分为每组 5～6 人，实习时间 3 课时。

4.2.4 实验步骤与操作

(1) 按照 4.2.2 实验原理与内容，分别使用两种规格的托盘，对多层不交错堆码、层间纵横交错堆码、层间旋转交错堆码、层间正反交错堆码四种方法进行实际操作。

(2) 利用堆码完毕的托盘，练习使用仓储叉车存取货物，或者操作手动液压搬运叉车移动托盘货物。

(3) 计算托盘的效率。通过使用每种规格的托盘，观察每种堆码方式所对应的托盘效率。托盘效率＝[一层货物箱的总面积（长×宽）÷托盘面积（长×宽）]×100%，单位要统一。评价：越接近 100%的托盘使用效率的货物堆码方式越好。

4.2.5 实验思考与报告

1. 实验思考

（1）托盘堆码方式有哪些？
（2）如何提高货物的储存效率？

2. 实验报告

按规范格式依据实验内容及时撰写并提交实验报告。

第 5 章

“仓储管理”课程实验实践

5.1 仓库调查实践

5.1.1 实践目的与要求

通过实地走访，近距离观察实际经营中的仓库，了解仓库的基本功能、基本分类、基本结构、基本功能区、相关设备工具等。其具体要求包括以下几点。

（1）亲自实地参观，仔细观察。

（2）做好实践记录，带问题思考。

（3）注意安全，及时完成课后作业。

5.1.2 实践内容与时间

1. 认识仓库的功能

仓库是储存保管货物的建筑物和场所的总称。一般来讲，仓库具有以下功能：①仓储和保管的功能；②配送和加工的功能；③调节货物运输能力的功能；④信息传递的功能。

2. 把握仓库的分类

仓库是物流系统的基础设施，按其营运形态、保管形态、建筑构造、建筑材料、用途和功能等可划分为不同的类型。

（1）根据营运形态的不同，仓库可分为营业仓库、自用仓库和公共仓库。

（2）根据保管形态的不同，仓库可分为普通仓库、恒温仓库、冷藏仓库、危险品仓库、水上仓库等。

（3）根据建筑构造的不同，仓库可分为平房（单层）仓库、多层仓库、立体仓库、筒仓、罐仓、地下仓库和露天仓库等。

（4）根据建筑材料的不同，仓库可分为钢筋混凝土仓库、混凝土预制板建筑仓库、钢架金属质仓库和木制建筑仓库等。

（5）根据用途的不同，仓库可分为采购供应仓库、批发仓库、零售仓库、储备仓库、中转仓库、加工仓库、保税仓库（保税货场）、出口监管仓。

（6）根据功能的不同，仓库可分为储存仓库和流通仓库。

3. 了解仓库的基本结构

按结构特点，仓库建筑物可分为三大类，即封闭式仓库（库房）、半封闭式仓库（料棚）和露天式仓库（堆场）。其中，库房主要由以下建筑结构组成：基础、地坪、墙壁、库门、库窗、柱、库顶、站台和雨棚。

4. 认识仓库功能区

一般地，仓库包括以下功能区：收货区、检验区、整理上架区、存储区、运输通道、作业通道、检查通道、墙间距、合流复核区、发货区、流通加工区、工具停放区等。

5. 了解仓库相关设备工具

在仓库，常见的设备工具有叉车、托盘、货架、传送带、手推车、液压托盘车、堆垛机、打包机等。

6. 实践时间

仓库调研活动在课外完成，第 6～10 周进行实际调研，并形成调研报告和汇报 PPT，第 11 周以小组进行汇报。

5.1.3 实践思考与报告

1. 实践思考

通过近距离观察仓库后，思考并给出以下问题的答案。

（1）此仓库主要功能包括：________________________________。

（2）根据用途的不同，该仓库属于：□采购供应仓库；□批发仓库；□零售仓库；□储备仓库；□中转仓库；□加工仓库；□保税仓库（保税货场）；□出口监管仓；□虚拟仓库。

（3）根据功能的不同，该仓库属于：□储存仓库；□流通仓库。

（4）试描述仓库的各功能区构成及其面积，思考相互位置关系及其背后的原因，有可能的话可试着绘制整体布局图。

（5）该仓库设备工具主要有：________________________________。

2. 实践报告

按规范格式依据实践内容及时撰写并提交实践报告。

5.2 仓储作业流程实验

5.2.1 实验目的与要求

学会使用软件开展出入库作业，通过各个单元实验和系统综合实验掌握仓储管理的具体流程；迅速掌握仓储管理的流程和细节；熟悉仓储的运作模式；通过仓储化建模，熟悉储位管理的概念，遵守储位管理的原则，熟悉储位管理的步骤及储位的分配方式；切身体会仓储各个环节中不同当事人面临的具体工作以及他们之间的互动和制约关系；深刻体会仓储管理控制成本以达到利润最大化的思想。为学生参与未来仓储管理领域复杂、庞大、越发激烈的竞争打下扎实的基础。其具体要求包括以下几方面。

（1）亲自操作，熟悉步骤。

（2）做好实验记录，带问题思考。

（3）及时完成课后作业，提交实验报告。

5.2.2 实验原理与内容

1. 实验原理

仓储管理就是对仓库及仓库内的物资所进行的管理，是仓储机构为了充分利用所具有的仓储资源提供高效的仓储服务所进行的计划、组织、控制和协调过程。具体来说，仓储管理包括仓储资源的获得、仓储商务管理、仓储流程管理、仓储作业管理、保管管理、安全管理多种管理工作及相关的操作。

仓储管理是一门经济管理学科，同时也涉及应用技术学科，故属于边缘性学科。仓储管理的内涵随着其在社会经济领域中的作用不断扩大而变化。仓储管理，即库管，是指对仓库及其库存物品的管理，仓储系统是企业物流系统中不可缺少的子系统。物流系统的整体目标是以最低成本提供令客户满意的服务，而仓储系统在其中发挥着重要作用。仓储活动能够促进企业提高客户服务水平，增强企业的竞争能力。现代仓储管理已从静态管理向动态管理发生了根本性的变化，对仓储管理的基础工作也提出了更高的要求。

1）仓储管理的任务

（1）利用市场经济手段获得最大的仓储资源的配置。

（2）以高效率为原则组织管理机构。

（3）不断满足社会需要开展商务活动。

（4）以高效率、低成本为原则组织仓储生产。

（5）以优质服务、讲信用建立企业形象。

（6）通过制度化、科学化的先进手段不断提高管理水平。

（7）从技术到精神领域提高员工素质。

2）仓储管理的基本原则

（1）效率原则。仓储作业管理的核心是效率管理。

（2）经济效益原则。作为参与市场经济活动主体之一的仓储业，也应围绕着获得最大经济效益的目的进行组织和经营。

（3）服务原则。

3）仓储管理的主要活动

（1）企业仓储活动的类型。企业可以选择自建仓库、租赁公共仓库或采用合同制仓储为库存的物料、商品准备仓储空间。

①自建仓库仓储。相对于公共仓储而言，企业利用自有仓库进行仓储活动可以更大限度地控制仓储，管理也更具灵活性。

②租赁公共仓库仓储。企业通常租赁提供营业性服务的公共仓储进行储存。

③合同制仓储。合同仓储公司能够提供专业、高效、经济和准确的分销服务。

一个企业是自建仓库还是租赁公共仓库或采用合同制仓储需要考虑以下因素：周转总量、需要的稳定性、市场密度。

（2）仓储的一般业务程序：①签订仓储合同。②验收货物。③办理入库手续。④货物保管。⑤货物出库。

（3）仓储管理的内容：①订货、交货。②进货、交货时的检验。③仓库内的保管、装卸作业。④场所管理。⑤备货作业。

4）电子标签辅助拣货系统

电子标签辅助拣货系统（pick to light system）是采用先进电子技术和通信技术开发而成的物流辅助作业系统，借助一组安装在货架储位上的电子设备，通过计算机与软件的控制，采用灯号与数字显示作为辅助工具，引导拣货工人正确、快速、轻松地完成拣货工作。通常使用在现代物流中心货物分拣环节，具有拣货速度快、效率高、差错率低、无纸化、标准化的作业特点。电子标签辅助拣货系统作为一种先进的作业手段，与仓储管理系统（warehouse management system，WMS）或其他物流管理系统配合使用效率更高。

产品在仓储中的组合、妥善配载和流通包装、成组等活动就是为了提高装卸效率，充分利用仓储工具，从而降低仓储成本的支出。合理和准确的仓储活动会减少商品的换装、流动，减少作业次数，采取机械化和自动化的仓储作业，都有利于降低仓储作业成本。优良的仓储管理，能对商品实施有效的保管和养护，并进行准确的数量控制，从而大大减少仓储的风险。

2. 实验内容

利用仓储管理教学软件系统模拟现代物流企业在仓储业务中的入库、出库及库存盘点等操作，最终使仓储环节的成本最小化、利益最大化、响应时间最短化、资金周转快速化。

5.2.3　实验环境与准备

（1）每人一台计算机，安装 NOS 中诺思仓储管理教学软件系统。

（2）RFID 和电子标签硬件系统准备。

（3）教师建立并分配实验任务。

首先使用教师账号登录后台管理系统（系统预先建好的教师账号为 T001，密码为 000000），实验管理→实验任务（新增实验任务），在硬件设施栏选择 RFID 和矽海电子标签两种硬件与实训室仓储区的硬件设备对应，单击“保存”按钮，如图 5-1 所示。然后在“任务分配”中进行实验任务审核，最后在“实验实例”中进行实验的实例化，如图 5-2 所示。可以单独给其中一个学生进行实验实例化，也可以给全部学生进行实验实例化，到此教师建立实验完成，学生可使用学生账号登录进行实验。

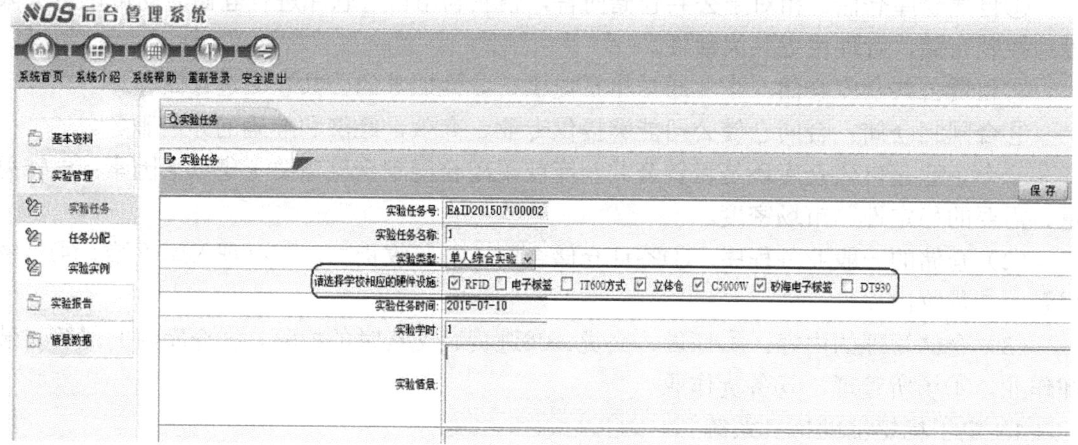

图 5-1　硬件设施选择

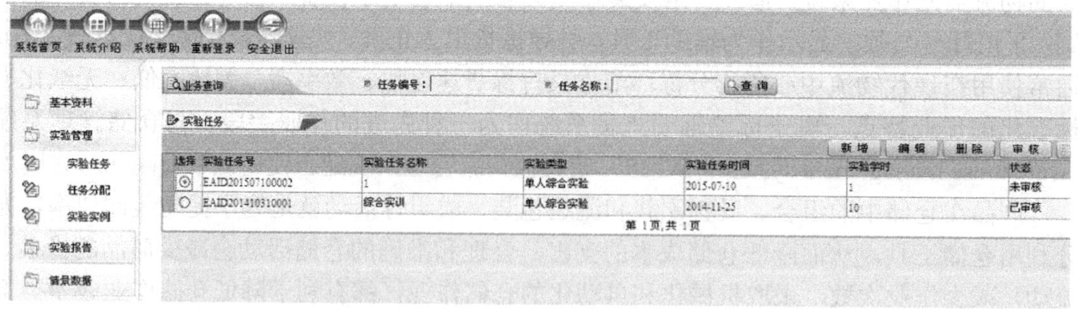

图 5-2　实验任务审核

5.2.4　实验步骤与操作

1. 入库操作

入库操作包括电子标签区和 RFID 区两种入库操作，使用学生账号登录，选择相应实验进入。

1）电子标签区入库操作

第一步新建入库计划：计划调度→入库计划→新增（填写入库计划时间、计划制作人员）→新增商品（选择需要入库商品、填写数量）→保存→审核，如图 5-3～图 5-5 所示。

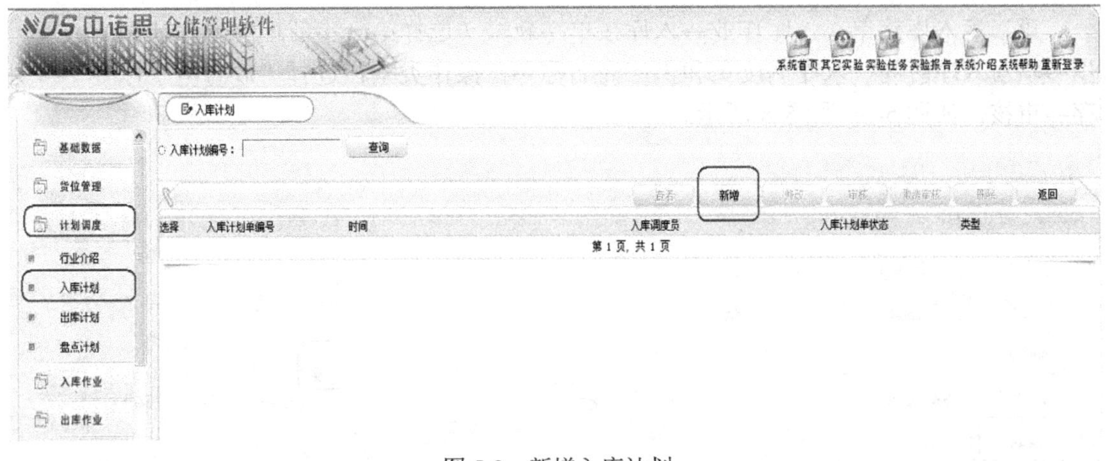

图 5-3　新增入库计划

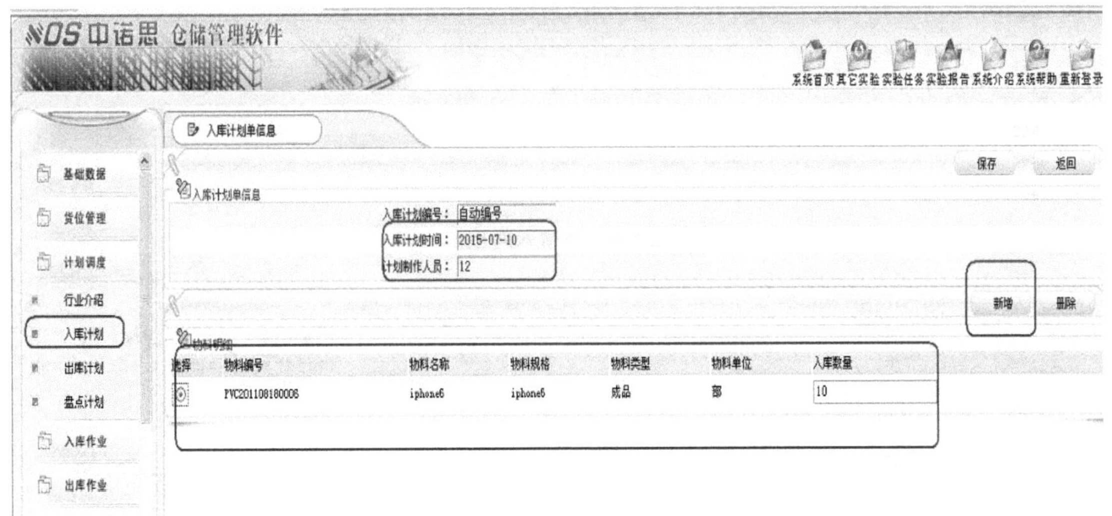

图 5-4　新增商品

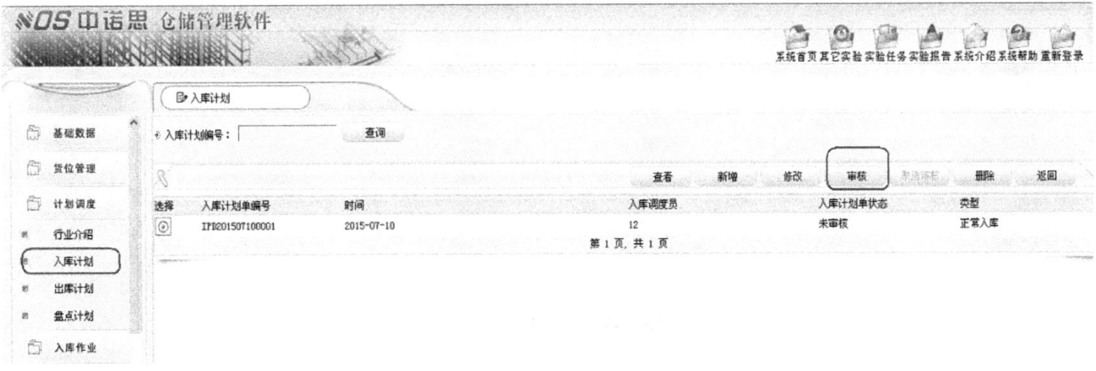

图 5-5　审核入库计划

第二步入库接单：入库作业→入库接单→新增（选择第一步新增的入库计划）→下一步→填写入库时间、入库调度员和供应商名称→在操作类型栏选择“矽海电子标签”→保存→审核，如图 5-6～图 5-8 所示。

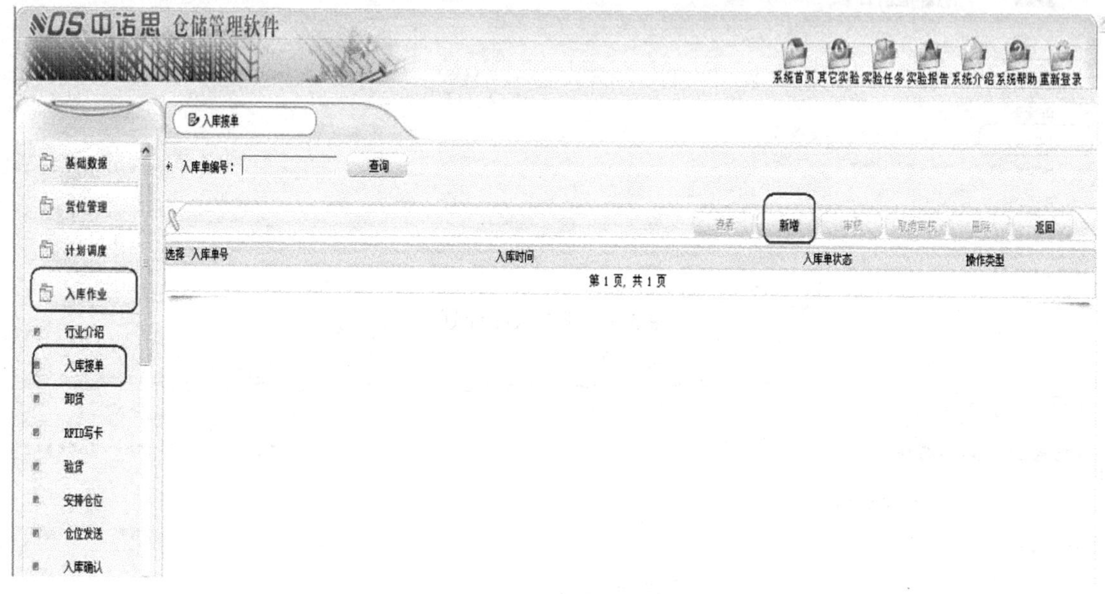

图 5-6　新增入库接单

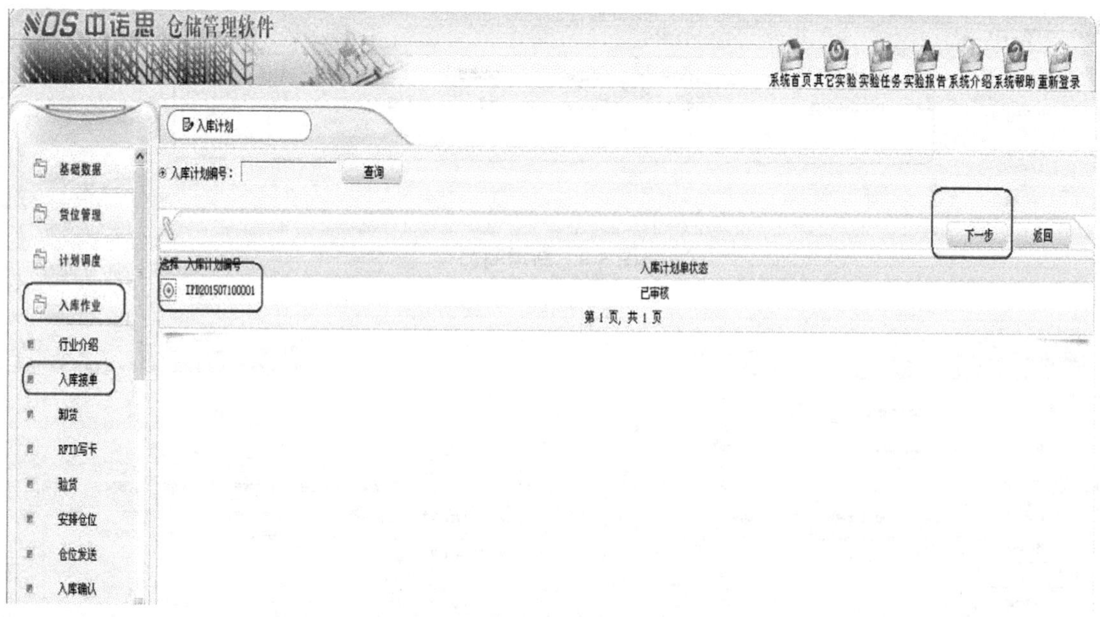

图 5-7　添加入库计划

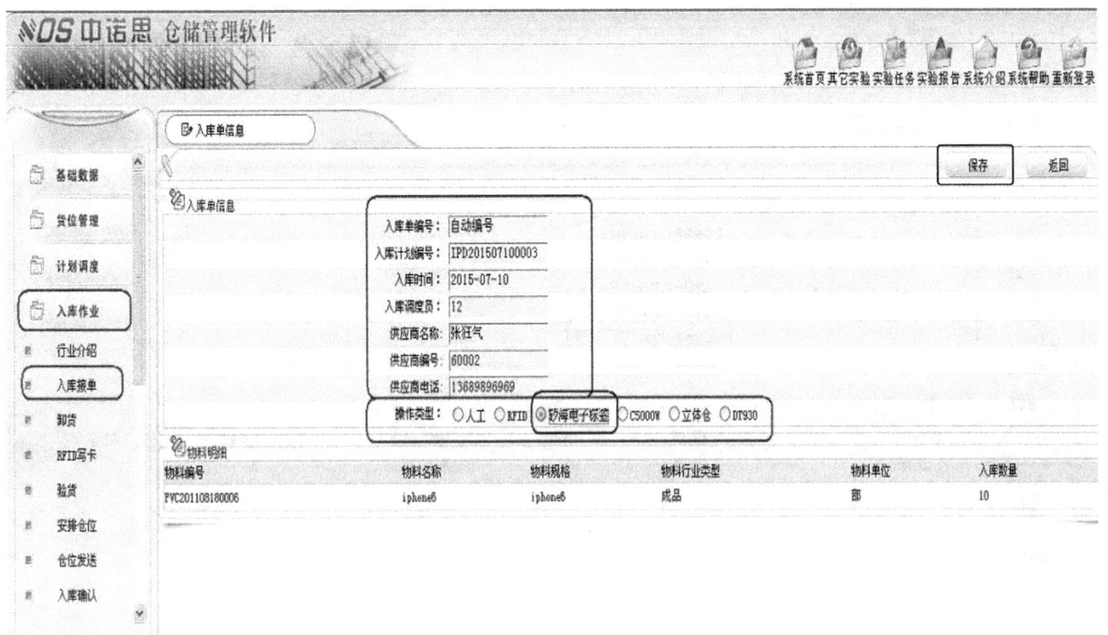

图 5-8 填写基础信息

第三步卸货：入库作业→卸货→选择上一步审核的入库单→下一步→填写卸货人员数量→保存→审核→状态变成装卸确认，如图 5-9～图 5-11 所示。

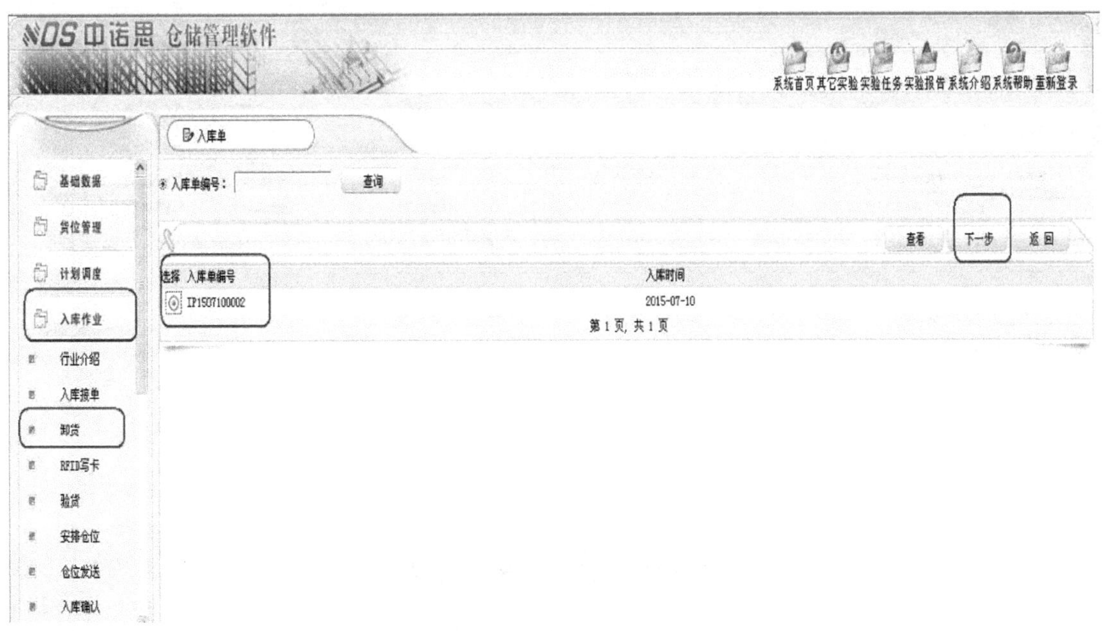

图 5-9 添加入库单

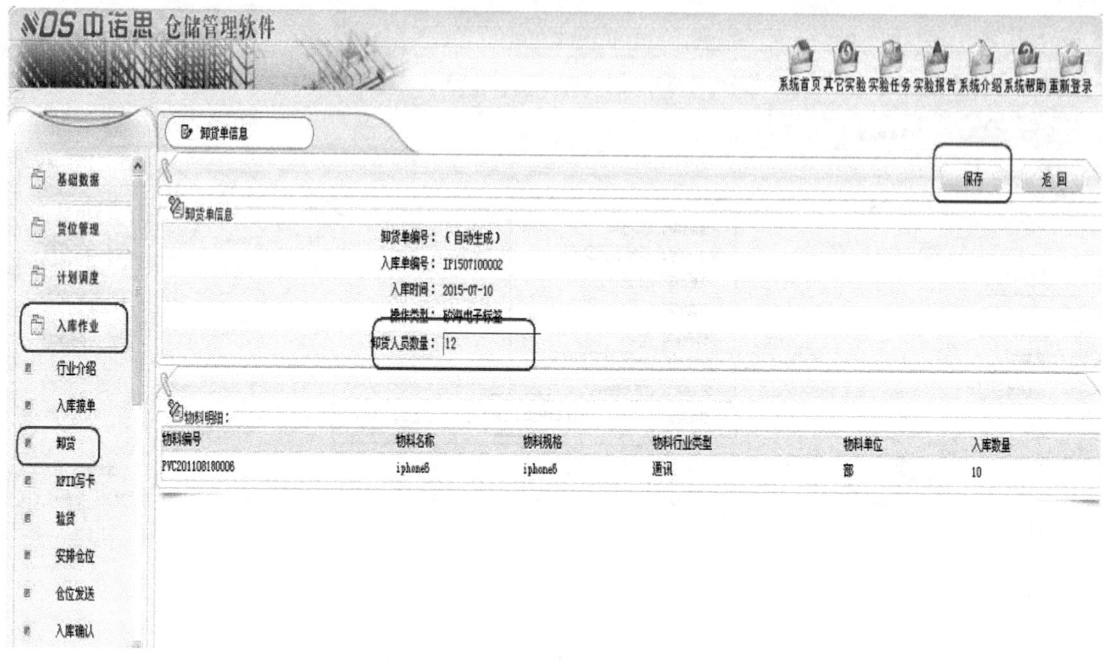

图 5-10　填写卸货人员数量

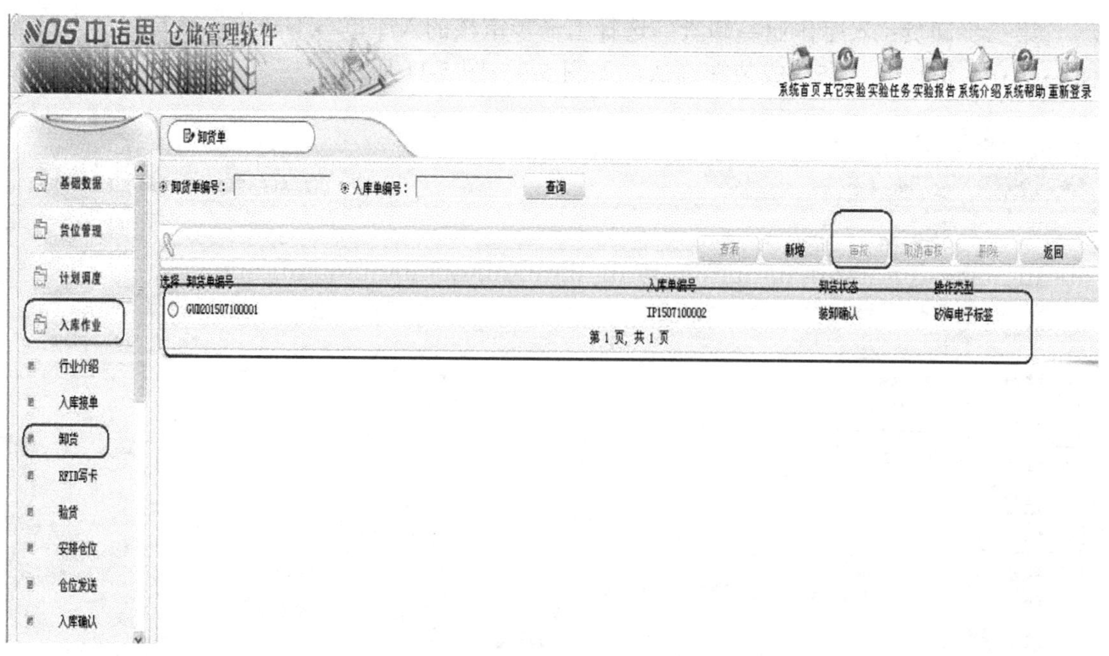

图 5-11　保存并审核入库作业

第四步验货：入库作业→验货→新增→填写验货人员、抽检数量、检查合格数等→保存→审核→状态变成验货确认，如图 5-12～图 5-14 所示。

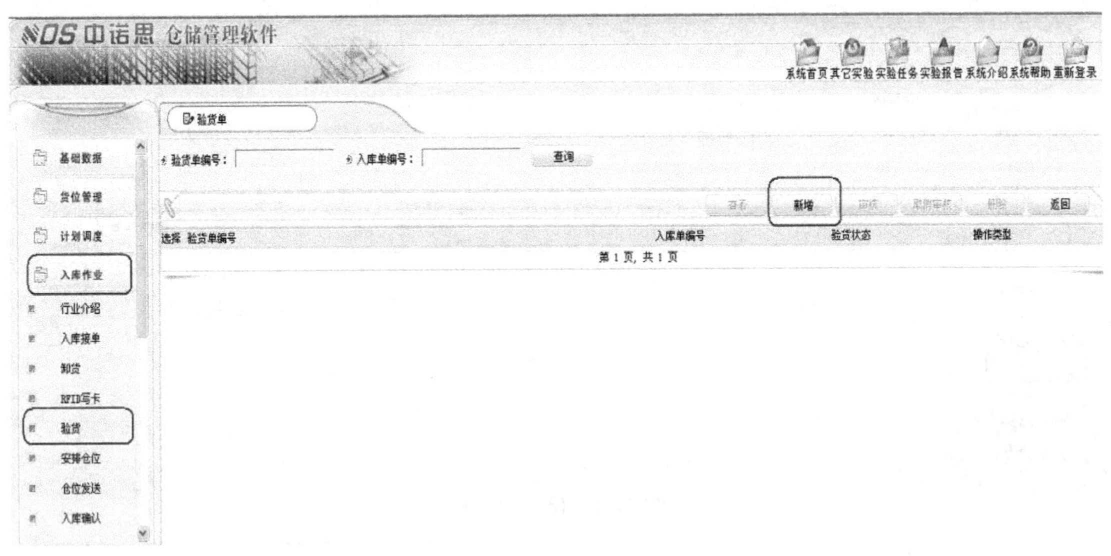

图 5-12　新增验货作业

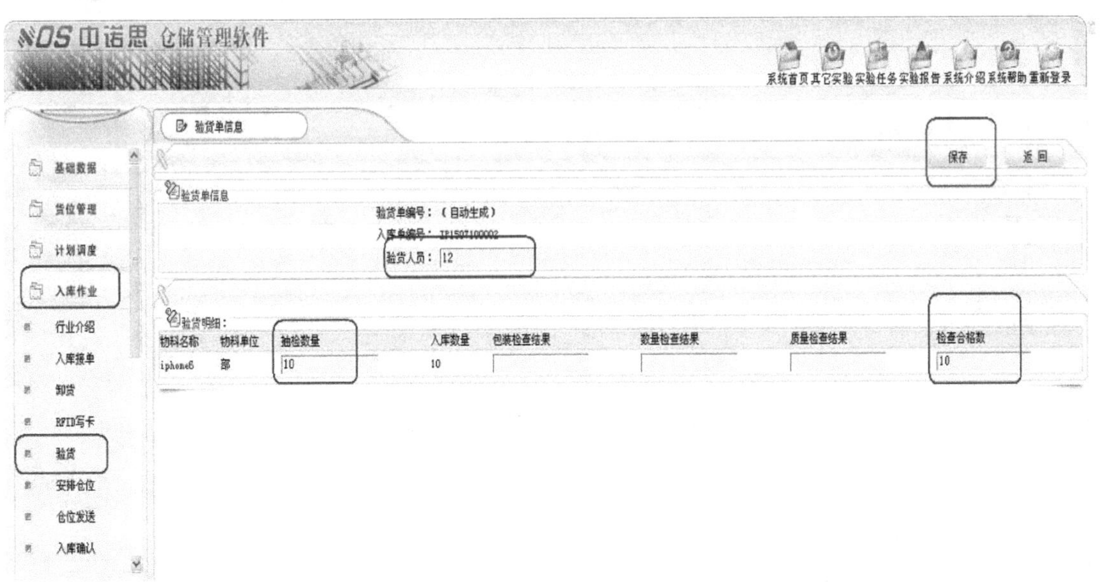

图 5-13　填写验货人员等信息

第五步安排仓位：入库作业→安排仓位（选择已验货的入库单）→选择商品、摆货策略（手动摆货）→安排仓位→选择仓位→摆货确认→确认→状态变为仓位已安排，等待发送，如图 5-15～图 5-18 所示。

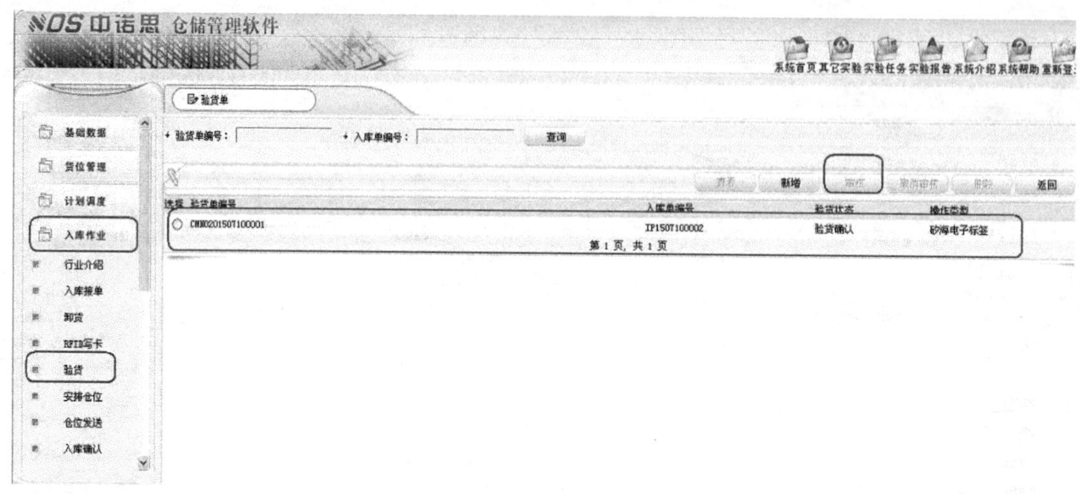

图 5-14　保存并审核

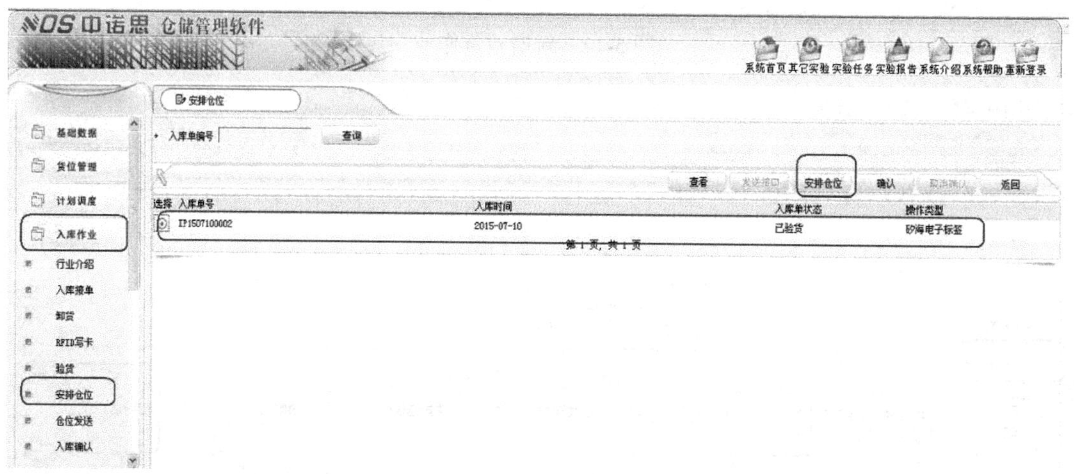

图 5-15　选择安排仓位作业

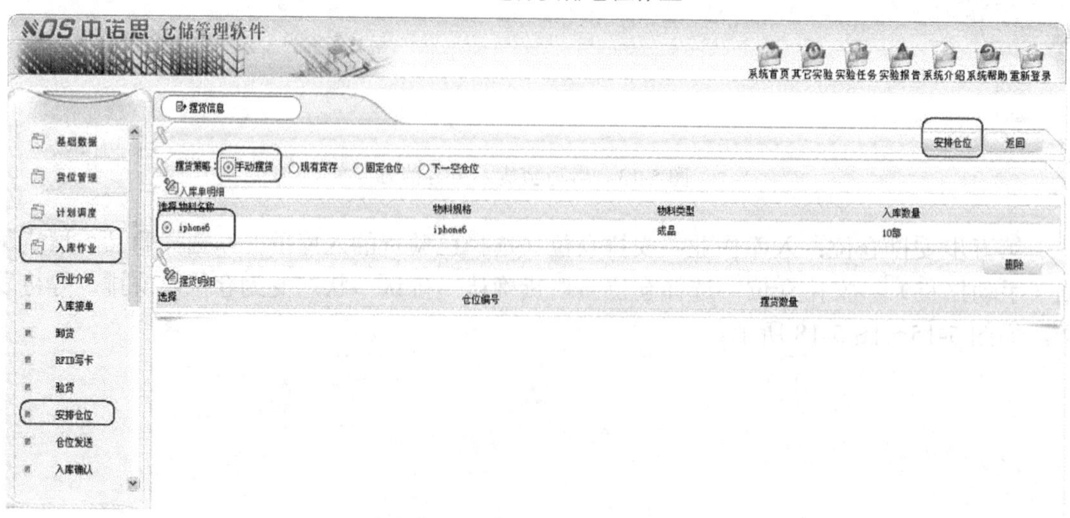

图 5-16　选择商品、摆货策略

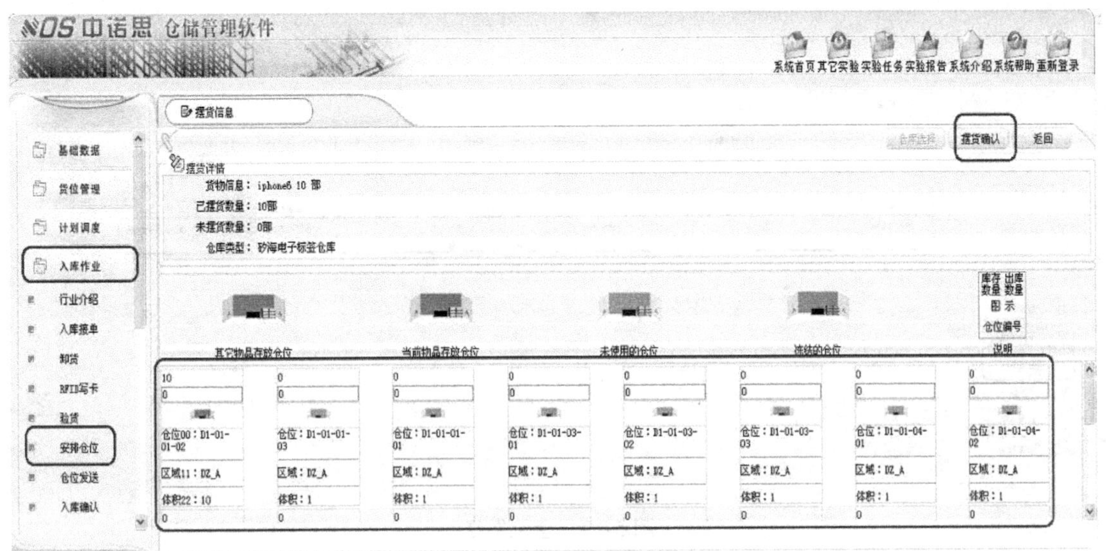

图 5-17 安排仓位

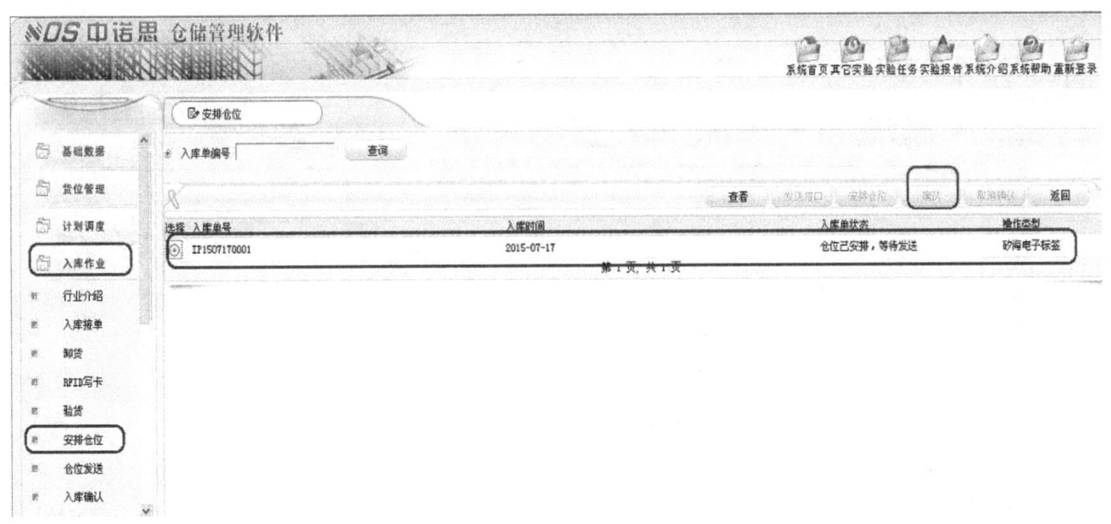

图 5-18 仓位确认

第六步仓位发送及接收：入库作业→仓位发送→选择仓位已安排的入库单→发送→此时电子标签相应仓位灯亮，把相应数量货物发进去，按灭灯，然后按下完成器（电子标签设备操作）→接收→入库状态变为已上架，如图 5-19 和图 5-20 所示。

第七步入库确认：入库作业→入库确认→选择已上架的入库单→确认。至此电子标签入库完成，最后可以在库存管理中查看相应仓位有库存了，如图 5-21 所示。

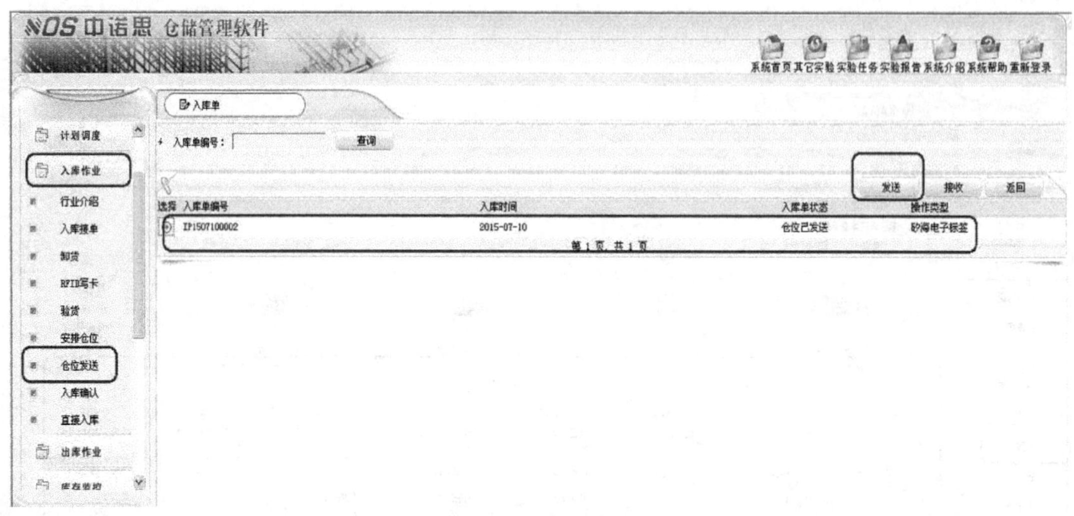

图 5-19　仓位发送

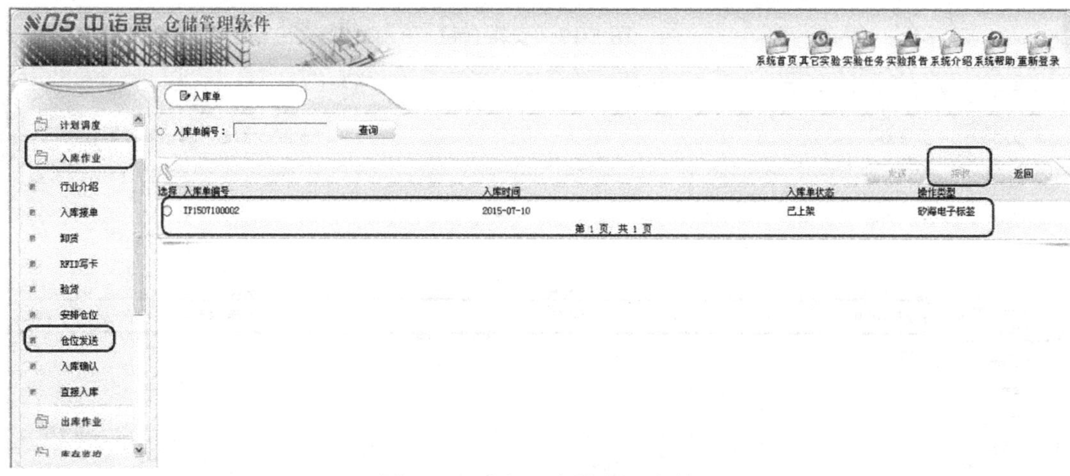

图 5-20　选择已安排的入库单

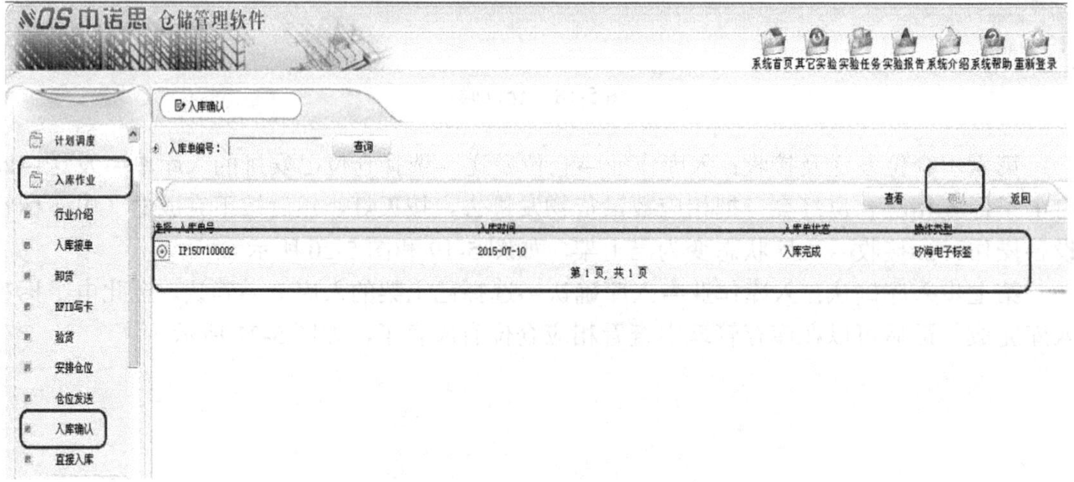

图 5-21　选择已上架的入库单并确认

2）RFID 区入库操作

第一步新建入库计划：计划调度→入库计划→新增（填写入库计划时间、计划制作人员）→新增商品（选择需要入库商品、填写数量）→保存→审核。

第二步入库接单：入库作业→入库接单→新增（选择第一步新增的入库计划）→下一步→填写入库时间、入库调度员和供应商名称→在操作类型栏中选择“RFID”→保存→审核，如图 5-22 所示。

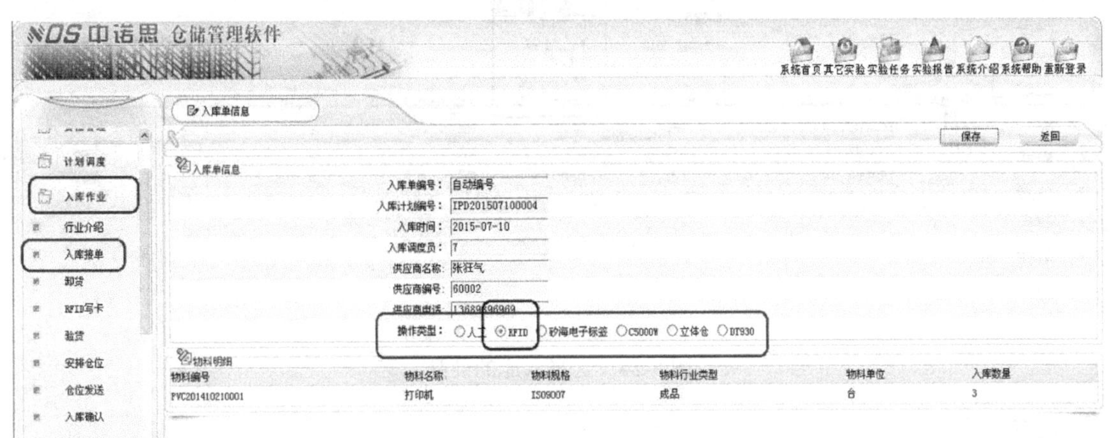

图 5-22　入库接单

第三步卸货：入库作业→卸货→选择上一步审核的入库单→下一步→填写卸货人员数量→保存→审核→状态变成装卸确认。

第四步 RFID 写卡：入库作业→RFID 写卡→选择上一步审核的入库单→写卡→选择入库的商品（会弹出请扫卡）→把卡放到 RFID 门架中扫描→扫描成功状态会变成已写卡→审核（相当于验货步骤了），如图 5-23～图 5-25 所示。

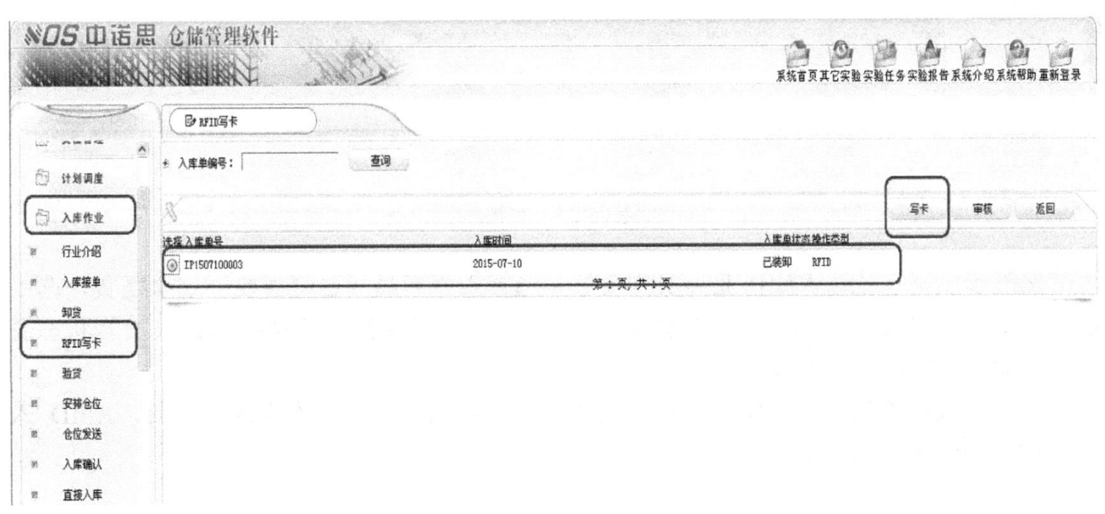

图 5-23　选择审核的入库单

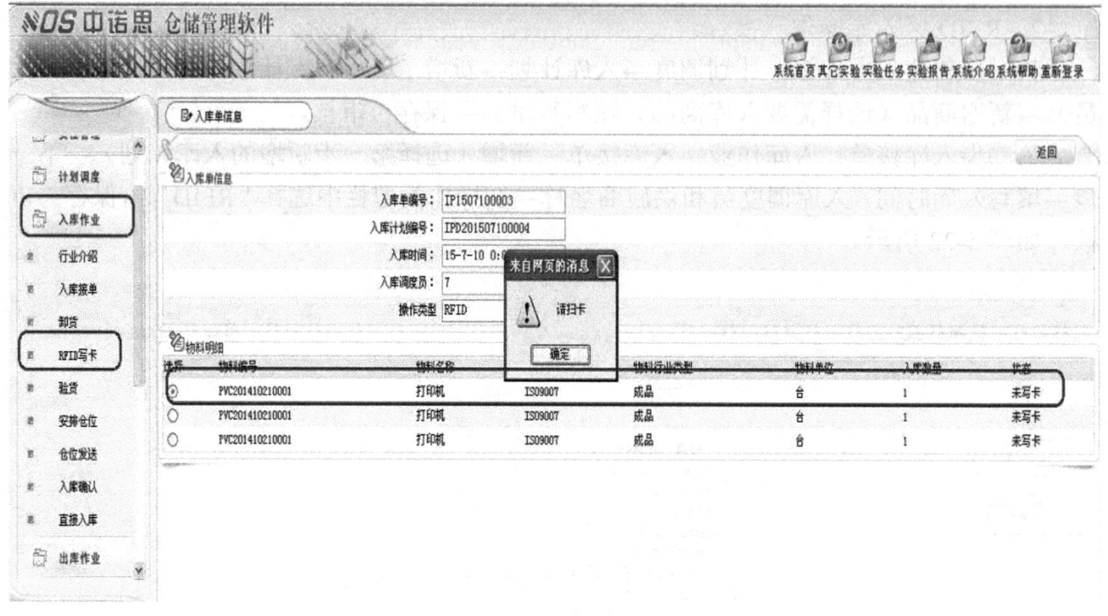

图 5-24　选择入库的商品

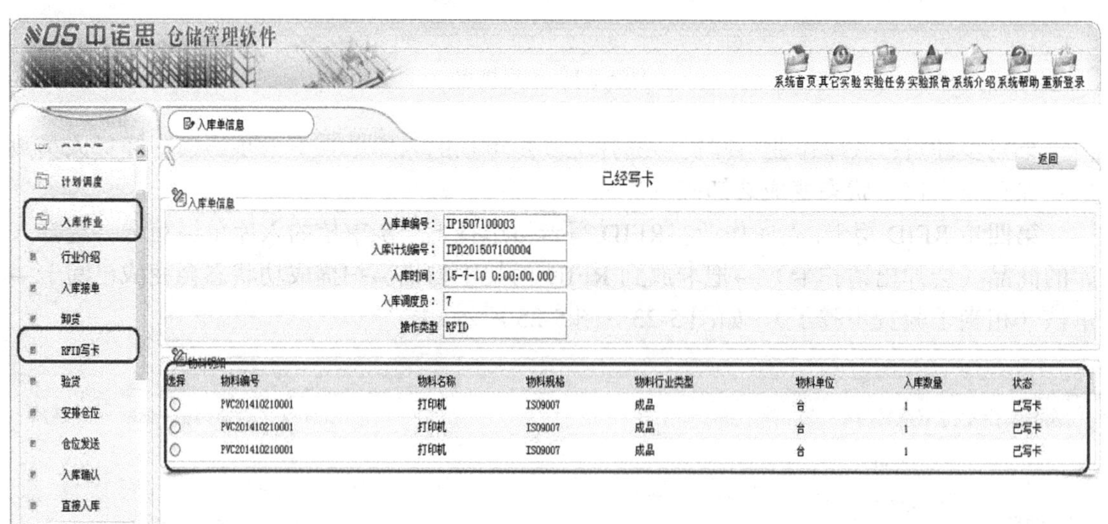

图 5-25　审核

第五步安排仓位：入库作业→安排仓位→选择入库商品（这里需要一个个摆货，选中的商品如果已摆货，下面摆货明细会显示）、摆货策略等→摆货确认→确认（货物状态变为已上架），如图 5-26 所示。

第六步入库确认：入库作业→入库确认→确认→状态变为入库完成。至此，RFID 入库完成，如图 5-27 所示。

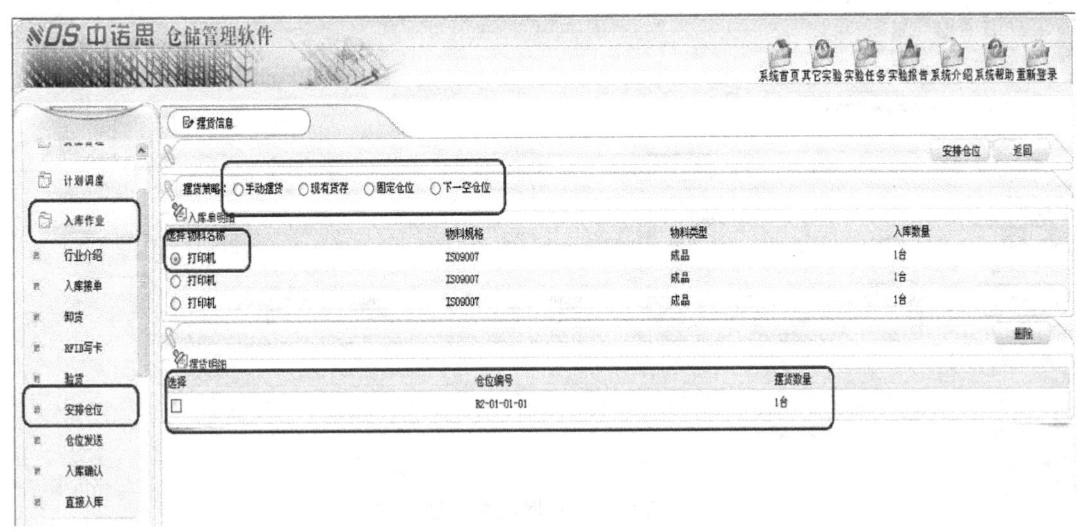

图 5-26　选择入库的商品

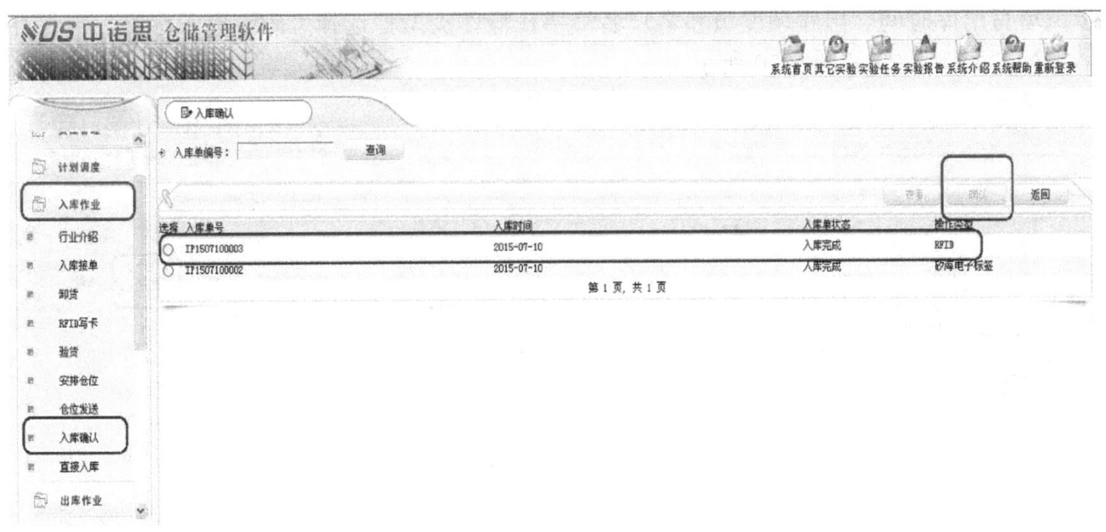

图 5-27　入库确认

2. 出库操作

出库操作同样包括电子标签区和 RFID 区两种出库操作，使用学生账号登录，选择相应实验进入。

1）电子标签区出库操作

第一步新建出库计划：计划调度→出库计划→新增（填写出库计划时间、计划制作人员）→新增商品（选择需要出库商品、填写数量）→保存→审核，如图 5-28 所示。

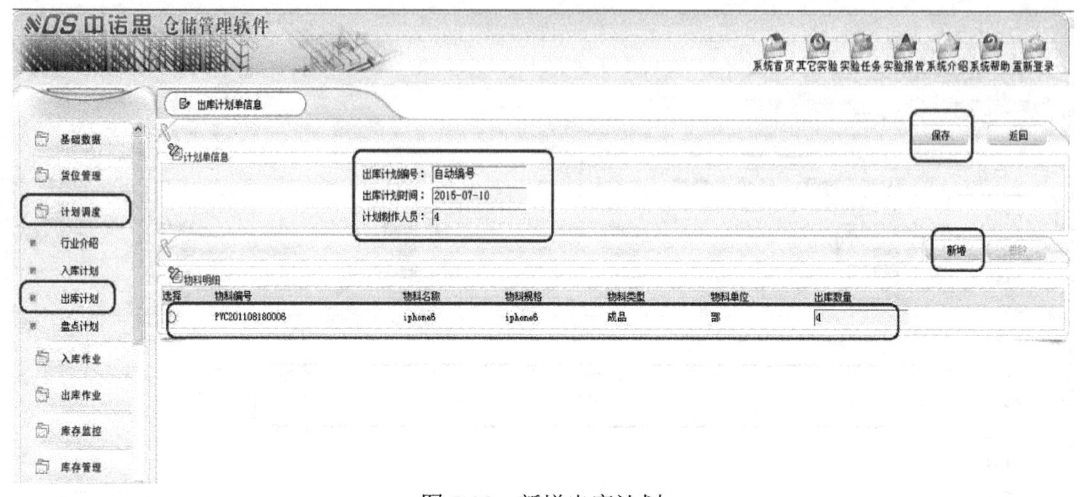

图 5-28　新增出库计划

第二步出库接单：出库作业→出库接单→新增（选择第一步新增的出库计划）→下一步→填写出库时间、出库调度员和客户名称→在操作类型栏选择“矽海电子标签”→保存→审核，如图 5-29 和图 5-30 所示。

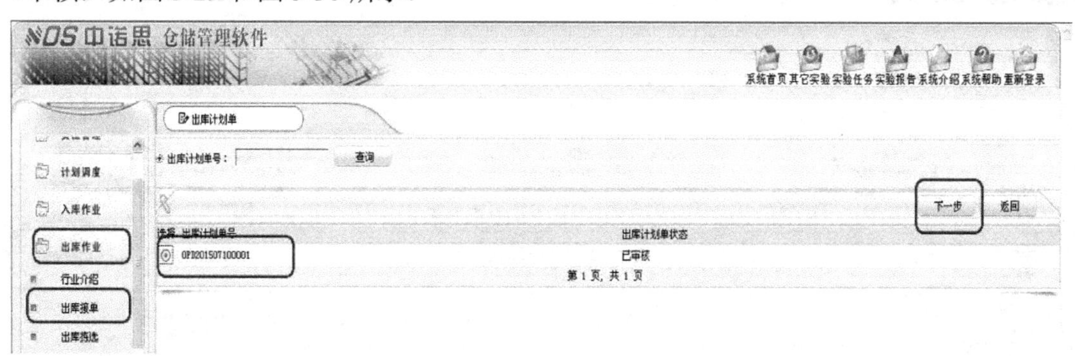

图 5-29　出库接单

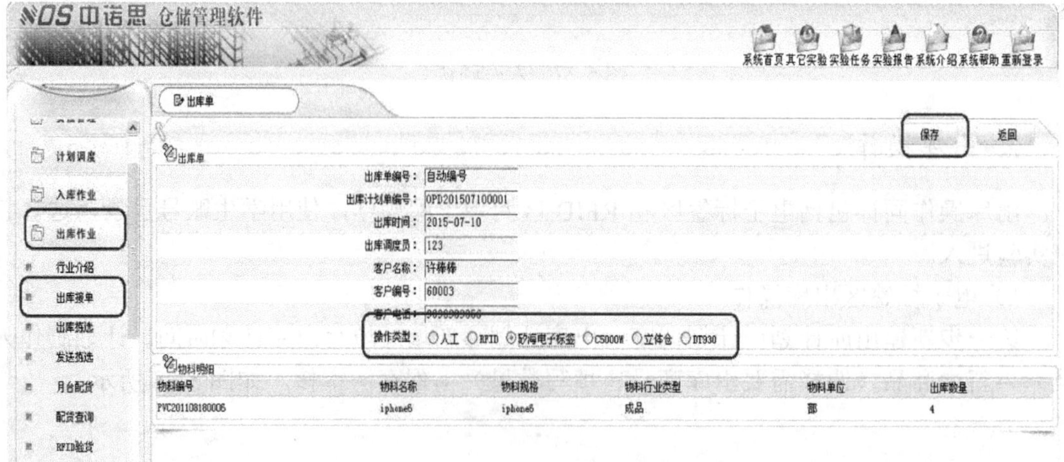

图 5-30　填写出库时间、人员和客户

第三步出库拣选：出库作业→出库拣选→拣货→选择相应仓位里的商品→拣选保存→拣货确认（状态变为已拣货），如图 5-31 和图 5-32 所示。

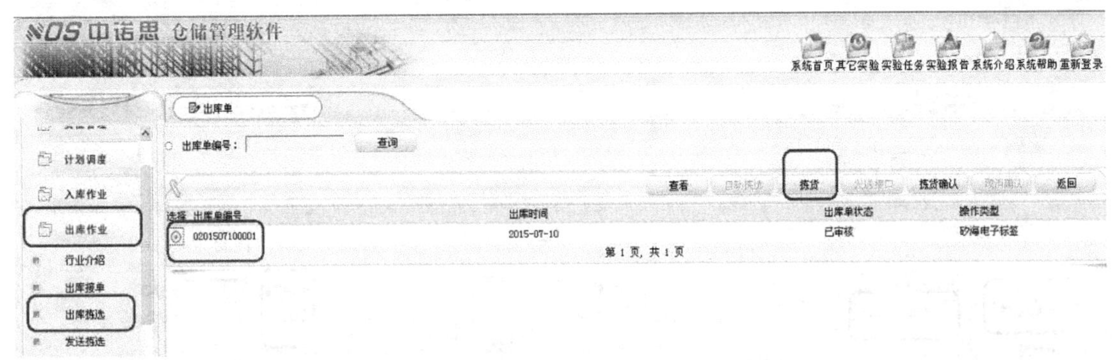

图 5-31　选择拣选商品

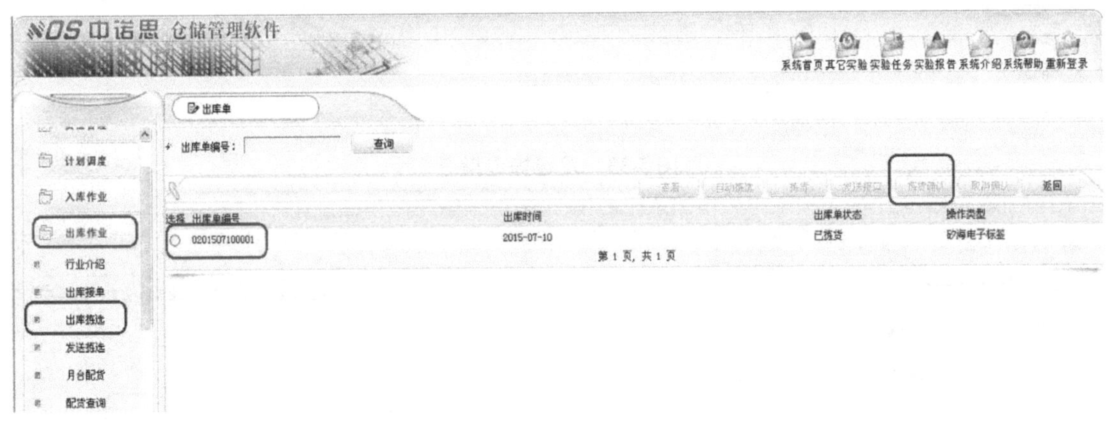

图 5-32　拣货确认

第四步发送拣选和接受确认：出库作业→发送拣选→此时电子标签区相应仓位亮灯，拣选相应数量的商品，按灭灯及完成器灯，完成拣货作业→接收（进行出库确认）。至此电子标签区的出库操作完成，如图 5-33 和图 5-34 所示。

2）RFID 区出库操作

第一步新建出库计划：计划调度→出库计划→新增（填写出库计划时间、计划制作人员）→新增商品（选择需要出库商品、填写数量）→保存→审核。

第二步出库接单：出库作业→出库接单→新增（选择第一步新增的出库计划）→下一步→填写出库时间、出库调员和客户名称→在操作类型栏选择“RFID”→保存→审核，如图 5-35 所示。

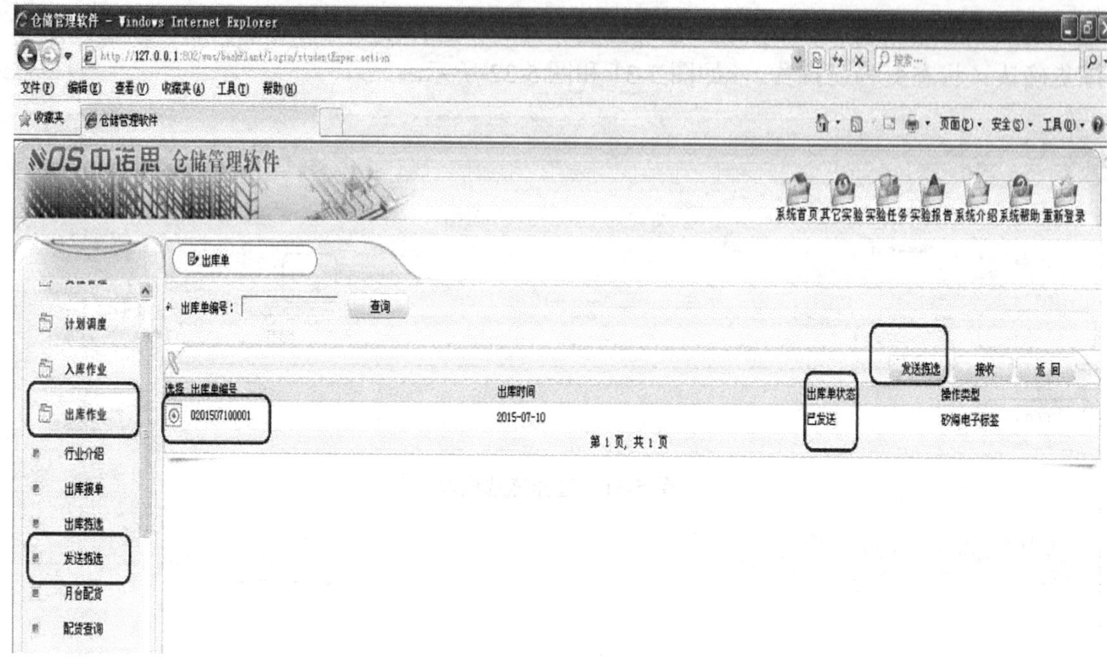

图 5-33　发送拣选指令

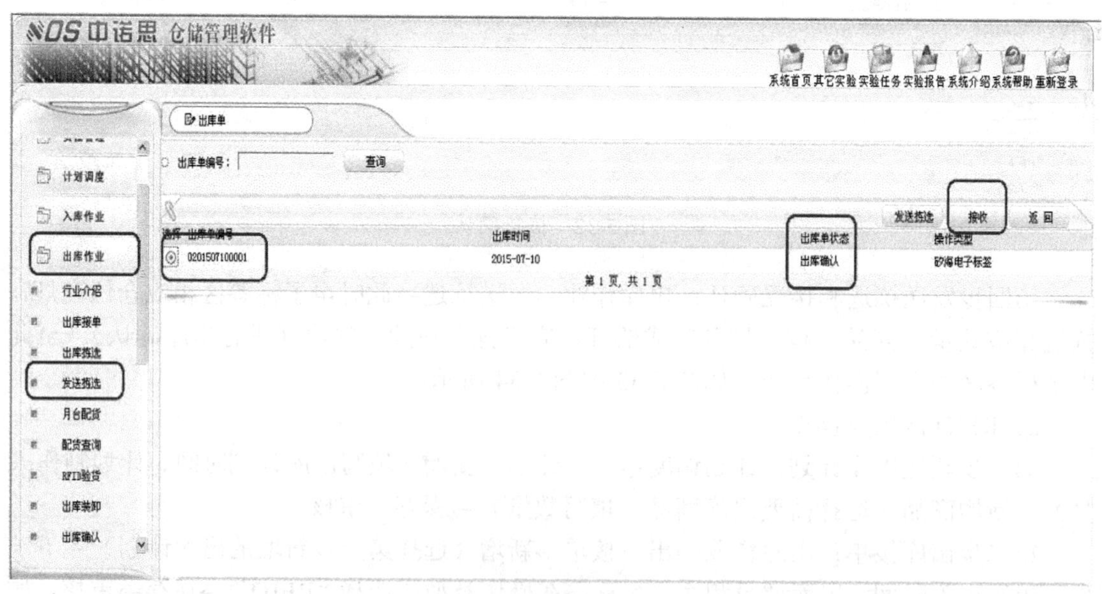

图 5-34　接收拣货指令

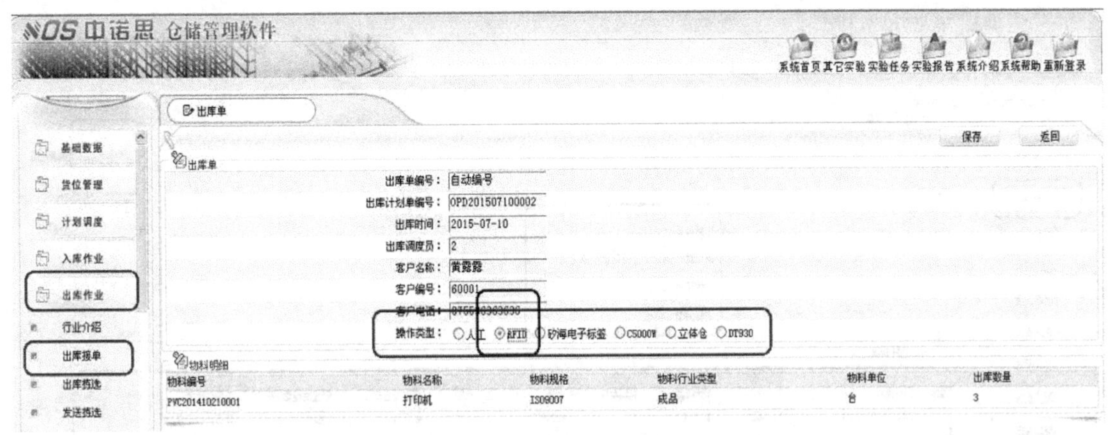

图 5-35 新增出库接单

第三步 RFID 验货：出库作业→RFID 验货→验货→填写出库时间、调度员→扫描出库商品（扫描处理会在 RFID 验货明细下显示）→出库→出库确认。至此 RFID 出库完成，如图 5-36 和图 5-37 所示。

5.2.5 实验思考与报告

1. 实验思考

（1）入库操作中，货位分配的一般原则有哪些？

（2）出库工作中，先进先出原则有什么意义？如何确保？

（3）传统拣货模式有什么缺陷？电子标签辅助拣货有哪些优点？

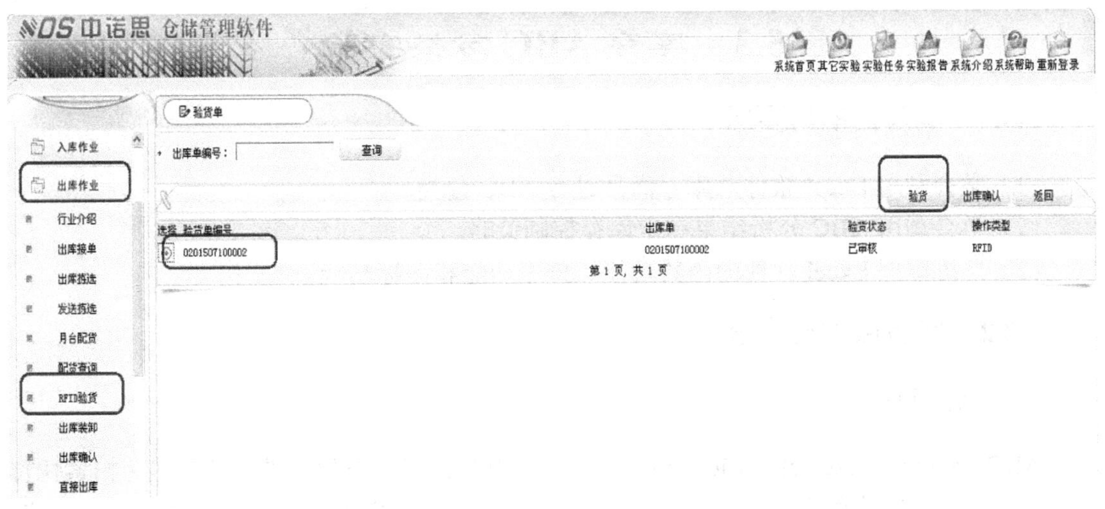

图 5-36 验货

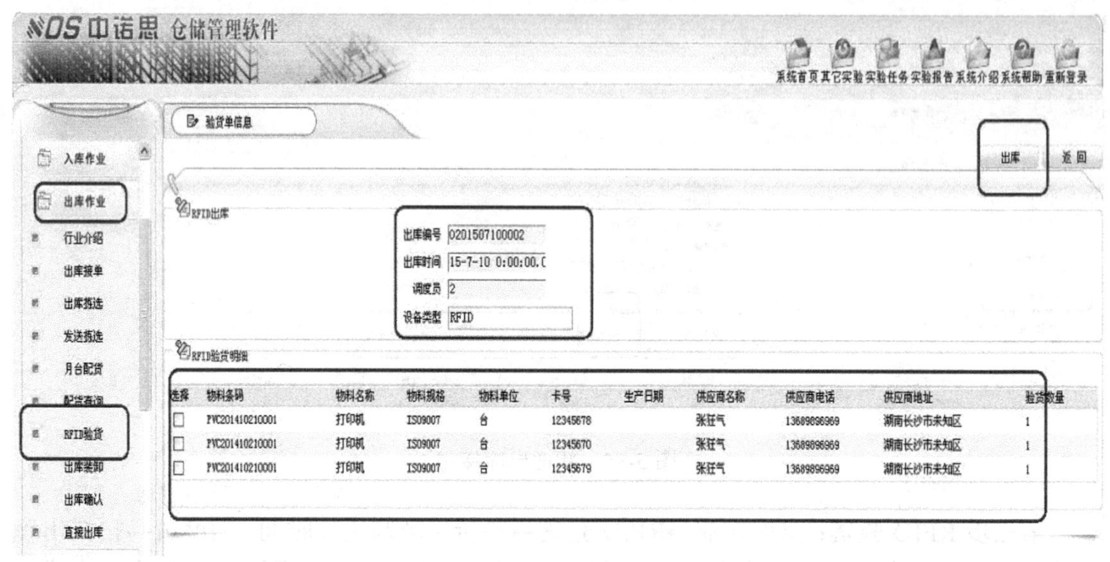

图 5-37　出库

2. 实验报告

利用仓储管理系统做一个综合实验模拟，相关资料如下：有一批物品要暂存仓库，物品名称为：茉莉花茶，货号：DB35/T91.19，共计 100 箱，总重量：300 kg，总体积：10 m^3，需暂时放入仓库，5 天后出库。要求：新增物料信息，在普通仓库新设区域：暂存库 Z8，并在软件系统上模拟出入库操作过程。按规范格式依据实验内容及时撰写并提交实验报告。

5.3　库存 ABC 分类实验

5.3.1　实验目的与要求

（1）学会利用 Excel 软件对库存商品进行 ABC 分类。

（2）学会利用 ABC 分析结果制定库存控制策略。

（3）熟练掌握 Excel 软件的函数功能、排序功能和图标功能。

5.3.2　实验原理与内容

1. 实验原理

ABC（activity based classification）分类法是由意大利经济学家维尔弗雷多·帕累托首创。ABC 分析法是储存管理中常用的分析方法，也是经济工作中一种基本工作和认识方法。该分析方法的核心思想是在决定一个事物的众多因素中分清主次，识别出少数的但对事物起决定作用的关键因素和多数的但对事物影响较少的次要因素。这种分析方法又称帕累托分析法或巴雷托分析法、柏拉图分析法、主次因分析法、分类管理法、物资重点管理法、

ABC 管理法、abc 管理、巴雷特分析法，平常我们也称之为“80 对 20”规则。后来，帕累托分析法被不断应用于管理的各个方面。1951 年，管理学家戴克（H. F. Dickie）将其应用于 GE（General Electric Company，通用电气公司）的库存管理，命名为 ABC 库存分类管理。

将库存物品按品种和占用资金的多少分为特别重要的库存（A 类）、一般重要的库存（B 类）、不重要的库存（C 类）三个等级，然后针对不同等级分别进行管理和控制。其中：A 类存货品种数（也称品项数）只占库存物品总品种的 10%左右，但其占用的资金可达 70%左右；B 类存货品种数（也称品项数）只占库存物品总品种的 20%左右，但其占用的资金可达 20%左右；C 类存货品种数（也称品项数）占库存物品总品种的 70%左右，但其占用的资金可达 10%左右。

上述 ABC 三类存货中，由于各类存货的重要程度不同，一般可以采用下列控制方法。

（1）对 A 类存货的控制。要计算每个项目的经济订货量和订货点，尽可能适当增加订购次数，以减少存货积压，也就是减少其昂贵的存储费用和大量的资金占用；同时，还可以为 A 类存货分别设置永续盘存卡片，以加强日常控制。

（2）对 B 类存货的控制。也要事先为每个项目计算经济订货量和订货点，同时也可以分享设置永续盘存卡片来反映库存动态，但要求不必像 A 类那样严格，只要定期进行概括性的检查就可以了，以节省存储和管理成本。

（3）对 C 类存货的控制。由于 C 类存货为数众多，而且单价又很低，存货成本也较低，因此，可以适当增加每次订货数量，减少全年的订货次数，对这类物资日常的控制方法，一般可以采用一些较为简化的方法进行管理。常用的是“双箱法”。所谓“双箱法”就是将某项库存物资分装两个货箱，第一箱的库存量是达到订货点的耗用量，当第一箱用完时，就意味着必须马上提出订货申请，以补充生产中已经领用和即将领用的部分。

2. 实验内容

给出一份库存商品资料数据（库存量及单位价值），根据 ABC 原理运用 Excel 软件对商品进行分类，并据此提出具体的库存管理策略。

5.3.3 实验环境与准备

（1）每人一台计算机。

（2）Excel 软件。

（3）实验实例，如表 5-1 所示。

表 5-1 某超市库存商品清单

商品编码	商品名称	商品单价/元	商品平均库存
001	奇丽棒棒糖	0.1	200
002	徐福记棒棒糖	0.1	2620
003	大白兔奶糖	0.2	150

续表

商品编码	商品名称	商品单价/元	商品平均库存
004	强力削笔刀	0.3	210
005	超能橡皮擦	0.3	550
006	圆珠笔笔芯	0.3	920
007	悠悠泡泡糖	0.4	530
008	中华铅笔 A 型	0.5	150
009	中华铅笔 B 型	0.6	180
010	心相印餐巾纸	0.6	552
011	晨光圆珠笔	0.7	215
012	康师傅瓶装水	0.8	120
013	冰露瓶装水	0.8	840
014	福满多方便面	0.9	80
015	康师傅方便面	1.0	200
016	雀巢瓶装水	1.1	660
017	娃哈哈瓶装水	1.4	560
018	农夫山泉	1.5	580
019	健力宝	2.1	250
020	可口可乐	2.5	156
021	橙汁	3	350
022	花生奶	4.5	520
023	营养快线	4.6	200
024	老白干	5.0	592
025	长城葡萄酒	25.0	258
026	张裕干红葡萄酒	48.0	380

实验要求：

根据 ABC 原理运用 Excel 软件对表 5-1 商品进行分类，并据此提出具体的库存管理策略。

5.3.4 实验步骤与操作

1. 系统界面及说明

实验使用 Excel 软件操作界面如图 5-38 所示。

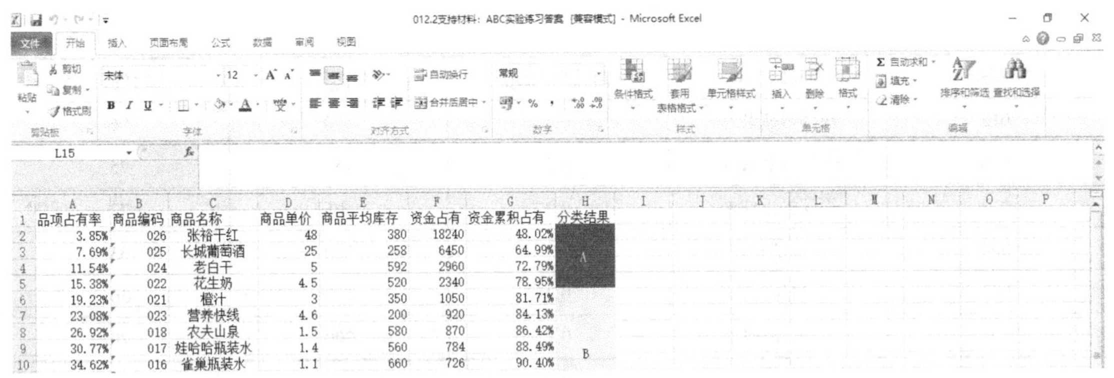

图 5-38 ABC 库存分类 Excel 软件操作界面

2. 操作步骤

第一步，根据每一种存货平均库存量以及价格计算出该种存货的资金占用额，并按金额从大到小的顺序进行排序，如表 5-2 所示。

表 5-2 存货资金占用额

商品编码	商品名称	商品单价/元	商品平均库存	占用资金/元
026	张裕干红葡萄酒	48.0	380	18 240
025	长城葡萄酒	25.0	258	6 450
024	老白干	5.0	592	2 960
022	花生奶	4.5	520	2 340
021	橙汁	3.0	350	1 050
023	营养快线	4.6	200	920
018	农夫山泉	1.5	580	870
017	娃哈哈瓶装水	1.4	560	784
016	雀巢瓶装水	1.1	660	726
013	冰露瓶装水	0.8	840	672
019	健力宝	2.1	250	525
020	可口可乐	2.5	156	390
010	心相印餐巾纸	0.6	552	331.2
006	圆珠笔笔芯	0.3	920	276
002	徐福记棒棒糖	0.1	2 620	262
007	悠悠泡泡糖	0.4	530	212
015	康师傅方便面	1.0	200	200
005	超能橡皮擦	0.3	550	165
011	晨光圆珠笔	0.7	215	150.5
009	中华铅笔 B 型	0.6	180	108

续表

商品编码	商品名称	商品单价/元	商品平均库存	占用资金/元
012	康师傅瓶装水	0.8	120	96
008	中华铅笔 A 型	0.5	150	75
014	福满多方便面	0.9	80	72
004	强力削笔刀	0.3	210	63
003	大白兔奶糖	0.2	150	30
001	奇丽棒棒糖	0.1	200	20

第二步，按上述排定的顺序，依次计算每一种存货资金占用额占全部资金占用额的百分比及累计的金额百分比，如表 5-3 所示。

表 5-3 资金占比

商品编码	商品名称	商品单价/元	商品平均库存	占用资金/元	资金占比/%	资金累积占比/%
026	张裕干红葡萄酒	48.0	380	18 240	48.0	48.0
025	长城葡萄酒	25.0	258	6 450	17.0	65.0
024	老白干	5.0	592	2 960	7.8	72.8
022	花生奶	4.5	520	2 340	6.2	78.9
021	橙汁	3.0	350	1 050	2.8	81.7
023	营养快线	4.6	200	920	2.4	84.1
018	农夫山泉	1.5	580	870	2.3	86.4
017	娃哈哈瓶装水	1.4	560	784	2.1	88.5
016	雀巢瓶装水	1.1	660	726	1.9	90.4
013	冰露瓶装水	0.8	840	672	1.8	92.2
019	健力宝	2.1	250	525	1.4	93.5
020	可口可乐	2.5	156	390	1.0	94.6
010	心相印餐巾纸	0.6	552	331.2	0.9	95.4
006	圆珠笔笔芯	0.3	920	276	0.7	96.2
002	徐福记棒棒糖	0.1	2 620	262	0.7	96.9
007	悠悠泡泡糖	0.4	530	212	0.6	97.4
015	康师傅方便面	1.0	200	200	0.5	97.9
005	超能橡皮擦	0.3	550	165	0.4	98.4
011	晨光圆珠笔	0.7	215	150.5	0.4	98.8
009	中华铅笔 B 型	0.6	180	108	0.3	99.1
012	康师傅瓶装水	0.8	120	96	0.3	99.3
008	中华铅笔 A 型	0.5	150	75	0.2	99.5

续表

商品编码	商品名称	商品单价/元	商品平均库存	占用资金/元	资金占比/%	资金累积占比/%
014	福满多方便面	0.9	80	72	0.2	99.7
004	强力削笔刀	0.3	210	63	0.2	99.9
003	大白兔奶糖	0.2	150	30	0.1	99.9
001	奇丽棒棒糖	0.1	200	20	0.1	100.0

第三步，按上述排定的顺序，依次计算累计存货品种占全部品种数的百分比，如表5-4所示。

表5-4 品种累计百分表

品种累计百分比/%	品种累计	商品编码	商品名称	商品单价/元	商品平均库存	占用资金/元	资金占比/%	资金累积占比/%
3.8	1	026	张裕干红葡萄酒	48.0	380	18 240	48.0	48.0
7.7	2	025	长城葡萄酒	25.0	258	6 450	17.0	65.0
11.5	3	024	老白干	5.0	592	2 960	7.8	72.8
15.4	4	022	花生奶	4.5	520	2 340	6.2	78.9
19.2	5	021	橙汁	3.0	350	1 050	2.8	81.7
23.1	6	023	营养快线	4.6	200	920	2.4	84.1
26.9	7	018	农夫山泉	1.5	580	870	2.3	86.4
30.8	8	017	娃哈哈瓶装水	1.4	560	784	2.1	88.5
34.6	9	016	雀巢瓶装水	1.1	660	726	1.9	90.4
38.5	10	013	冰露瓶装水	0.8	840	672	1.8	92.2
42.3	11	019	健力宝	2.1	250	525	1.4	93.5
46.2	12	020	可口可乐	2.5	156	390	1.0	94.6
50.0	13	010	心相印餐巾纸	0.6	552	331.2	0.9	95.4
53.8	14	006	圆珠笔笔芯	0.3	920	276	0.7	96.2
57.7	15	002	徐福记棒棒糖	0.1	2 620	262	0.7	96.9
61.5	16	007	悠悠泡泡糖	0.4	530	212	0.6	97.4
65.4	17	015	康师傅方便面	1.0	200	200	0.5	97.9
69.2	18	005	超能橡皮擦	0.3	550	165	0.4	98.4
73.1	19	011	晨光圆珠笔	0.7	215	150.5	0.4	98.8
76.9	20	009	中华铅笔B型	0.6	180	108	0.3	99.1
80.8	21	012	康师傅瓶装水	0.8	120	96	0.3	99.3
84.6	22	008	中华铅笔A型	0.5	150	75	0.2	99.5
88.5	23	014	福满多方便面	0.9	80	72	0.2	99.7
92.3	24	004	强力削笔刀	0.3	210	63	0.2	99.9

续表

品种累计百分比/%	品种累计	商品编码	商品名称	商品单价/元	商品平均库存	占用资金/元	资金占比/%	资金累积占比/%
96.2	25	003	大白兔奶糖	0.2	150	30	0.1	99.9
100.0	26	001	奇丽棒棒糖	0.1	200	20	0.1	100.0

第四步，按事先确定的标准将全部存货划分为A、B、C三类，如表5-5所示。

表5-5　ABC分类表

品种累计百分比/%	品种累计	商品编码	商品名称	商品单价/元	商品平均库存	占用资金/元	资金占比/%	资金累积占比/%	分类
3.8	1	026	张裕干红葡萄酒	48.0	380	18 240	48.0	48.0	A
7.7	2	025	长城葡萄酒	25.0	258	6 450	17.0	65.0	
11.5	3	024	老白干	5.0	592	2 960	7.8	72.8	
15.4	4	022	花生奶	4.5	520	2 340	6.2	78.9	
19.2	5	021	橙汁	3.0	350	1 050	2.8	81.7	B
23.1	6	023	营养快线	4.6	200	920	2.4	84.1	
26.9	7	018	农夫山泉	1.5	580	870	2.3	86.4	
30.8	8	017	娃哈哈瓶装水	1.4	560	784	2.1	88.5	
34.6	9	016	雀巢瓶装水	1.1	660	726	1.9	90.4	
38.5	10	013	冰露瓶装水	0.8	840	672	1.8	92.2	
42.3	11	019	健力宝	2.1	250	525	1.4	93.5	
46.2	12	020	可口可乐	2.5	156	390	1.0	94.6	
50.0	13	010	心相印餐巾纸	0.6	552	331.2	0.9	95.4	C
53.8	14	006	圆珠笔笔芯	0.3	920	276	0.7	96.2	
57.7	15	002	徐福记棒棒糖	0.1	2 620	262	0.7	96.9	
61.5	16	007	悠悠泡泡糖	0.4	530	212	0.6	97.4	
65.4	17	015	康师傅方便面	1.0	200	200	0.5	97.9	
69.2	18	005	超能橡皮擦	0.3	550	165	0.4	98.4	
73.1	19	011	晨光圆珠笔	0.7	215	150.5	0.4	98.8	
76.9	20	009	中华铅笔B型	0.6	180	108	0.3	99.1	
80.8	21	012	康师傅瓶装水	0.8	120	96	0.3	99.3	
84.6	22	008	中华铅笔A型	0.5	150	75	0.2	99.5	
88.5	23	014	福满多方便面	0.9	80	72	0.2	99.7	
92.3	24	004	强力削笔刀	0.3	210	63	0.2	99.9	
96.2	25	003	大白兔奶糖	0.2	150	30	0.1	99.9	
100.0	26	001	奇丽棒棒糖	0.1	200	20	0.1	100.0	

第五步，根据 ABC 分类的结果选择相应的方法，对各类存货进行控制。

5.3.5 实验思考与报告

1. 实验思考

（1）如何利用 Excel 软件实现累计百分比计算？

（2）在实验中，分类的标准是否严格按实验原理中确定的比例数字？如果不是，你是怎样分类的？为什么？

（3）单一的因素进行的库存 ABC 分类法有什么缺陷？为什么？如何弥补这一缺陷？

2. 实验报告

某超市红酒库存清单如表 5-6 所示，请用 ABC 分类法对商品分类。请按规范格式依据此实验内容及时撰写并提交实验报告。

表 5-6 某超市红酒库清单

商品编号	商品名称	规格	单价/元	库存量
2202001	VD 金奖白兰地	瓶	24	6
2202002	VS 金奖白兰地	瓶	14	7
2202003	可雅白兰地	瓶	36.5	6
2202004	张裕干红葡萄酒	瓶	27.5	10
2202005	张裕天然红葡萄酒	瓶	9.5	12
2202006	张裕红香槟	瓶	394.5	12
2202007	王朝干白	瓶	26	6
2202008	王朝半干红 187.5 ml	瓶	9.6	5
2202009	威龙高樽干葡萄酒	瓶	79.7	15
2202010	威龙至尊干红葡萄酒 75	瓶	26	4
2202011	威龙至尊干红葡萄酒 50	瓶	20.7	24
2202012	新威龙干红	瓶	24	8
2202013	威龙葡萄酒（红）	瓶	7.6	12
2202014	威龙葡萄酒王（红）	瓶	12.5	8
2202015	威龙天然红葡萄酒	瓶	6.6	22
2202016	威龙玫瑰红葡萄酒	瓶	15.2	6
2202017	威龙樽杯红葡萄酒	瓶	9.9	7
2202018	威龙葡萄酒大香槟	瓶	16.3	8
2202019	威龙球迷白兰地	瓶	162.8	6
2202020	加州乐事红酒 1500 ml	瓶	26.9	3
2202021	千禧干红（大）	瓶	57	6

续表

商品编号	商品名称	规格	单价/元	库存量
2202022	干红	瓶	37	12
2202023	长城干白 18 度	瓶	18.2	8
2202024	山楂酒	瓶	10	6
2202025	红鸽干红	瓶	13	36
2202026	王朝干红 375 ml	瓶	7.2	8
2202027	红葡萄酒	瓶	8.6	11
2202028	长城干白 11 度	瓶	22	12
2202029	VO 金奖白兰地	瓶	24	6
2202030	威王意大利白葡萄酒 11	瓶	17	10
2202031	威王天然红葡萄酒 1.51	瓶	15.9	4
2202032	威王天然红葡萄酒 11×1	瓶	7	13
2202033	威王天然白葡萄酒 11×1	瓶	7	20
2202034	威王原汁红葡萄酒 880 ml	瓶	8.2	12
2202035	威王全汁白葡萄酒 750 ml	瓶	9.3	8
2202036	爱尔兰格兰菲迪	瓶	497	6
2202037	爱尔兰皇家礼炮礼盒	瓶	1 592	5
2202038	爱尔兰威雀威	瓶	878	5
2202039	爱尔兰豪特位礼盒	瓶	369.6	5
2202040	爱尔兰名士马爹礼盒	瓶	768	5
2202041	爱尔兰三得利皇冠礼盒	瓶	468	10
2202042	金巴利	瓶	57	2
2202043	红牌伏加特	瓶	88	10
2202044	威龙玫瑰干红 750 ml×12	瓶	45.2	20
2202045	威王红玫瑰酒 11×6	瓶	8.9	18
2202046	威龙白兰地（VSOP）	瓶	29.3	3
2202047	威龙樱桃白兰地	瓶	28.6	10
2202048	威龙金奖白兰地（VO）	瓶	9.6	24
2202049	长城干红 750 ml	瓶	12	10
2202050	长城桃红 751 ml	瓶	28	8

第 6 章

“运输管理”课程实验实践

6.1 企业运输管理调查实践

6.1.1 实践目的与要求

通过实地走访参观，近距离观察实际经营的运输企业，了解运输的功能作用、运输管理相关方、不合理运输的表现形式及运输合理化等，具体要求包括以下几点。

（1）到运输企业实地参观，仔细观察。

（2）做好实践记录，带问题思考。

（3）注意安全，及时完成课后作业。

6.1.2 实践内容与时间

1. 实践内容

1）运输的功能作用

运输主要提供两大功能，即货物转移和货物储存。由于运输的主要目的是以最短的时间、最低的成本将货物转移到规定地点，因此运输的主要功能就是通过使货物在价值链中实现位移，从而产生空间效用和时间效用；另一大功能就是对货物在运输期间进行临时储存，即将运输工具作为临时的储存设施，而且这种储存是免费储存、自然储存的。

2）运输管理的相关方

货主。货主是货物的所有者，包括委托人（或托运人）和收货人。

承运人。承运人是受托运人或收货人的委托，按委托人的意愿以最低的成本完成托运人委托的运输任务，同时获得运输收入。

货运代理人。货运代理人是根据货主的要求，并代表货主的利益而揽取货物运输业务的人，其自身不是承运人。

运输经纪人。运输经纪人是替托运人、收货人和承运人协调运输安排的中间商，协调的内容包括装运装载、费率谈判、结账和跟踪管理等。运输经纪人也属于非作业的中间商。

3）不合理的运输形式

不合理的运输形式一般有以下几种：对流运输、倒流运输、迂回运输、重复运输、过远运输、返程或启程空驶、运力选择不当、托运方式不当。

4）运输合理化

合理运输应从物流系统的总体目标出发，运用系统理论和系统工程原理与方法，充分利用各种运输方式，选择合理的运输线路和运输工具，以最短的路径、最少的环节、最快的速度和最少的劳动消耗，组织好物质产品的运输活动。运输合理化的影响因素很多，起决定性作用的有五方面的因素，称作合理运输的五要素：运输距离、运输环节、运输工具、运输时间、运输费用。

2. 实践时间

第 5 学期第 8～10 周以分组的形式进行课外调研，形成调研报告及汇报 PPT，第 11 周进行专题汇报。

6.1.3 实践思考与报告

1. 实践思考

（1）运输合理化的主要措施有哪些？

（2）运输方式选择应考虑哪些因素？

（3）运输路线选择问题可分为哪些类型？

2. 实践报告

按规范格式依据实践内容及时撰写并提交实践报告。

6.2 运输路径规划实验

6.2.1 实验目的与要求

（1）理解企业所面临的典型运输问题。

（2）利用 Excel 软件对运输问题进行建模和求解。

（3）掌握 Excel 软件的“规划求解”功能。

6.2.2 实验原理与内容

1. 实验原理

运输模型：假设 A_1，A_2，…，A_m 表示某物资的 m 个产地；B_1，B_1，…，B_n 表示某物资的 n 个销地；a_i 表示产地 A_i 的产量；b_j 表示销地 B_j 的销量；c_{ij} 表示物资从产地 A_j 运往销地 B_j 的单位运价，如表 6-1 所示。

表 6-1　运输问题数据表

产地	B_1	B_2	…	B_n	产量
A_1	c_{11}	c_{12}	…	c_{1n}	a_1
A_2	c_{21}	c_{22}	…	c_{2n}	a_2
…	…	…	…	…	…
A_m	c_{m1}	c_{m2}	…	c_{mn}	a_m
销量	b_1	b_2	…	B_n	

如果运输问题的总产量等于总销量，即有 $\sum_{i=1}^{m} a_i = \sum_{j=1}^{n} b_j$，则称该运输问题为产销平衡的运输问题；否则，称该运输问题为产销不平衡的运输问题。

1）产销平衡的运输问题

若用 x_{ij} 表示从 A_j 到 B_j 的运量，则产销平衡运输问题的数学模型为

$$\text{Min} \quad z = \sum_{i-1}^{m} \sum_{j=1}^{n} c_{ij} x_{ij}$$

$$\text{s.t.} \quad \begin{cases} \sum_{j=1}^{n} x_{ij} = a_i & (i=1,\ 2,\ \cdots,\ m)\text{（产量约束）} \\ \sum_{i=1}^{m} x_{ij} = b_j & (j=1,\ 2,\ \cdots,\ n)\text{（销量约束）} \\ x_{ij} \geqslant 0 & (i=1,\ 2,\ \cdots,\ m;\ j=1,\ 2,\ \cdots,\ n) \end{cases}$$

此模型包含 $m \times n$ 个变量，有 $n+m$ 个确定需求（等式）约束和一个非负约束。

2）产销不平衡的运输问题

在总产量大于总销量（供过于求）的情况下，即 $\sum_{i=1}^{m} a_i = \sum_{j=1}^{n} b_j$（总供应＞总需求）时，产大于销运输问题的数学模型可写成（以满足小的销量为准）：

$$\text{Min} \quad z = \sum_{i-1}^{m} \sum_{j=1}^{n} c_{ij} x_{ij}$$

$$\text{s.t.} \quad \begin{cases} \sum_{j=1}^{n} x_{ij} \leqslant a_i & (i=1,\ 2,\ \cdots,\ m)\text{（产量约束）} \\ \sum_{i=1}^{m} x_{ij} = b_j & (j=1,\ 2,\ \cdots,\ n)\text{（销量约束）} \\ x_{ij} \geqslant 0 & (i=1,\ 2,\ \cdots,\ m;\ j=1,\ 2,\ \cdots,\ n) \end{cases}$$

在总产量小于总销量（供不应求）的情况下，即 $\sum_{i=1}^{m} a_i = \sum_{j=1}^{n} b_j$（总供应＜总需求）时，产大于销运输问题的数学模型可写成（以满足小的产量为准）：

$$\text{Min}\quad z=\sum_{i-1}^{m}\sum_{j=1}^{n}c_{ij}x_{ij}$$

$$\text{s.t.}\quad\begin{cases}\sum\limits_{j=1}^{n}x_{ij}=a_i & (i=1,\ 2,\ \cdots,\ m)\ (\text{产量约束})\\ \sum\limits_{i=1}^{m}x_{ij}\leqslant b_j & (j=1,\ 2,\ \cdots,\ n)\ (\text{销量约束})\\ x_{ij}\geqslant 0 & (i=1,\ 2,\ \cdots,\ m;\ j=1,\ 2,\ \cdots,\ n)\end{cases}$$

2. 实验内容

某公司的 3 个加工厂 A_1、A_2、A_3 生产某产品，每日的产量分别为 7 t、4 t、9 t；该公司将这些产品分别运往 4 个销售点 B_1、B_2、B_3、B_4，各销售点每日销量分别为 3 t、6 t、5 t、6 t；从各工厂到各销售点的单位产品运价如表 6-2 所示。问该公司应如何调运这些产品，在满足各销售点需求量的前提下，使总运费最小？

表 6-2　从各工厂到各销售点的单位产品运价　　单位：元/t

加工厂	B_1	B_2	B_3	B_4	产量/t
A_1	7	11	3	10	7
A_2	1	9	2	8	4
A_3	7	4	10	5	9
销量/t	3	6	5	6	产销平衡

6.2.3　实验环境与准备

（1）每人一台计算机。

（2）Excel 软件。

6.2.4　实验步骤与操作

（1）根据示例已知条件，利用 Excel 软件建立运输模型，在 Excel 中输入数据，如图 6-1 所示。

（2）通过“Word 选项”加载“规划求解”，启用 Excel 中的“规划求解”功能。启用成功后，在 Excel 数据选项卡下，将会看到“规划求解”功能，如图 6-2 所示。

（3）利用“规划求解”功能求解运输模型，如图 6-3 所示。

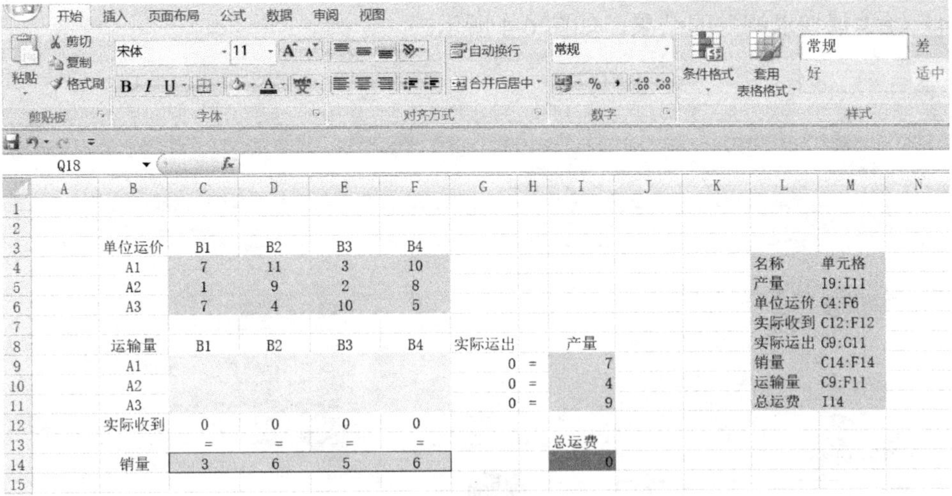
开始 插入 页面布局 公式 数据 审阅 视图
剪切 复制 格式刷 粘贴
宋体 11
自动换行 合并后居中
常规
条件格式 套用表格格式
常规 差 好 适中
剪贴板 字体 对齐方式 数字 样式
Q18
单位运价 B1 B2 B3 B4
A1 7 11 3 10
A2 1 9 2 8
A3 7 4 10 5
运输量 B1 B2 B3 B4 实际运出 产量
A1 0 = 7
A2 0 = 4
A3 0 = 9
实际收到 0 0 0 0
= = = =
销量 3 6 5 6
总运费 0
名称 单元格
产量 I9:I11
单位运价 C4:F6
实际收到 C12:F12
实际运出 G9:G11
销量 C14:F14
运输量 C9:F11
总运费 I14

图 6-1 运输模型的 Excel 建模

开始 插入 页面布局 公式 数据 审阅 视图
自 Access 自网站 自文本 自其他来源 现有连接 全部刷新
连接 属性 编辑链接
排序 筛选 清除 重新应用 高级
分列 删除重复项 数据有效性 合并计算 假设分析
组合 取消组合 分类汇总
显示明细数据 隐藏明细数据
规划求解
获取外部数据 连接 排序和筛选 数据工具 分级显示 分析
Q18
单位运价 B1 B2 B3 B4
A1 7 11 3 10
A2 1 9 2 8
A3 7 4 10 5
运输量 B1 B2 B3 B4 实际运出 产量
A1 0 = 7
A2 0 = 4
A3 0 = 9
实际收到 0 0 0 0
= = = =
销量 3 6 5 6
总运费 0
名称 单元格
产量 I9:I11
单位运价 C4:F6
实际收到 C12:F12
实际运出 G9:G11
销量 C14:F14
运输量 C9:F11
总运费 I14

图 6-2 Excel 的“规划求解”功能

总运费
=SUMPRODUCT(单位运价,运输量)
单位运价 B1 B2 B3 B4
A1 7 11 3 10
A2 1 9 2 8
A3 7 4 10 5
运输量 B1 B2 B3 B4 实际运出 产量
A1 0 = 7
A2 0 = 4
A3 0 = 9
实际收到 0 0 0 0
= = = =
销量 3 6 5 6
总运费 0
规划求解参数
设置目标单元格(E): 总运费
等于: 最大值(M) 最小值(N) 值为(V): 0
可变单元格(B):
运输量
推测(G)
约束(U):
实际收到 = 销量
实际运出 = 产量
添加(A) 更改(C) 删除(D)
求解(S) 关闭 选项(O) 全部重设(R) 帮助(H)

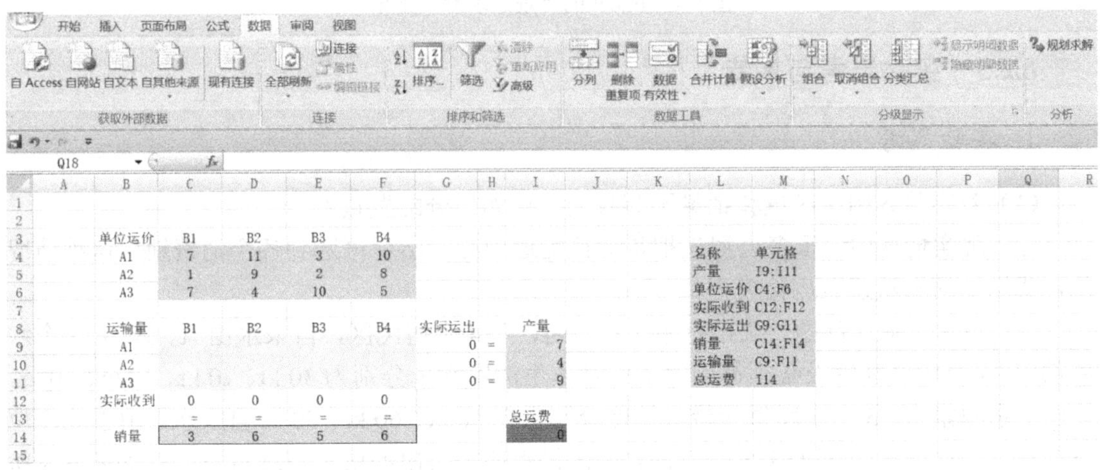

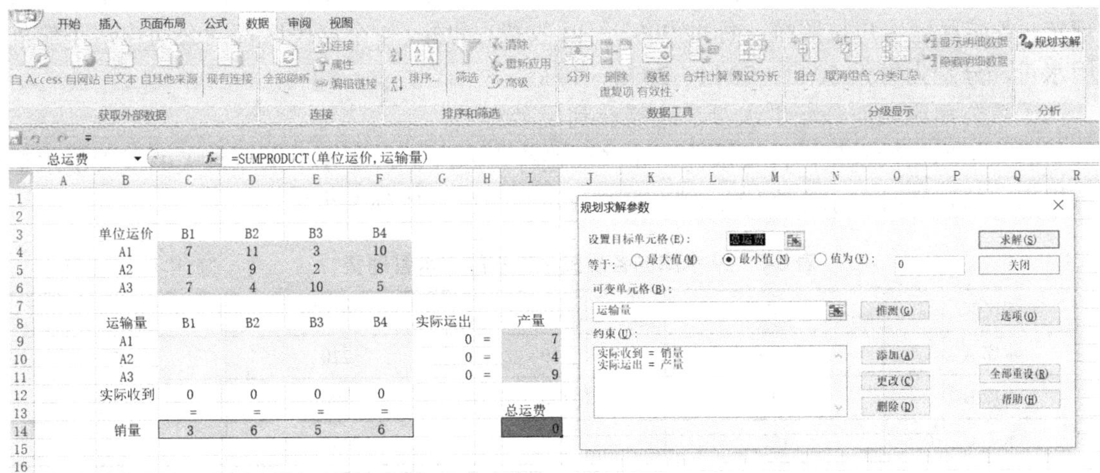

图 6-3 Excel 的“规划求解”过程

（4）经“规划求解”的结果，如图 6-4 所示。

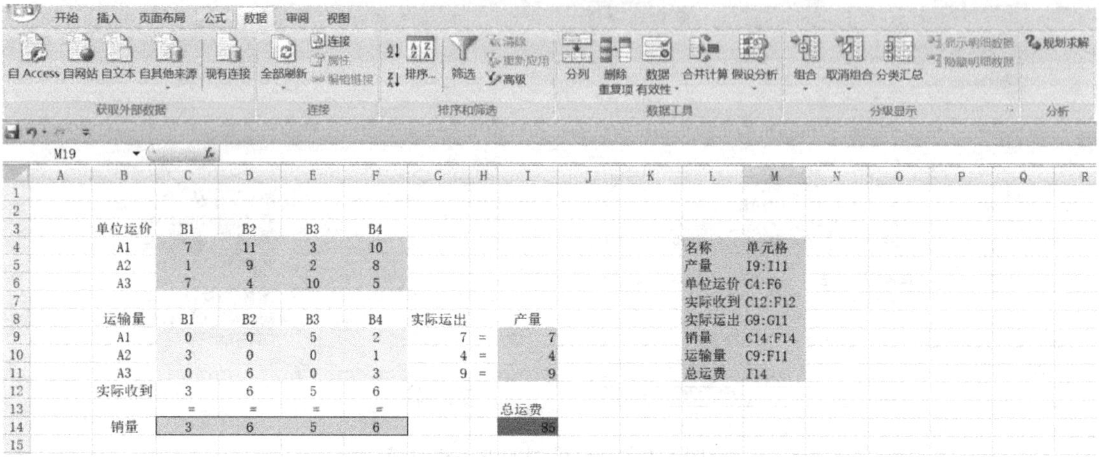

图 6-4　Excel 的“规划求解”结果

6.2.5　实验思考与报告

1. 实验思考

（1）若实验案例中产量和销量不等我们又该如何分配发货？

（2）现实情况中，很多公司先把货运往配送中心，然后再送到各个消费地。这种情况下，我们如何重新建立运输模型？

（3）自来水输送问题。某市有甲、乙、丙、丁 4 个居民区，自来水由 A、B、C 3 个水库供应。4 个居民区每天必须得到保证的基本生活用水量分别为 30 kt、70 kt、10 kt、10 kt，但由于水源紧张，3 个水库每天最多只能分别供应 50 kt、60 kt、50 kt 自来水。由于地理位置的差别，自来水公司从各水库向各居民区供水所需付出的引水管理费不同（如表 6-3 所示，其中水库 C 与丁居民区之间没有输水管道），其他管理费用都是 450 元/ kt。根据公司规定，各居民区用户按照统一标准 900 元/ kt 收费。此外，4 个居民区都向公司申请了额外用水量，分别为每天 50 kt、70 kt、20 kt、40 kt。

①该公司应如何分配供水量，才能获利最多？

②为了增加供水量，自来水公司正考虑进行水库改造，使 3 个水库每天的最大供水量都提高一倍，那时供水方案应如何改变？公司利润可增加到多少？

表 6-3　从水库向各居民区供水的引水管理费　　单位：元/kt

居民区	甲	乙	丙	丁
水库 A	160	130	220	170
水库 B	140	130	190	150
水库 C	190	200	230	—

2. 实验报告

按规范格式依据实验内容及时撰写并提交实验报告。

6.3 “超载怪圈”分析实验

6.3.1 实验目的与要求

（1）从物流系统的角度分析运输超载的原因，并提出解决对策。

（2）从系统要素的关系、系统功能、作用深化对系统的认识。

6.3.2 实验原理与内容

1. 实验原理

这里用到物流系统目标系统化原理，即按照物流系统整体最优的原则，对物流系统内部要素互相冲突，或者虽然不冲突但需要互相配合的目标进行权衡、选择和协调，最后确定能够实现物流系统整体最优的物流系统整体目标和物流系统要素目标，并实现这些目标。

2. 实验内容

2003 年 12 月 1 日，北京、天津、河北、山西、内蒙古 5 省、市、自治区政府联合展开行动，通过严查、禁行、罚款、没收等各种措施全面整治超载超限运输车辆。为什么要治理超载？这里有一组非常直观的数字能够让我们体会到超载所带来的弊端：2002 年，河北省发生的交通事故中有 2%是由超载驾驶引发的；河北省每年因为超载超限总损失达到 40 亿元，13 条主要高速公路有 9 条出现不同程度的破损，18 座高速路桥梁成为危桥，需要马上大修；载重 10 t 的货车超载 1 倍，对公路的破坏力相当于正常载重的 16 倍；超载 2 倍，对公路的破坏力增加 80 倍；1 条设计使用 15 年的公路，如果行驶车辆超载 1 倍，其使用年限将缩短 90%，即只能使用 1 年半；每年超载车辆给公路造成的损失高达 100 亿元……既然如此，那么超载现象为何如此之盛？

这里有另外一组数据：在山西大同，1 t 原煤出厂价格 85 元，每吨原煤交 45 元煤检费和 5 元出井费，即 1 t 煤实际出厂价格 135 元，如果运到河北宣化，卖价为每吨 220 元，这样，每吨可获得毛利润 85 元，以东风 153 型 12 t 载重货车为例，可以获得毛利润 1020 元。但是减去途中过路费 470 元，消耗柴油费 800 元，车主亏损 250 元。此外，每月需要缴纳 2200 多元养路费和 6000～7000 元车辆租赁费，花费 3000 元雇用两个司机，以及一些汽车修理、交警罚款等不确定的费用。通过这组数据，我们很容易计算出，按照目前煤运的市场价格，按核定的吨位运输必定亏损。车主只有超载才能盈利，于是又多了一项费用——超载罚款，车主开始进一步超载……超载怪圈形成了。

在这个系统中，涉及的元素包括货主、运输公司、交通部门、路政部门、收货人和消费者，它们之间的关系如图 6-5 所示。

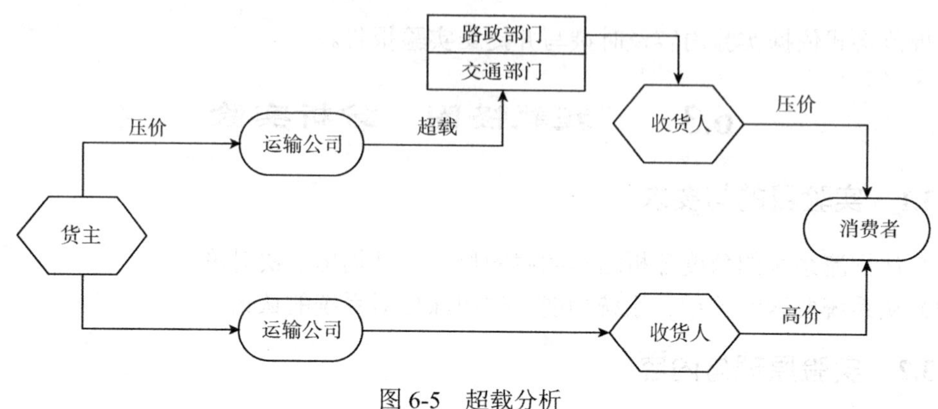

图 6-5　超载分析

系统中的每个元素都是相互影响、相互制约的，而且所产生的结果又是环环相扣的，及至最后，倘若消费者对产品的价格不满意，必然会影响到产品的销售情况，因此给货主带来压力，从而货主会进一步采取措施……

全国公路车辆运输成本非常高，在其昂贵的运输成本中，最重要的一项是公路收费，这些收费占到公路运输成本的 20%以上。据比较，中国公路收费比欧洲高 9 倍。山西大同市交管部门曾经做过试验，用红岩牌 16 t 载重货车按照规定装载，从大同运往天津，途中没有任何违规行为，到达天津后，该货车亏损 3200 多元。

在全国公路车辆运力总体上供大于求的情况下，运输者为了抢到市场，只好竞相压价，再通过超载弥补这份损失，将希望寄托于罚款与超载所得之间的那一点利润空间。

由此可见，超限、超载现象屡禁不止的表面现象是利益驱使，但是在这个现象的背后却是一个长期结成的痼疾——公路货运行业的畸形生态。货主为了能够让消费者得到低价产品，就向运输企业压价，而运输企业为了生存就必须不断超载，来弥补费用，从而谋取自己的一部分利益。不可否认，这是一个恶性循环。在这种状况下，系统的运作就不可能是长久而稳定的。而事实证明，一罚了之不是消除这种怪圈的有效手段，罚款并不能促成市场机制的回归，从而优化货运市场环境。因此，如何才能够真正地让这个系统按照自身的规则正常运作是整个系统中各个要素所要认真考虑的问题。

6.3.3　实验环境与准备

（1）多媒体教室。

（2）查询、整理相关资料。

（3）案例介绍，讨论分组，实验规则说明。

1. 讨论分组

1）分组

以全班 40 人为例，分为两大组 8 小组，每大组有 4 小组，每小组 5 人，每一小组有一负责人，每一大组也有一负责人，负责协调整个大组的讨论。

小组负责人要负责小组讨论的组织与记录，在集中讨论前要准备一份书面报告。成员讨论前要根据主题收集资料、形成观点、提出问题，在讨论会上阐述观点。

2）角色扮演

每一大组代表一个包含不同主题的运输系统，每一大组里的 4 个小组根据货运系统的主体不同，设置为 4 种不同的角色：货主、运输公司、政府有关部门（路政部门、交管部门）、收货人。

2. 实验规则

1）全班讨论持续时间、场所

全班集中讨论持续 90 分钟左右为宜，前 40 分钟为大组负责人组织包含其中 4 个小组的集中讨论、绘制相关图表、提出观点；后 40 分钟为两个大组分别阐述各组观点，最后 10 分钟为组织者做最后总结。讨论场所为多媒体教室。

2）讨论次数、结果陈述规则

本案例可课堂集中讨论 1 次，在集中讨论前 8 个小组按照自身小组扮演的角色进行内部讨论，由小组长分组组织，形成初次书面报告。最后总结各组观点时，每一大组要抽出 4 个人（每一小组 1 人）阐述观点，陈述必须有相关的图表说明。每一大组阐述的时间不超过 20 分钟。

6.3.4 实验步骤与操作

1. 小组内部讨论

在全班集中讨论前 8 小组分别进行小组内部讨论，每组要从自身扮演的角色出发考虑问题。

（1）对于扮演货主的小组，可以从自身利益、对货物运输的具体要求、物流成本等方面出发考虑对运输公司的要求，进而分析助长超载越发严重的原因，并提出为根治超载，自身该做的努力。

（2）对于扮演运输公司的小组，可以从利益目标、现有运价水平、货运市场供求状况、自身拥有的技术水平等方面分析形成超载的原因，提出解决超载的对策。

（3）对于扮演政府有关部门的小组，可以分析现有的收费政策、治超政策等，分析超载久治不愈的原因，提出解决超载的对策。

（4）对于扮演收货方的小组，可以从商品价格、库存成本、缺货成本、商品及时安全送达等角度分析收货方对超载的看法。

2. 全班在指定时间、地点按照分好的两大组进行讨论

（1）每一大组的负责人组织扮演不同角色的 4 个小组召开圆桌会议，由每个小组的小组长首先阐述本组讨论的结果，包括所代表主体的利益阐述、对超载的看法，分析超载的

原因。

（2）圆桌会议的所有参与者自由发言，发表对超载原因的看法，既可以从自身角色出发讨论超载的原因、解决对策，也可以对其他主体造成超载的原因及解决超载该采取的对策发表看法。

（3）大组组长组织成员绘制超载原因鱼刺图，分主体、分层次。根据超载原因鱼刺图，绘制解决超载问题的鱼刺图。

3. 讨论结果陈述及总结

（1）结果陈述。每个大组指派 4 名成员阐述该组观点，分角色解释鱼刺图内容，陈述合理解决超载的对策，并回答同学提出的问题。组织者在每个大组阐述完时给予简要点评。

（2）组织者总体进行评论，总结该案例体现的观点，并评价该次讨论成功与否及有待改进之处。

6.3.5 实验思考与报告

1. 实验思考

（1）通过案例的陈述，你能分析出导致超载的原因吗？

（2）请利用案例中的系统循环图对超载现象进行分析，并提出解决方案。

（3）据了解，出现超载超限问题的车辆多是运输像煤炭这样的货物，而运输鲜活产品的这一类超载现象并不严重，这说明什么问题？

2. 实验报告

每个小组结合所在的大组讨论的结果，在初次书面报告基础上再提交一份本次讨论的最终书面报告。

第 7 章

“配送管理”课程实验

7.1 配送中心选址规划实验

7.1.1 实验目的与要求

通过本实验，结合理论教学中关于选址的内容进一步深化理解选址的影响因素、选址原则、选址过程，熟练掌握 TransCAD 软件进行设施的选址仿真，并能进行相应的选址评价。要求在进行实验的过程中能准确把握实验的全过程，理解实验的每一个细节及与前后环节的联系，并做好记录。

7.1.2 实验原理与内容

配送中心选址以及更广泛的设施选址，是企业或其他社会组织层面上的战略决策，其正确性程度将对后续运营产生深远影响，在确定实际选址位置之前对其进行模拟和仿真很有必要。合适的选址方案要在满足一系列约束条件的情况下，实现总成本最优（包括建设成本以及后续的运营成本）、效率最高。

本实验将会模拟实际选址中的一些约束条件，主要是分析“候选配送中心—客户”的距离矩阵表，找出总距离最小的候选配送中心，即为最佳的方案。

7.1.3 实验环境与准备

PC（personal computer，个人计算机）、Windows 7（32Bit）操作系统、TransCAD 软件。

7.1.4 实验步骤与操作

1. 打开 TransCAD 软件

2. 打开地图文件

打开地图文件中，“道路中心线.dbd”文件，如图 7-1 所示。

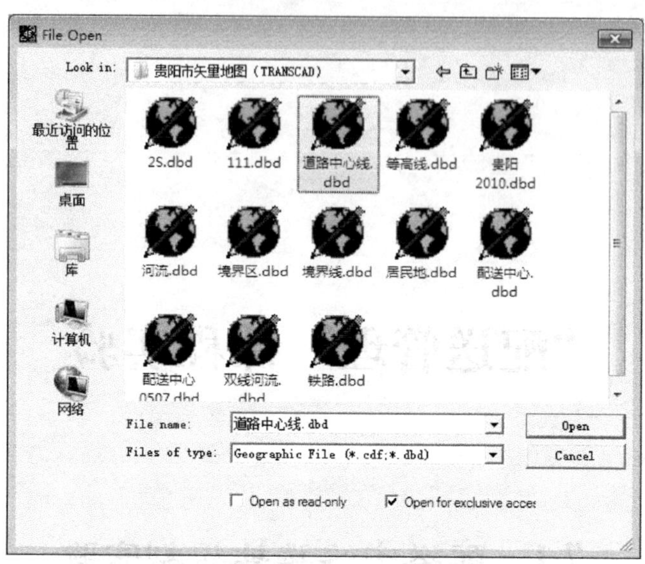

图 7-1　打开道路中心线路网层

3. 创建道路网络

选择菜单栏中 Networks/Paths 下 Create 功能模块，弹出如下对话框，注意 Optional Fields 所有内容都应选中，如图 7-2 所示。

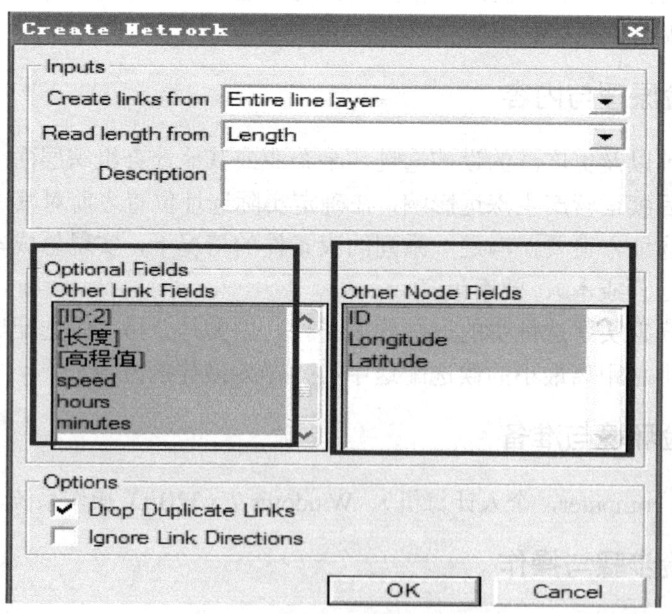

图 7-2　创建道路网络

现在，在软件最下方状态栏中可以看到已经加载了道路网络，如图

106.614151, 26.400324)　　Network: c:\...矢量地图(transcad)\net2.net。

4. 新建设施（配送中心、物流中心、仓库等）点层

单击开始新建层，弹出如下对话框，注意选择 Geographic File 类型，如图 7-3 和 7-4 所示。

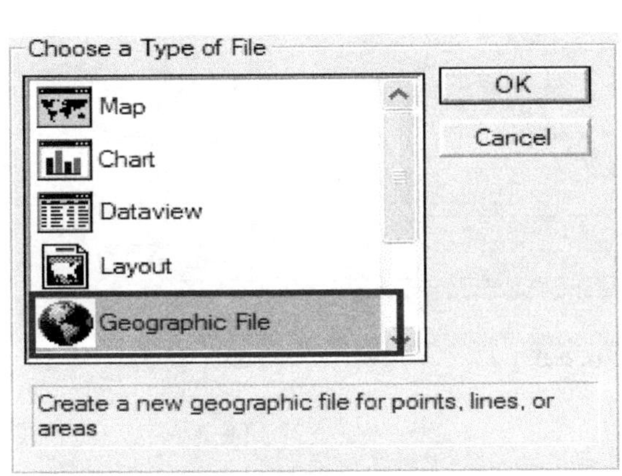

图 7-3　新建地理文件

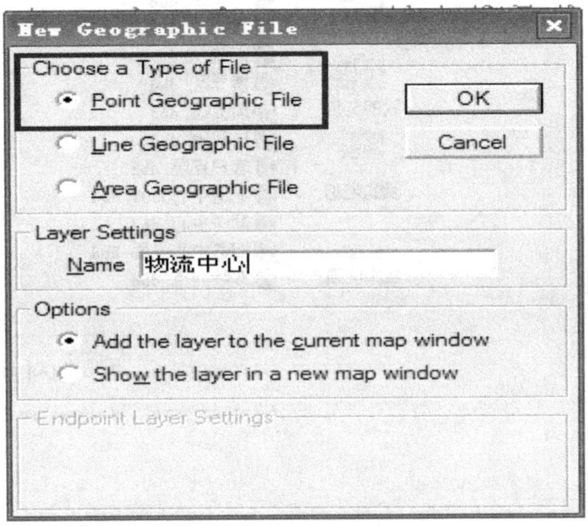

图 7-4　选择地理文件类型

然后，进入下一个对话框添加字段，如图 7-5 所示。

在图 7-6 的方框中添加两个字段，注意字段类型。

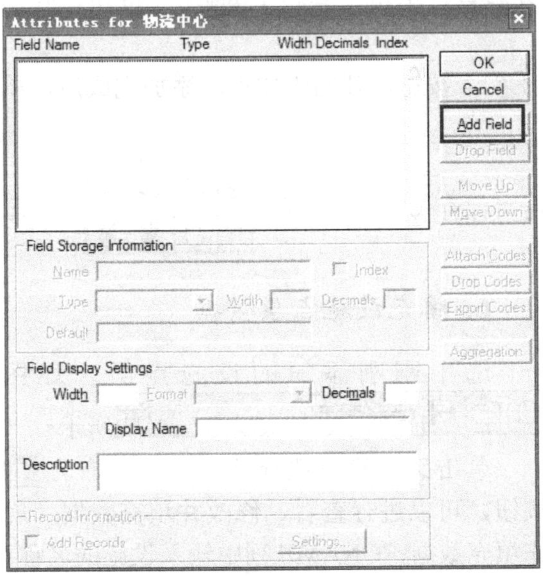

图 7-5　添加属性字段操作

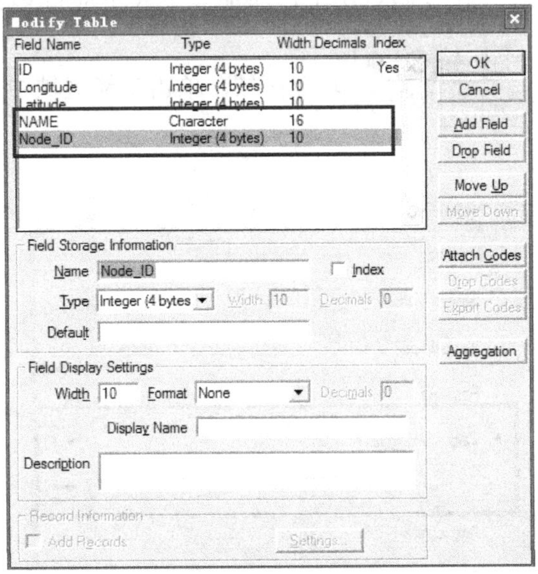

图 7-6　添加具体属性字段

保存对话框，如图 7-7 所示。

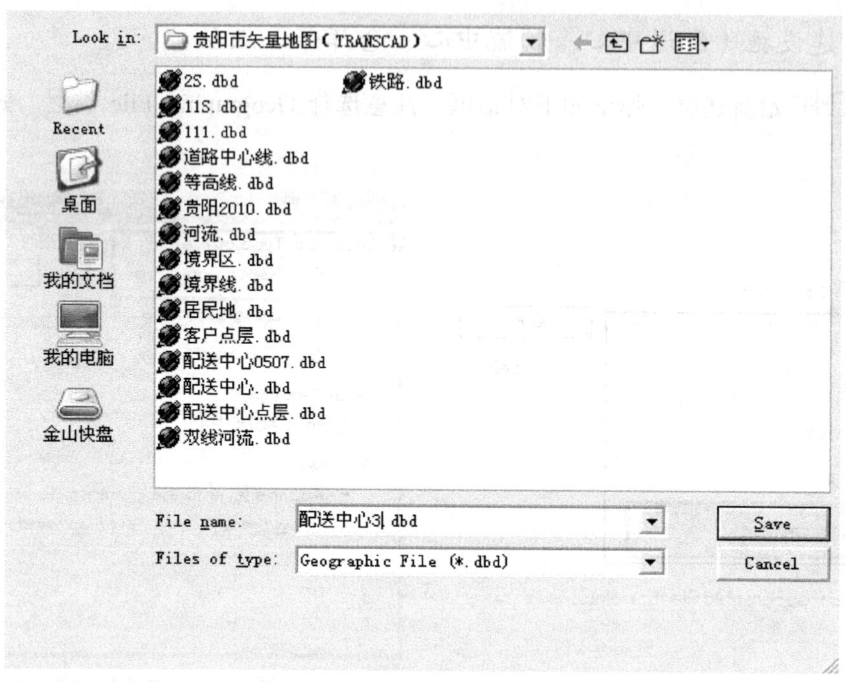

图 7-7 保存配送中心地理文件

5. 添加设施点

在设施点层上，添加多个（不应过多）设施点，单击工具栏上功能按钮，弹出

功能区域，单击功能区域中“+”号按钮，开始添加点，添加完成后，单击“保存”按钮，如图所示。

6. 填充设施点层数据

选中刚刚添加的设施点层，如图所示。

单击工具栏下选择地图层次的右方按钮，可以进行查看、修改并填充数据，现在填充数据：在 NAME 列中输入设施的名称。

选中 Node_ID 字段列，右击选择 Fill 填充方式，弹出如下对话框，选择 Tag 填充方式，如图 7-8 所示。最后，关闭设施数据表窗口。

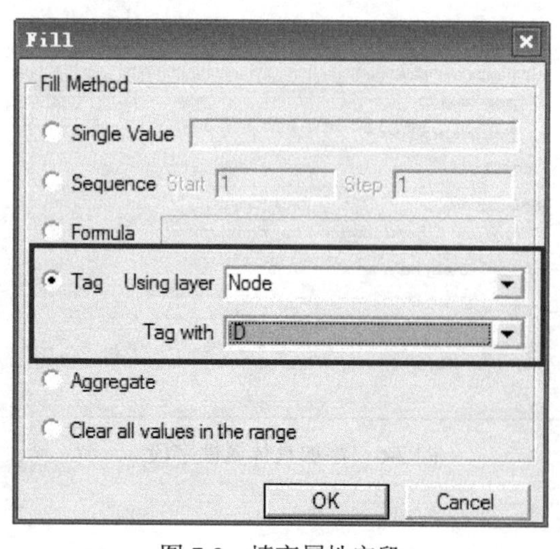

图 7-8 填充属性字段

7. 新建客户（零售商、消费者等）点层

操作同第 4 步。要注意的是客户点层的命名以及字段，客户层相比设施层多了一个需求“Demands”字段，如图 7-9 所示。

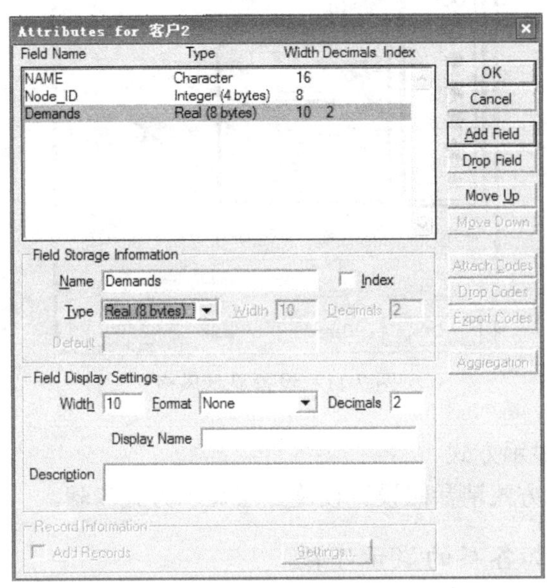

图 7-9 添加客户的属性字段

8. 添加客户点

操作同第 5 步。需要注意，一般来说，客户点的数量要远远多于设施点数量。

9. 填充客户点层数据

同第 6 步。需要说明的是，Demands 属性字段需要按照各客户的实际需求量添加，如图 7-10 所示。

关闭客户数据表。

ID	Longitude	Latitude	NAME	Node_ID	Demands
1	106705159	26569041	1	3800	50.00
2	106711559	26577628	2	3453	50.00
3	106709914	26583598	3	3127	50.00
4	106707536	26590058	4	2566	50.00
5	106694827	26585070	5	2930	50.00
6	106695467	26568550	6	3914	50.00
7	106696473	26558246	7	4478	50.00
8	106700679	26555220	8	4648	50.00
9	106724726	26564952	9	4079	50.00
10	106729480	26575665	10	3565	50.00
11	106713955	26604579	11	1914	50.00
12	106711263	26605817	12	1864	50.00
13	106702188	26605680	13	1887	50.00
14	106702265	26607330	14	1826	50.00
15	106691575	26600935	15	2043	50.00
16	106687883	26585531	16	2644	50.00
17	106677731	26589863	17	2528	50.00
18	106681500	26598390	18	2125	50.00
19	106725875	26585049	19	2992	50.00
20	106727413	26582574	20	3131	50.00
21	106724337	26578516	21	3428	50.00
22	106714724	26584018	22	2976	50.00
23	106711996	26563937	23	4192	50.00
24	106712304	26567651	24	3950	50.00
25	106714072	26570814	25	3742	50.00
26	106693928	26579066	26	3288	50.00

图 7-10 填充客户点层数据

10. 设置设施层和客户层的显示方式

1）设置设施层显示方式

在工具栏上地图层选择框中选中设施层

。单击工具栏上功能按钮，弹出对话框，设置显示的图标、大小、颜色等，如图 7-11 所示。

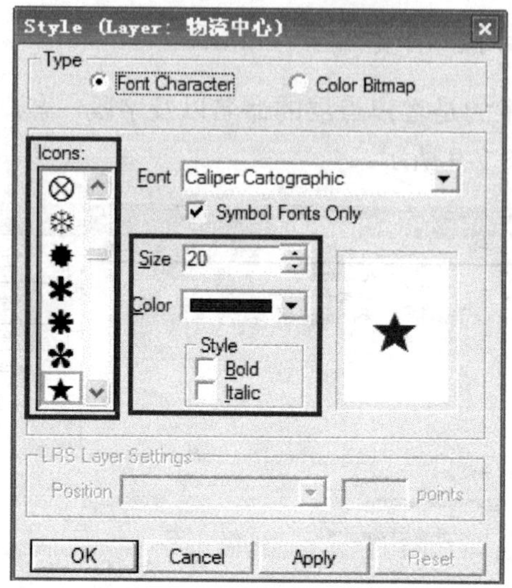

图 7-11　设置显示风格

2）设置客户点层显示方式

设置客户点层显示方式请参照设置设施点层显示方式步骤。

11. 在地图上添加各层的显示字段

选择图层，单击工具栏上按钮，弹出对话框，如图 7-12 所示。添加显示 NAME 字段后如图 7-13 所示。

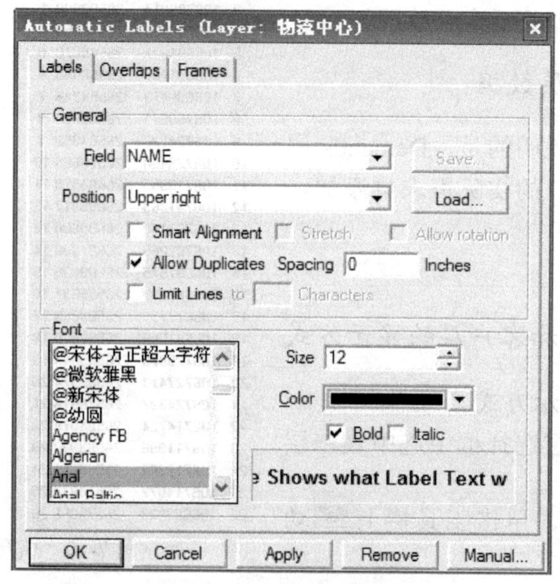

图 7-12　设置显示标签属性

图 7-13 选址前各点分布初始图

12. 创建矩阵

在菜单栏上选择 Routing/Logistics 下的 Cost Matrix，如图 7-14 所示。
注意下面对话框中的黑色方框所示内容。
注意创建图 7-15 所示的矩阵不要关闭，保持打开状态。

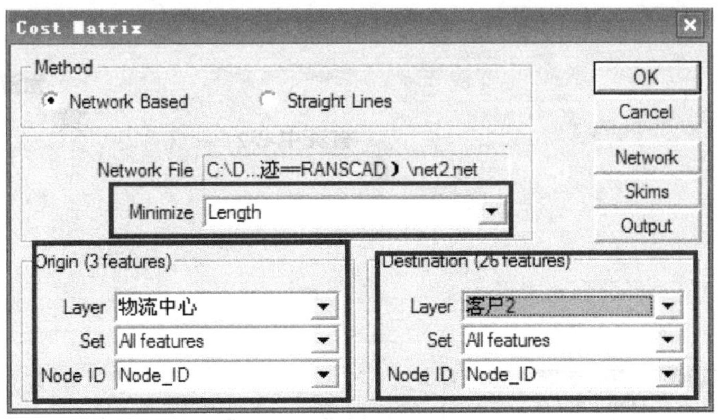

图 7-14 设置成本矩阵参数

Matrix1 - Cost Matrix (Length)

	1	2	3	4	5
2	2.22	1.43	1.01	0.67	1.61
3	2.16	1.84	1.47	1.04	0.55
4	0.57	0.79	1.06	1.42	1.16

图 7-15 成本矩阵

13. 设施选址操作

在菜单栏上选择 Routing/Logistics 下的 Facility Location，弹出界面如图 7-16 所示。

图 7-16 设施选址参数设置

在此对话框中，可以设置新设施选址的数量（#New Facilities）、选址采用哪种目标函数（Objective）。

14. 显示结果

初步选址结果如图 7-17 所示。

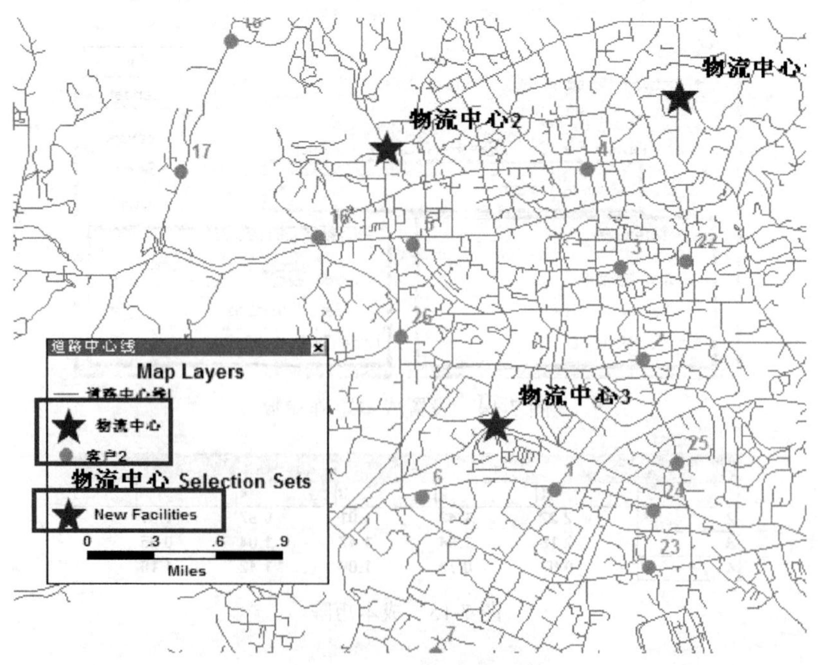

图 7-17 初步选址结果

7.1.5　实验思考与报告

1. 实验思考

（1）如果是只要确定出 1 个选址，那么结果怎样呢？如果是要确定出 3 个选址，结果又怎样呢？

（2）本实验模拟选址的过程中，考虑了哪些选址约束条件，还有哪些没有考虑？若要加入其他约束条件，应该怎样处理？

2. 实验报告

按规范格式依据实验内容及时撰写并提交实验报告。

7.2　配送路径规划实验

7.2.1　实验目的与要求

通过本实验，结合已学路径规划的相关理论知识，进一步理解配送路径规划的影响因素、约束条件、过程及细节，熟练掌握运用 TransCAD 进行配送路径规划的方法。

要求准确把握实验全过程，理解过程中的每一个细节及与前后环节的关系，并做好记录。

7.2.2　实验原理与内容

在实际路网较为复杂的情况下，从配送起点至一系列终点，实际上将有相当多的路线可供选择，在众多的路线方案中我们应该选择出消耗时间最少、总路程最短、成本最低的方案。本实验模拟如何在满足约束条件的情况下，选择出符合期望要求的满意路线方案。

本实验模拟如何在满足约束条件的情况下，分析配送中心至客户线路的距离矩阵，找出总距离最短的线路，即为符合期望要求的满意路线。

7.2.3　实验环境与准备

实验环境：计算机机房。

实验准备：PC、Windows 7（32Bit）、TransCAD。

7.2.4　实验步骤与操作

（1）打开 TransCAD 4.5 软件。

（2）单击打开道路层（线层），Files of type 选择 .dbd 格式，如图 7-18 所示。

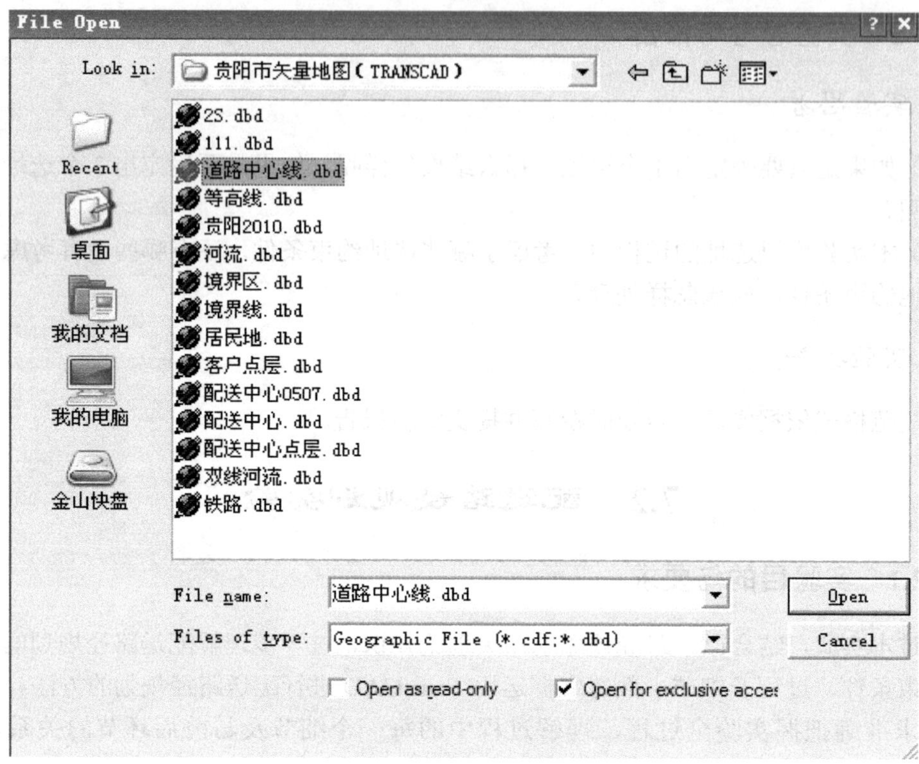

图 7-18　打开道路文件

（3）单击Map Layer 按钮添加层。此处添加境界区层，如图 7-19 所示。

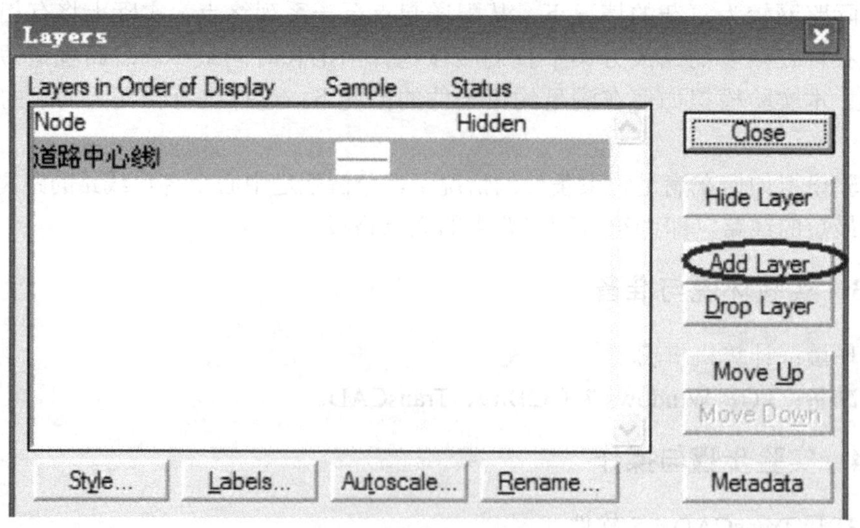

图 7-19　添加境界区层

（4）单击，主题图显示，按照区域名称进行显示。可在 Styles 选项卡中选择颜色方案，或者自定义每个区域的显示颜色，如图 7-20 所示。

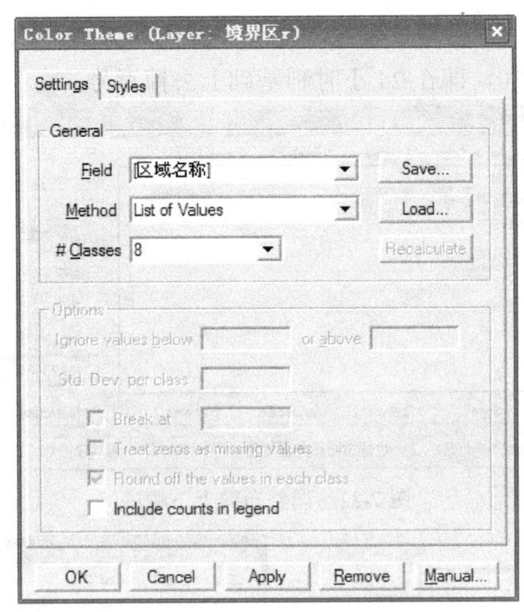

图 7-20 按境界区显示主题图

（5）单击显示文字标记，以“区域名称”显示，如图 7-21 所示。

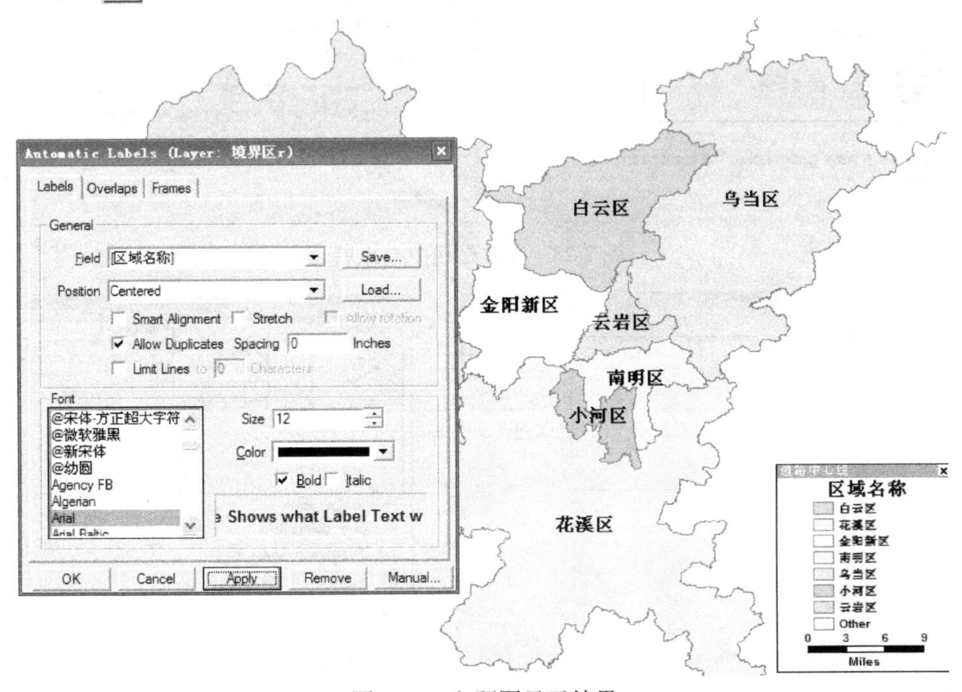

图 7-21 主题图显示结果

（6）再次单击，调整层的显示顺序，如图 7-22 所示。

（7）单击，新建“配送中心”点层，如图 7-23 所示。字段类型特别注意。服务时间采用军用时间格式。并添加“配送中心点层”的属性字段，如图 7-24 所示，具体属性字段及其类型如图 7-25 所示。需要注意在 TransCAD 中，时间采用军事时间格式（如晚上 8：30，军事时间格式为 2030，即在 24 小时制基础上去掉冒号）。

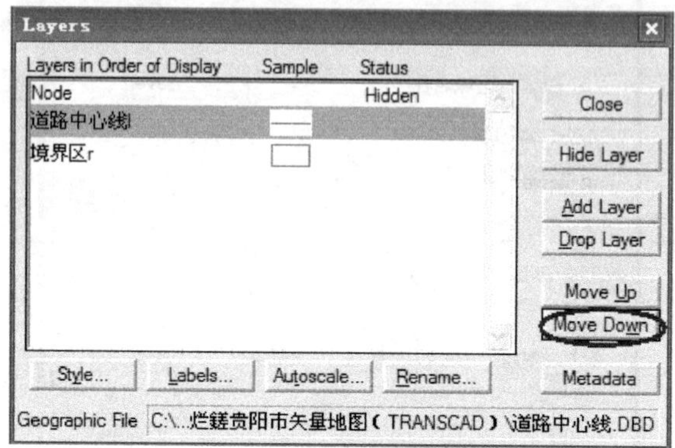

图 7-22　调整布局上下顺序

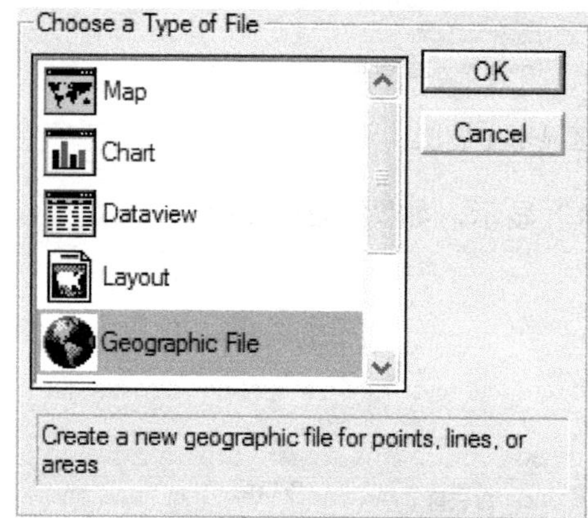

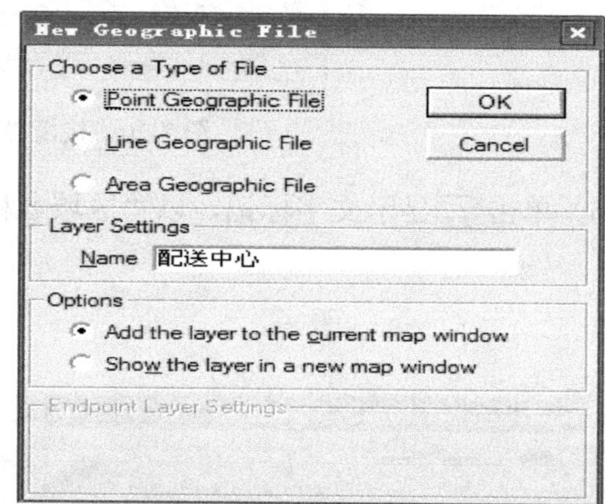

图 7-23　新建配送中心点层

图 7-24　添加属性字段操作

图 7-25　添加具体属性字段

（8）此时“配送中心”层为空，需要添加具体的配送中心（点），单击地图编辑工具箱，单击右图圆圈处，增加 3 个（数量随意，但不要过多）新的配送中心（点），单击进行保存。如图 7-24 和图 7-25 所示。

（9）单击工具栏上 New Nataview 按钮，查看并填充或修改数据表，开始服务时间可设置为 800，结束服务时间可设为 1730，或者其他时间均可，如图 7-26 所示。

Dataview1 - 配送中心

ID	Longitude	Latitude	NAME	Node_ID	OPENTIME	CLOSETIME
1	106639801	26592490		--	--	--
2	106717398	26580000		--	--	--
3	106677565	26529575		--	--	--

图 7-26 属性字段内容

选中 OPENTIME 列，右击选择 Fill，得到图 7-27。

CLOSETIME 列同样操作进行数据填充。

选中 Node_ID 列，右击选择 Fill，如图 7-28 所示，关闭数据表。

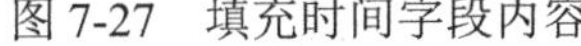

图 7-27 填充时间字段内容

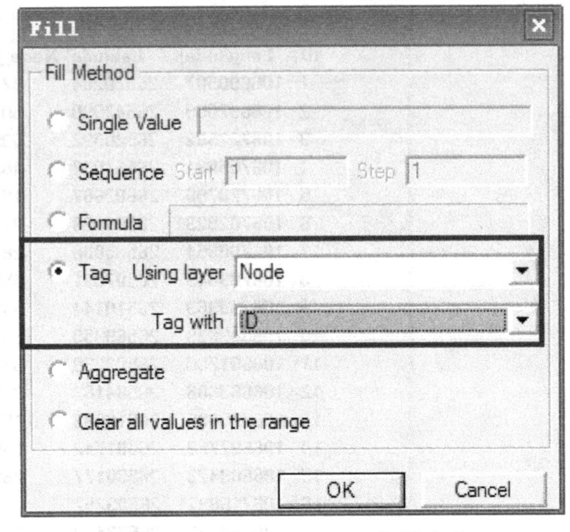

图 7-28 填充 Node_ID 字段内容

（10）单击，新建客户层（点），操作步骤同第（7）步，需注意的是应增加“DEMANDS”客户需求量属性字段，如图 7-29 所示。

（11）单击，打开地图编辑工具箱，操作同第（8）步，客户（点）的数量可尽量多。

（12）填充客户层数据，步骤同第（9）步，如图 7-30 所示。

（13）选中“配送中心”层，以确保当前操作文件层正确，如图 7-31 所示。

Attributes for 客户

Field Name	Type	Width	Decimals	Index
Node_ID	Integer (4 bytes)	8		
NAME	Character	16		
DEMANDS	Real (8 bytes)	10	2	
OPENTIME	Integer (4 bytes)	8		
CLOSETIME	Integer (4 bytes)	8		

图 7-29　添加客户的属性字段

Dataview1 - 客户

ID	Longitude	Latitude	Node_ID	NAME	DEMANDS	OPENTIME	CLOSETIME
1	106690507	26570284	3726	1	50.00	800	1800
2	106692059	26542990	5037	2	50.00	800	1800
3	106722582	26520322	5396	3	50.00	800	1800
4	106755691	26561032	4621	4	50.00	800	1800
5	106728790	26602667	1957	5	50.00	800	1800
6	106702923	26599429	2157	6	50.00	800	1800
7	106700854	26585088	2878	7	50.00	800	1800
8	106709649	26507831	5515	8	50.00	800	1800
9	106733963	26510144	5481	9	50.00	800	1800
10	106649639	26569359	3576	10	50.00	800	1800
11	106651708	26583238	3118	11	50.00	800	1800
12	106663606	26584163	3046	12	50.00	800	1800
13	106725686	26616083	1576	13	50.00	800	1800
14	106697750	26601742	1989	14	50.00	800	1800
15	106689473	26590177	2664	15	50.00	800	1800
16	106716891	26589252	2564	16	50.00	800	1800
17	106712526	26573423	3642	17	50.00	800	1800
18	106707088	26562725	4070	18	50.00	800	1800
19	106709046	26552611	4828	19	50.00	800	1800
20	106704696	26548721	4958	20	50.00	800	1800
21	106707741	26543664	4989	21	50.00	800	1800

图 7-30　填充字段数据

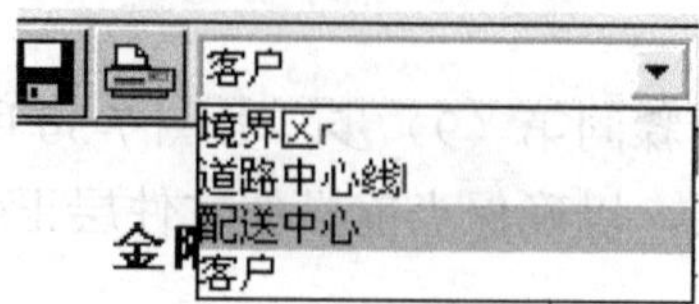

图 7-31　选中操作层

单击工具栏上Layer Style 按钮，选择颜色、大小、图标等，如图 7-32 所示。

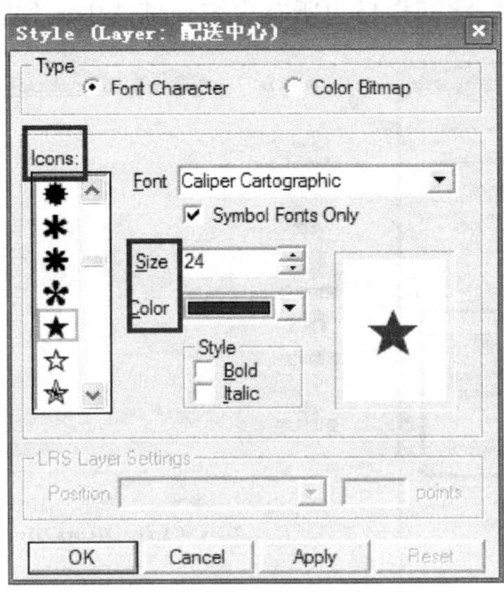

图 7-32 设置层风格

（14）客户层显示风格同第（12）步，得到图 7-33。

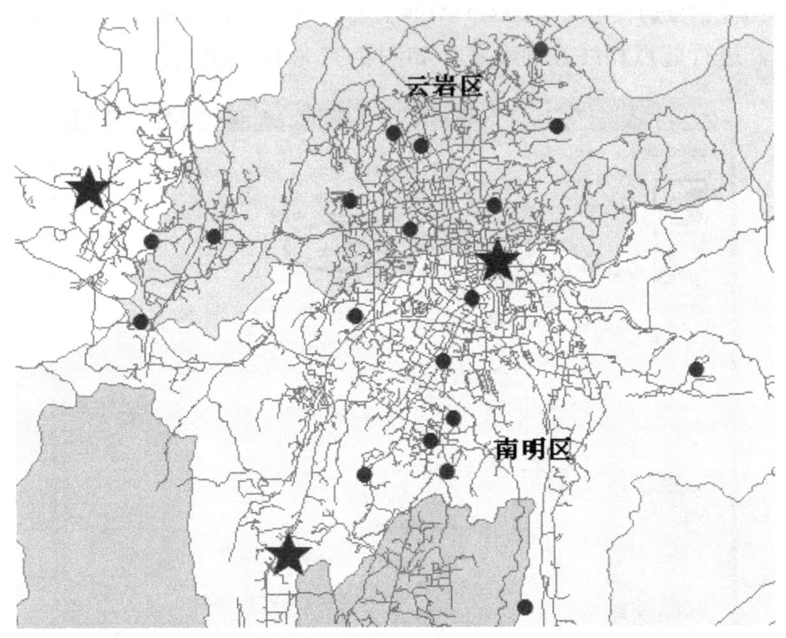

图 7-33 初步风格化后结果

（15）创建道路网络。单击，选中道路中心线层，在菜单栏上选择 Networks/Paths（若未看到此菜单请在 Procedures 菜单下选择 Show All），选择“Create”，得到图 7-34，将两栏目内所有内容全部选中，如图 7-35 所示。

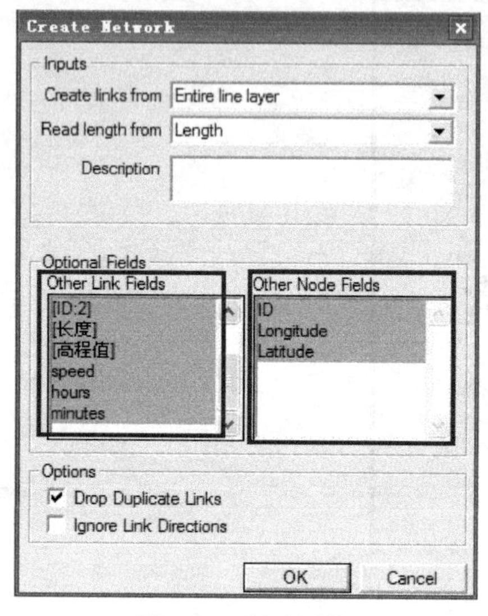

图 7-34　创建网络

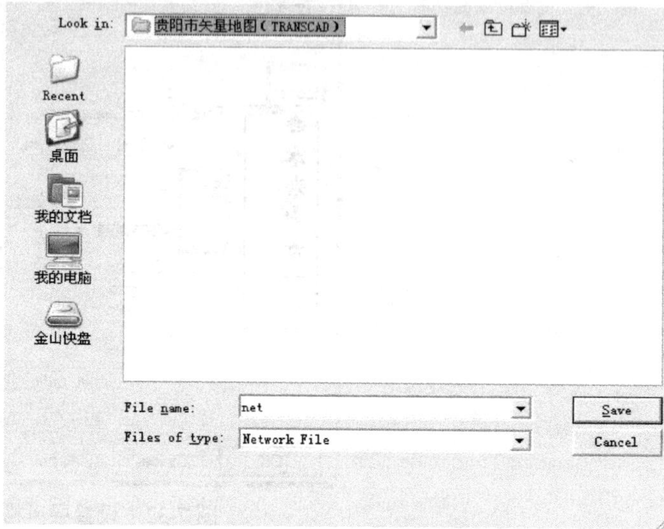

图 7-35　保存网络文件

（16）在菜单栏上选择 Routing/Logistics，单击 Vehicle Routing…，得到图 7-36。在送货模式设置中，进行起点和终点的设置，如图 7-37 和图 7-38 所示。

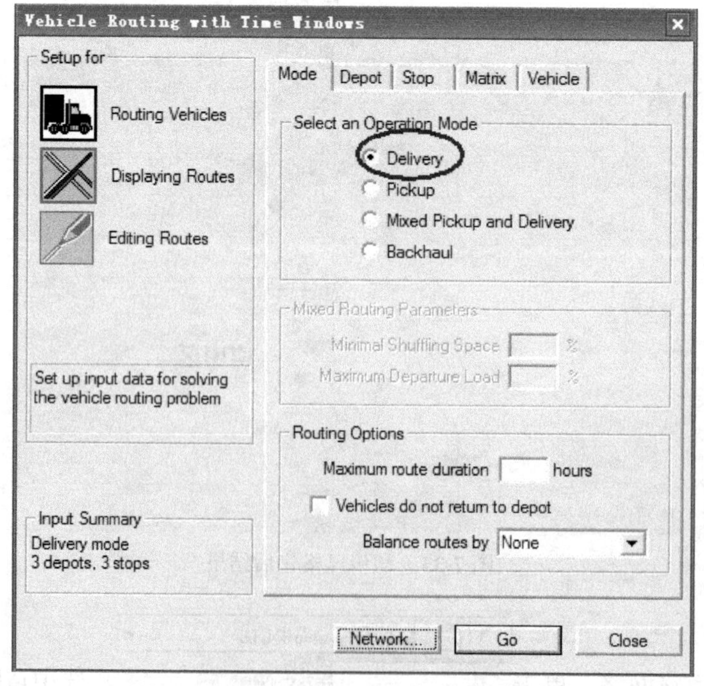

图 7-36　送货模式设置

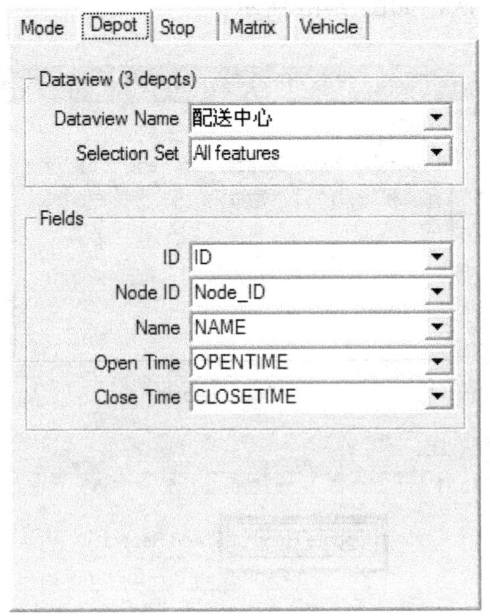

图 7-37 配送起点设置

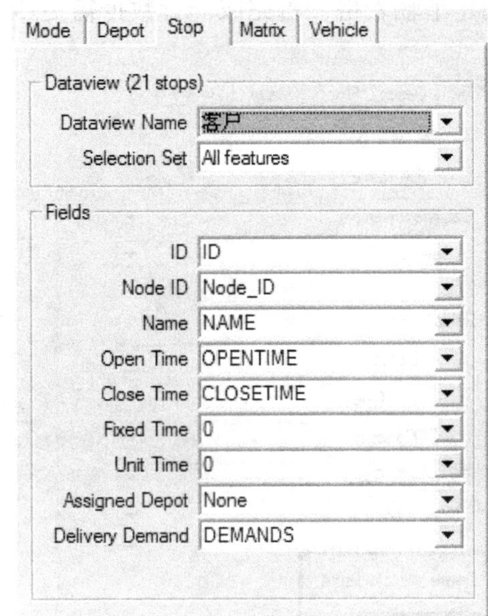

图 7-38 配送终点设置

创建起点至终点的成本矩阵，如图 7-39 所示。

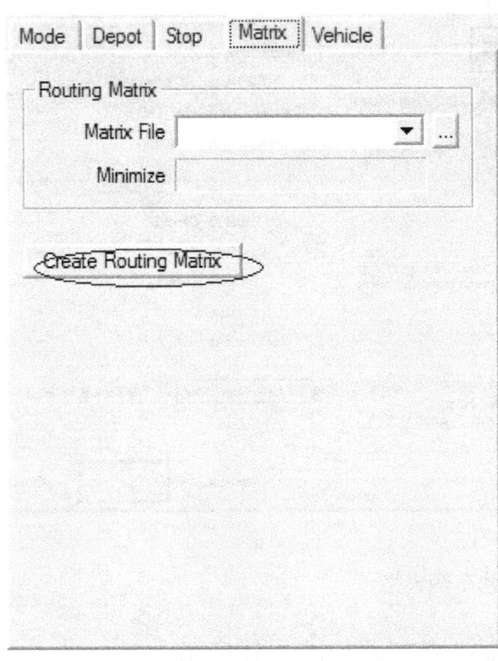

(a)

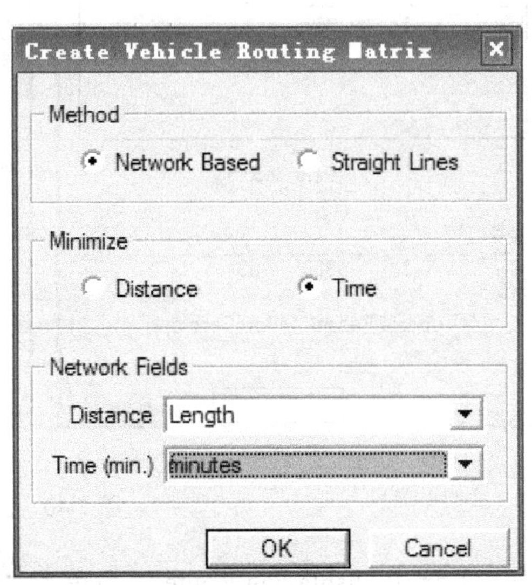

(b)

图 7-39 创建成本矩阵

创建车辆表格，每完成一行数据需更新一次，如图 7-40 所示。

（a）

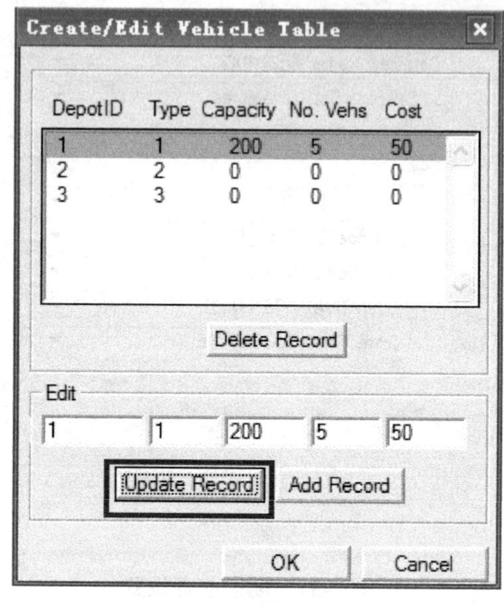

（b）

（c）

（d）

图 7-40　创建车辆表格

（17）选中 Displaying Routes，再单击“GO”按钮，如图 7-41 所示。

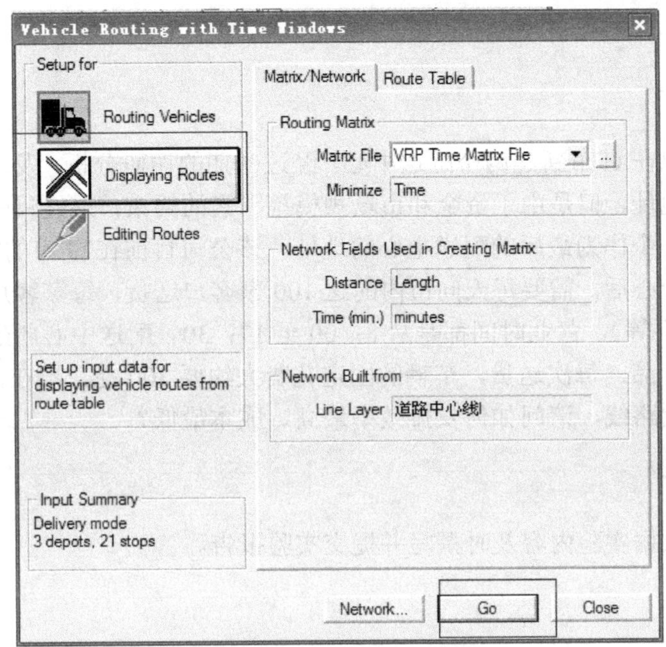

图 7-41 显示路径操作

（18）配送路径结果如图 7-42 所示。

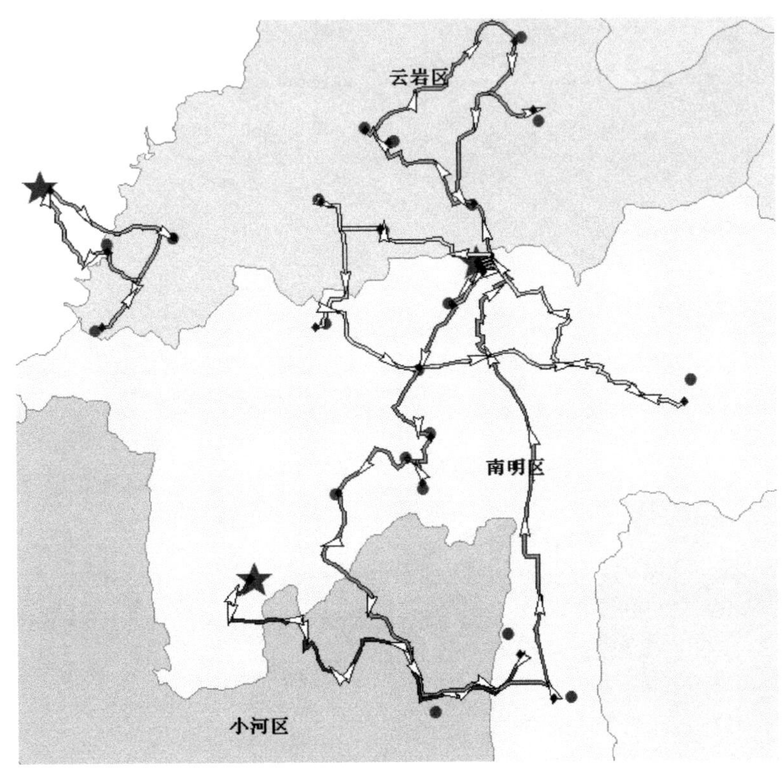

图 7-42 配送路径结果

7.2.5 实验思考与报告

1. 实验思考

现有某公司拟在 G 市新建两个配送中心，经过初期的调研分析，发现市内有 6 个适合新建配送中心的地址，但是由于资金和市场规模等因素的约束，最终只能在这 6 个备选地址中选择其中的 2 个作为最后的配送中心的地址。该公司目前在 G 市的客户约有 100 家，新建了两个配送中心后，需要每天向市内的这 100 家客户送货，每家客户对产品的需求量不同（20～50 件不等），营业时间都是从 8：00 至 17：30。配送中心新建好后，配备的车型能装载 400 件产品，每次送货，车辆的固定花费大约要 300 元。现在，公司要对这 100 家客户规划其送货路线，请问如何安排效率最高、成本最低？

2. 实验报告

按规范格式依据实验内容及时撰写并提交实验报告。

第 8 章

"物流信息技术"课程实验实践

8.1　企业物流信息系统调研实践

8.1.1　实践目的与要求

通过此次对企业物流信息系统的调研，增加对物流信息系统的了解和认识。进而巩固课堂讲授的知识，使课堂教学与业务实践有机衔接和融合，提高学习兴趣。其具体要求包括以下几点。

（1）本次实践采用分组的形式，自主安排调研对象。

（2）在调研过程中要认真记录，对数据进行分析、整理。

（3）按要求撰写课程实践报告。

8.1.2　实践内容与时间

1. 实践内容

1）认识物流信息系统的功能模块

物流信息系统是一个组织进行系统管理的人机系统，是综合运用计算机及网络通信技术、管理和决策方法，对与物流相关的信息进行加工处理，实现对物流、资金流的有效控制与管理，辅助管理人员进行物流业务管理、分析和决策的系统。不同类型的物流信息系统的功能子系统是不同的。一般来说，物流信息系统主要功能模块应包括物品管理子系统、仓储管理子系统、配送管理子系统、运输管理子系统、客户服务子系统等。

2）掌握物流信息系统基本组成

物流信息系统与其他的信息系统一样，也是一个人机系统，由硬件、软件、数据库与数据仓库、人员等基本要素构成。

（1）硬件。硬件包括计算机、通信设备等。

（2）软件。软件包括系统软件和应用软件两大类。其中，系统软件主要用于系统的管理、维护、控制及程序的装入和编译等工作。应用软件则是指挥计算机进行信息处理的程序或文件，它包括完备的数据库系统、实时的信息收集和处理系统、报告生成系统、经营预测与规划系统、经营监测与审计系统、资源调配系统等。

（3）数据库与数据仓库。数据库技术是将多个用户、多种应用所涉及的数据，按一定的数据模型进行组织、存储、使用、控制和维护管理，数据的独立性高、冗余度小、共享性好，能进行数据完整性、安全性、一致性的控制；数据仓库是面向主题的、集成的、稳定的、不同时间的数据集合，用以支持经营管理的决策制定过程。

（4）人员。人员包括系统分析人员、系统设计人员、系统实施和操作人员、系统维护人员、系统管理人员、数据准备人员与各层次管理机构的决策者等。

3）了解物流信息系统的结构

（1）物流信息系统的总体结构：硬件，管理思想、理念与制度、规范，数据库，系统软件，实用软件，应用软件。

（2）物流信息系统的层次结构：①作业层，主要包括各类用于辅助物流事务处理的物流信息子系统；②管理层，主要包括各类用于辅助物流协调与控制的物流信息子系统；③决策层，主要包括综合统计、分析等用于辅助决策的物流信息子系统。

4）了解物流信息系统能够解决的问题

（1）缩短从接受订单到发货的时间。

（2）库存适量化。

（3）提高搬运和装卸的作业效率。

（4）提高运输效率。

（5）使接受订货和发出订货更为省力。

（6）提高接受订货和发出订货精度。

（7）防止发货、配送出现差错。

（8）调整需求和供给。

（9）信息咨询。

（10）提高成本核算与控制能力。

2. 实践时间

第一阶段：1～2 周，学生按要求分组，每组人数控制在 5～6 人。

第二阶段：3～4 周，各小组确定调研对象，制订调研计划并提交教师审核确认。

第三阶段：5～6 周，各小组确定分工，分别开展调研工作。

第四阶段：7～8 周，各小组整理相关资料，汇总调研信息，形成书面的调研报告。

第五阶段：9～10 周，各小组以 PPT 形式汇报研究成果。

注意：本次实践除了汇报工作在课堂上完成外，其他工作要求在课下完成。

8.1.3 实践思考与报告

1. 实践思考

通过企业实地调研后，思考以下问题。

（1）描述该企业物流信息系统是由哪几个功能模块构成的。

（2）描述该物流信息系统的组成要素。

（3）该物流信息系统是如何提升物流效率的？

（4）该企业的物流信息系统存在什么样的问题？如何解决？

2. 实践报告

按规范格式依据实践内容及时撰写并提交实践报告。

8.2 RFID 读写实验

8.2.1 实验目的与要求

（1）了解 RFID 的基本组成和工作原理。

（2）学会制作 RFID 电子标签卡，并进行读写操作。

8.2.2 实验原理与内容

1. 实验原理

1）RFID 定义

RFID 是通过射频信号自动识别目标对象并获取相关数据，识别工作无须人工干预，可工作于各种恶劣环境，RFID 技术可识别高速运动物体并可同时识别多个标签，操作简捷方便。在物流信息系统中，位置管理是非常重要的，无论是静态的还是动态的位置，通过 RFID 技术，可对货物的位置进行很好的管理。贴在单个商品、包装箱或托盘上的 RFID 标签，可以提供配送作业中产品流和信息流的双向通信。信息系统与 RFID 手持终端配合，可以彻底实现信息采集的自动化管理，避免配送运输中货品不对、数量不符等人工错误。

2）基本构成

（1）标签（tag）：由耦合元件及芯片组成，每个标签都具有唯一的电子编码，附着在物体上标识目标对象。

（2）阅读器（reader）：读取（有时还可以写入）标签信息的设备，可设计为手持式或固定式。

（3）天线（antenna）：在标签和读取器间传递射频信号。

3）工作原理

阅读器通过发射天线发送一定频率的 RF（rtadio frequency，射频）信号，当电子标签进入发射天线工作区域时，产生感应电流，电子标签获得能量被激活，将自动编码等信息通过内置发射天线发送出去；当系统接收天线收到从电子标签发送的载波信号，经天线调节器传送到阅读器，阅读器对接收的信号进行解调和解码，然后送到后台主系统进行相关处理。主系统根据逻辑运算判断该卡的合法性，针对不同的设定做出相应的处理和控制，发出指令信号控制执行机构动作。

4）应用领域

RFID 技术诞生于第二次世界大战期间，最早被英国皇家空军用于识别自家和盟军的战机。英国为了识别返航的飞机，就在盟军的飞机上装备了一个无线电收发器，进而当控制塔上的探询器向返航的飞机发射一个询问信号，飞机上的收发器接收到这个信号后，回传一个信号给探询器，探询器根据接收到的回传信号来识别敌我。这是有记录的第一个 RFID 敌我识别系统，也是 RFID 的第一次实际应用。之后，RFID 技术也被陆续应用于野生动物跟踪、公路收费系统等领域。如今，随着集成电路、互联网、物联网的兴起，RFID 的应用越来越广泛，在门禁管制、产品追溯系统、识别系统、防盗系统、智慧物流等领域起着重要作用。

2. 实验内容

（1）编制商品信息表。
（2）制作 RFID 标签。
（3）进行 RFID 标签读、写。

8.2.3 实验环境与准备

（1）RFID 读写器。
（2）RFID 标签。
（3）计算机及 RFID 读写软件。
（4）基础数据：某物流中心为实现管理的透明化，现准备引入 RFID 技术。物流中心已经购入了一批 RFID 读写器，现要求其员工为现存的货物制作 RFID 标签。货物信息如表 8-1 所示。

表 8-1 货物信息

序号	商品编码	商品名称	规格、颜色	单价/元
1	6900692315611	真真卷筒卫生纸	10 卷	16.00
2	6901234783212	海绵刷百洁布	5 片	4.50
3	6912031920322	黑妹牙膏草本水晶	100 g	6.00
4	6925142389112	保鲜盒	圆形小号	8.00
5	6923368957422	圆形果蔬篓	小号	12.00
6	6945878923422	皂盒	蓝色	3.00
7	6945278123422	磨砂塑料小碗	圆形	8.00

续表

序号	商品编码	商品名称	规格、颜色	单价/元
8	69425678956211	“白猫”新上海芦荟香皂	50 g	3.00
9	6945878923222	无柄杯托	白色	0.50
10	69425678956311	“白猫”新上海硫黄香皂	50 g	2.00
11	6925142389212	保鲜盒	长方形小号	9.00
12	6937561243512	自动卷尺	1 m	1.00
13	6945878953722	晾衣架（塑料）	承重 3 kg	13.00
14	6945878953522	保鲜袋	100 个	10.00
15	6945878923322	皂盒	红色	3.00
16	6945878923322	皂盒	黄色	3.00

8.2.4 实验步骤与操作

实训中，要求学生根据商品的编码生产标签，并贴到商品上，RFID 标签制作过程如下。

（1）在桌面上打开 RFID 读写程序。

（2）单击“链接”按钮，并显示链接成功信息提示，说明设备已经链接好。

（3）单击“写卡”后，把电子标签放到设备上，LED（light emitting diode，发光二极管）显示屏上将会显示该卡的信息。在软件界面的字符串中也将显示该标签卡的信息。

（4）写卡。将要写卡的信息输入到文本框中单击“写卡”按钮，如图 1-5 所示。该标签卡中的信息将变为刚刚写入的信息，写卡工作完成。

（5）单击“断开链接”按钮，并关掉 RFID 单元实训程序。

8.2.5 实验思考与报告

1. 实验思考

（1）写出 RFID 电子标签卡的制作流程。

（2）总结 RFID 电子标签卡在制作过程中应注意的问题。

2. 实验报告

某超市商品信息如表 8-2 所示，请为其制作 RFID 标签。

表 8-2 某超市商品信息表

序号	商品编码	商品名称	规格	单价/元
1	6902479023520	保鲜膜/保鲜袋	聪泰保鲜膜 20 cm×20 m	3.80
2	6902479023532	保鲜膜/保鲜袋	聪泰保鲜膜 30 cm×30 m	6.30

续表

序号	商品编码	商品名称	规格	单价/元
3	6902479023545	保鲜膜/保鲜袋	聪泰保鲜袋 30 cm×35 cm	13.80
4	6902479023514	保鲜膜/保鲜袋	聪泰保鲜袋 34 cm×43 cm	10.30
5	6902479023580	保鲜膜/保鲜袋	聪泰保鲜袋 25 cm×34 cm	5.60
6	6913575230952	一次性手套	聪泰一次性手套 20 只装	1.80
78	6913575230934	一次性手套	聪泰一次性手套 150 只装	9.50
8	6921750363427	一次性杯	清清美一次性胶杯 0721 210 ml 100 只	15.50
9	6921750363443	一次性杯	清清美一次性胶杯 0703 217 ml 100 只	9.00
10	6921750363424	一次性杯	清清美一次性纸杯 0638 255 ml 50 只	9.30
11	6921750363426	一次性杯	清清美一次性纸杯 0619 255 ml 50 只	9.00
12	6921750363489	一次性杯	清清美一次性胶杯 0711 210 ml 50 只	9.00
13	6923664555234	一次性餐具	都乐一次性胶碗 DL-531 350 ml 20 只	5.30
14	6923664555267	一次性餐具	都乐一次性纸盘 DL-510 9 寸圆盘 10 只	7.80
15	6923664555235	一次性餐具	都乐一次性纸盘 DL-514 260×195 mm 10 只	8.60
16	6923664555266	一次性餐具	都乐一次性纸盘 DL-503 8 寸圆盘 10 只	5.60

8.3 信息系统与信息处理实验

8.3.1 实验目的与要求

（1）熟悉信息化技术在现代物流配送管理中的典型应用。

（2）理解现代物流信息化作业的优势。

（3）能够利用信息化技术完成配送任务。

8.3.2 实验原理与内容

1. 实验原理

1）PDA

PDA（personal digital assistant，掌上电脑）可以帮助我们完成在移动中工作、学习、娱乐等。按使用来分类，PDA 分为工业级 PDA 和消费品 PDA。工业级 PDA 主要应用在工业领域，常见的条码扫描器、RFID 读写器、POS（point of sale，销售终端）机等都可以称作 PDA；消费品 PDA 包括的比较多，智能手机、平板电脑、手持的游戏机等。PDA 主要应用领域：物流快递、物流配送、连锁店/门店/专柜数据采集、鞋服订货会、卡片管理、票据管理、消费类 PDA。

2）EOS

EOS（electronic ordering system，电子订货系统）是不同组织间利用通信网络和终端设备，以在线连接方式进行订货作业与订货信息交换的体系，其应用非常广泛。在配送运输管理系统中，将客户所在场所发生的订货数据输入计算机，通过计算机通信网络连接的方式即刻将资料传送至配送中心处。EOS 的基本作用：缩短从接到订单到发出订货的时间；订单即时提交提高库存管理效率；提高配送运输的工作效率；可以统计某一段时间内各种货物的发货状况。

3）CAPS

CAPS（computer assisted picking system，电子标签拣货系统）是计算机辅助拣货系统最常用的方式之一，是一种电脑辅助的无纸化拣货系统。其原理是借助安装于货架上每一个货位的 LED 电子标签取代拣货单，利用电脑的控制将订单信息传输到电子标签中，通过货架上的订单、货名、数量、完成等电子标签显示器，向拣选作业人员及时、明确地下达操作指示，使得拣货作业变得轻松快捷，同时大幅降低拣货的出错率。

4）GPS

GPS（global positioning system，全球定位系统）实时性、全天候、连续、快速、高精度的特点运用到物流运输行业能给其带来一场实质性的转变，并将在物流业的发展中发挥越来越重要的作用。可随时查询运输货物车辆的位置，不但加强了车辆的监控，而且能避免绕行，选择最优路径，减少车辆损耗和运输时间，降低运输成本，从而取得明显经济效益。GPS 在配送运输中的应用包括车辆跟踪、运行监控、信息查询、指挥调度等。

5）GIS

GIS（geographic information system，地理信息系统）是一个获取、存储、编辑、处理、分析和显示地理数据的空间信息系统，其核心是用计算机来处理和分析地理信息。地理信息系统软件技术是一类军民两用技术，不仅应用于军事领域、资源调查、环境评估等方面，也应用于地域规划，公共设施管理、交通、电信、城市建设、能源、电力、农业等国民经济的重要部分。GIS 是一种基于计算机的工具，它可以对空间信息进行分析和处理。简而言之，是对地球上存在的现象和发生的事件进行成图与分析。GIS 技术把地图这种独特的视觉化效果和地理分析功能与一般的数据库操作集成在一起，如查询和统计分析等。

2. 实验内容

（1）订单录入。
（2）车辆调度。
（3）货物装车。
（4）在途运输。
（5）货物送达。
（6）导航更新。
（7）单据送达。

8.3.3 实验环境与准备

（1）每人一台计算机。
（2）安装百蝶软件。

百蝶配送中心 12 月 11 日接到一单出库任务，工作人员需要在信息管理系统中录入订单信息，并完成配送作业。客户的订单资料如表 8-3 所示，请参照 8.3.4 的操作步骤完成此订单，并完成实验报告。

表 8-3 客户的订单资料

订单编号	PS2013120900032				
订货人名称	迪亚天天厦门路店				
收货人地址	厦门路 1201 号				
要求送达时间					
收货人名称	张琪		联系电话	34972131	
订货要求：					
序号	货物编码	货物名称	重量/kg	数量	单位
1	03011011	玉米	300	30	箱
2	03011004	农家土鸡蛋	300	20	箱
3	03011001	红富士苹果	200	20	箱
4	03020001	蒙牛原味酸奶	120	20	箱
	合计		920	90	箱

8.3.4 实验步骤与操作

1. 进入三维环境

教师在教学平台发布课程，学生选择岗位后进入三维环境，在调度室打开，执行订单管理——配送订单，此时订单列表为空，如图 8-1 所示。

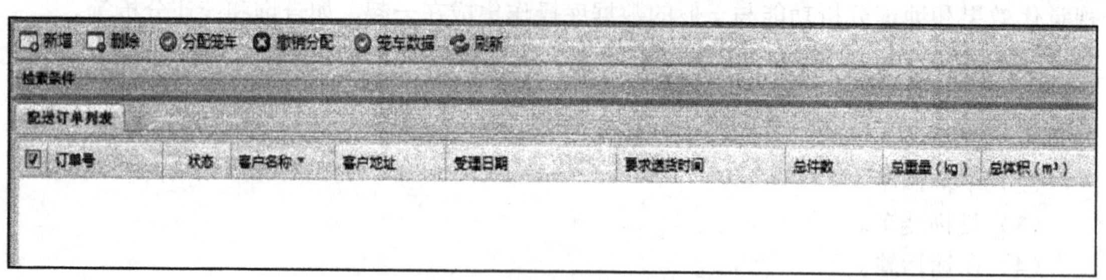

图 8-1 配送订单列表

2. 订单录入

由于本课程任务在设定时没有选择“自动生成单据”模式，因此配送订单需要学生在信息管理系统中自行录入，按“Tab”键，界面显示 任务提示，如图 8-2 所示。

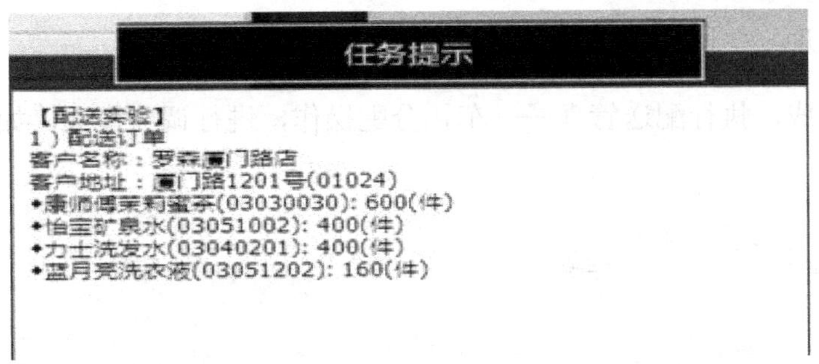

图 8-2 任务提示界面

单击图 8-1 中的 新增 按钮，进行订单录入操作，在订单主体信息一栏，单击客户名称处的 按钮，界面跳出客户选择框。双击选择正确的客户名称后，在下方的明细一栏，单击货物代码处的 按钮，按照 任务提示 选择相应的物料信息，双击选择物品后，根据 任务提示 选择包装单位，填写数量。对照 任务提示 确定货物代码、数量等信息正确后，单击界面上方的 保存 按钮，订单明细信息一栏生成一条货物信息。如果还需要添加其他物料信息，单击 新增明细 按钮，重复上述步骤添加其他的物料，直到按 任务提示 的内容操作完成，所有物料添加后，订单明细信息列表如图 8-3 所示。

订单明细信息

新增明细 删除明细 刷新

货物代码	货物名称	件数	重量（kg）	体积（m³）	包装单位
03030030	康师傅茉莉蜜茶	600	300	0	Each
03051002	怡宝矿泉水	400	200	0.0004	Each
03040201	力士洗发水	400	200	0.0004	Each
03051202	蓝月亮洗衣液	160	240	0.00016	Each

图 8-3 订单明细信息列表

订单录入结束后，单击界面上方的 返回列表 ，界面回到配送订单界面，若有其他订单继续单击 新增 ，按上述步骤录入其他订单，录入完成后进行笼车分配操作，如图 8-4 所示。

新增 删除 分配笼车 撤销分配 笼车数据 刷新

检索条件

配送订单列表

订单号	状态	客户名称	客户地址	受理日期	要求送货时间	总件数	总重量（kg）	总体积（m³）	备注
PS2014012400012	新建	罗森厦门路店	厦门路1201号	2014-01-24 17:30:10		1560	940	0.00096	

图 8-4 配送订单列表

3. 车辆调度

分配笼车完成，执行配送管理——车辆分配操作，进行调度作业，如图 8-5 所示。

调度主界面 | 调度结果调整 | 运输距离矩阵

车辆选择: —请选择— *月台: —请选择— 加入调度

订单信息

☑	订单号	状态	笼车数量	地址序号	客户名称	客户地址
☑	PS2014012400012	分配笼车完成	2	A	罗森厦门路店	01024

图 8-5 车辆分配界面

调度完成后，地图中显示车辆行驶路线，如图 8-6 所示。

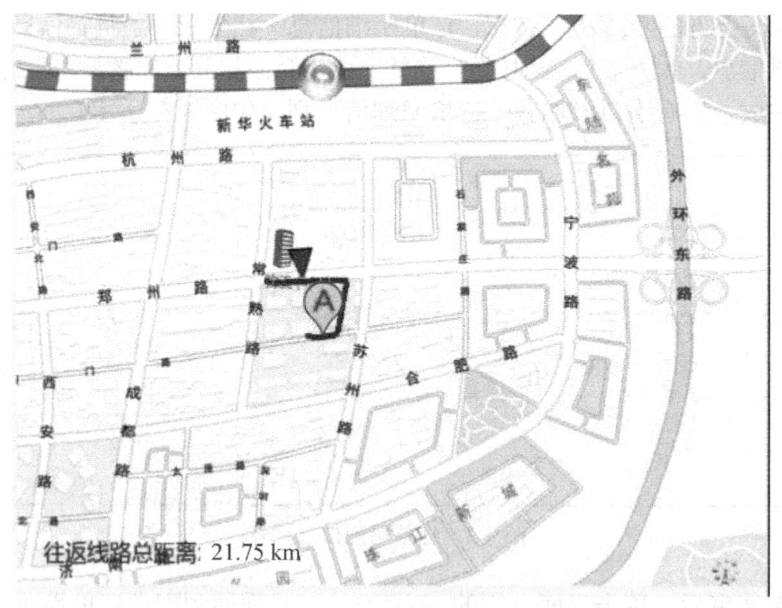

图 8-6 调度线路图

4. 货物装车

调度员走近打印机拿起单据后，单击工具栏中的 将角色切换为配载员。在多人模式下需要进行单据的交接，调度员按任务量将单据分派给配载员，控制人物走近配载员跟前，取出单据。双击，双方的界面上都会弹出对话框，分别显示“派车单××××已经提请递交，正等待对方接收单据，请稍等……”和“对方递交派车单给您，单号××××正在等您接收单据……”，如图 8-7 所示。接收人员单击接收按钮后，完成单据的递交工作。后面配载员与货车司机的单据递交过程与此处相同。

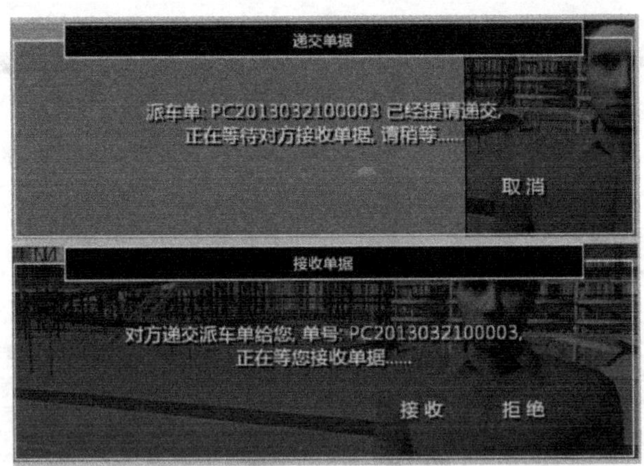

图 8-7　单据递交过程

配载员走至出库月台，看到一辆车牌号为“沪 A00001”的厢式卡车停在出库口，走至车辆尾部，按键盘上的“↓”键打开车门。车门打开后，可以看到车辆中标出的蓝色方格，表示笼车的堆放位置。单击工具栏中的▦或使用快捷方式 Q 取出 PDA，单击“进入管理系统”。在主菜单界面中选择“装车配载”，如图 8-8 所示，单击后界面显示派车单号采集界面，如图 8-9 所示。

图 8-8　装车配载作业选择

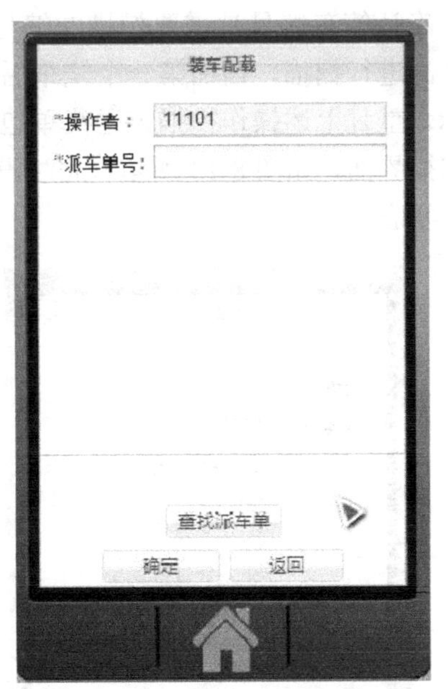

图 8-9　派车单号采集界面

打开派车单，扫描右上角的条码。

PDA 读取到派车单号信息后，界面跳至送货单号采集界面，如图 8-10 所示，可直接勾选下方列表中的送货单号，或打开送货单进行扫描。扫描送货单后，界面跳至笼车编号采集界面，如图 8-11 所示。

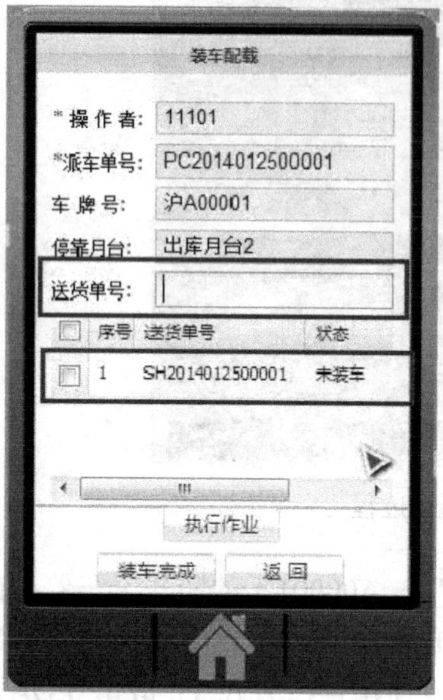

图 8-10　送货单号采集界面

图 8-11　笼车编号采集界面

控制人物走至笼车面前，十字光标对准笼车上的标签，十字光标变为眼睛，并显示笼车编号。确认笼车编号是需要扫描的编号后，取出 PDA，按住 Shift 键，光标变为扫描图标，单击进行扫描。扫描第一个笼车后，界面跳转至下一个笼车的扫描提示界面，如图 8-12 所示。重复上述操作扫描该送货单包含的所有笼车，完成后界面自动跳转至下一个送货单的扫描界面，如图 8-13 所示，此时没有其他送货单需要扫描，已扫描的送货单为“全部装车”状态。

图 8-12　扫描笼车编号扫描

图 8-13　送货单号扫描界面

收起 PDA，控制人物走近笼车，按 F 键抓住笼车后将笼车推至车中，使用“W”“A”“S”“D”控制笼车向前、左、后、右移动。待所有订单的所有笼车装车完成后，取出 PDA，如图 8-14 所示，单击 装车完成 ，界面跳转至派车单扫描界面，如图 8-15 所示，打开派车单进行扫描，装车作业结束。

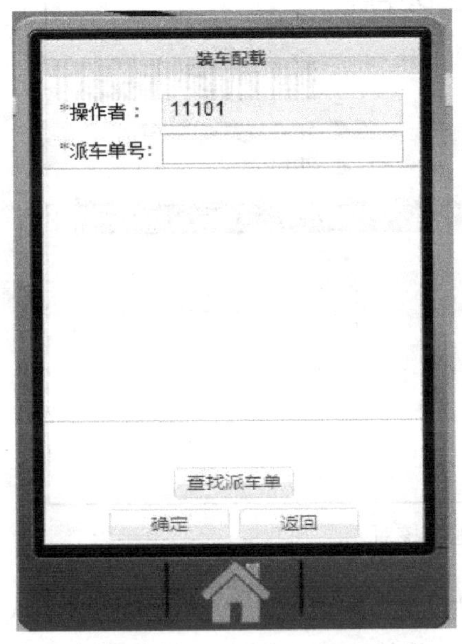

图 8-14　装车完成操作

图 8-15　派车单号扫描确认

5. 在途运输

切换任务为货车司机角色。控制人物走近驾驶室，界面提示按 F 键驾驶车辆。司机上车后按 M 键，界面显示调度线路，按照图中的线路驾驶车辆前往客户点，如图 8-16 所示，按“W”“A”“S”“D”控制车辆向前、左、后、右移动。

图 8-16　车辆在途行驶界面

6. 货物送达

到达目的地后，核对店名和地址，此时签收人员在门口等待卸货，紫色圆圈为卸货点，打开送货单号查看地址是否正确。

上海百蝶物流配送中心

送货单

订单编号: PS2014012500001
客户名称: 罗森厦门路店
送货地址: 厦门路1201号

单号: SH2014012500001
日期: 2014-01-25

编号	笼车号码	货物名称	包装规格	数量	备注
1	LC2014012500002	康师傅茉莉蜜茶	Each	599	
2	LC2014012500002	力士洗发水	Each	100	
3	LC2014012500002	怡宝矿泉水	Each	181	
4	LC2014012500001	康师傅茉莉蜜茶	Each	1	
5	LC2014012500001	蓝月亮洗衣液	Each	160	
6	LC2014012500001	力士洗发水	Each	300	
7	LC2014012500001	怡宝矿泉水	Each	219	

图 8-17　送货地点核对

司机下车后走至车辆后部，按“↓”打开车门，再按一次“↓”装卸台降落，人物走上装卸台后按“↑”，走至车厢中按 F 键推出笼车。将笼车推至圈中，紫色圈变为黄色，表示货物正确，且还有其他笼车需卸车。所有笼车卸车后，黄色圈变为绿色。取出 PDA，在主菜单中选择“运输作业”。界面显示派车单号采集界面，扫描后系统读取到派车单信息，单击 进入 按钮，如图 8-18 所示。

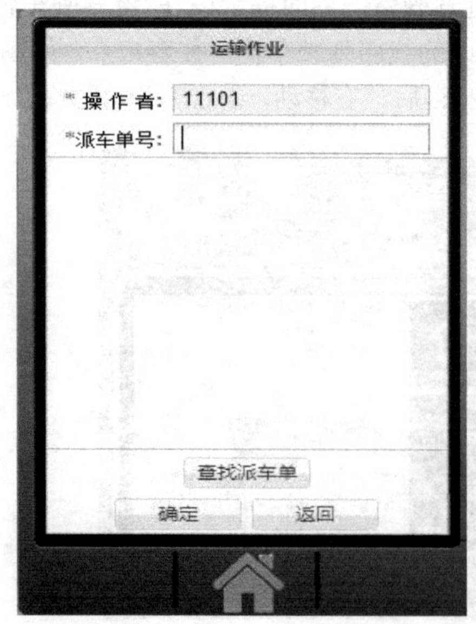

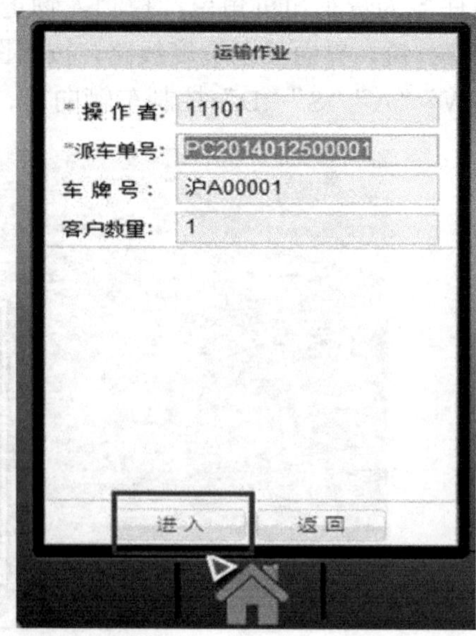

图 8-18　派车单采集界面

进入后界面显示送货单号采集界面，如图 8-19 所示，打开送货单进行扫描或者选择下方的送货单号，单击 执行作业 按钮。

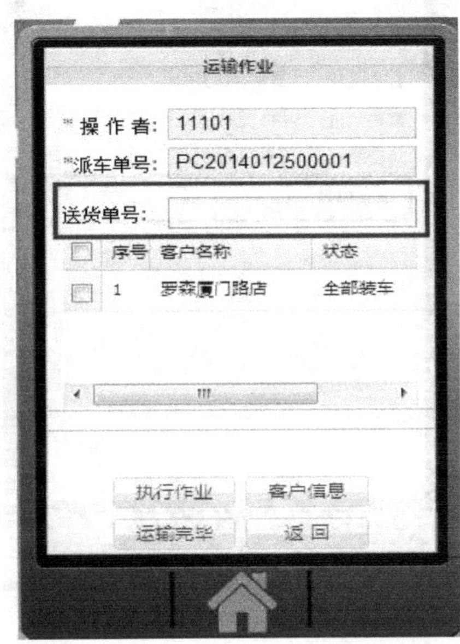

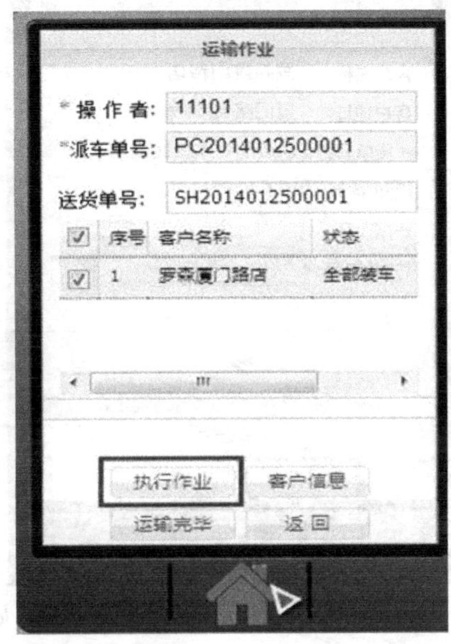

图 8-19 送货单号采集界面

执行作业后进入笼车编号采集界面，如图 8-20 所示，与装车操作相同，扫描完所有的笼车后收起 PDA。

图 8-20 笼车编号采集界面

控制人物走至签收人员面前，按照界面提示打开送货单，双击进行签字操作。签字后，界面提示货物成功送达。此时绿色圈再次变为紫色，表示该客户点货物已送达。取出 PDA，

单击 确认签收 按钮，如图 8-21 所示，界面跳转至确认单号扫描界面。

图 8-21　确认签收界面

打开送货单，单据上盖有红色的“已收货”字样，扫描条码，如图 8-22 所示。

上海百蝶物流配送中心

送货单

订单编号: PS2014012500001
客户名称: 罗森厦门路店
送货地址: 厦门路1201号
单号: SH2014012500001
日期: 2014-01-25

编号	笼车号码	货物名称	包装规格	数量	备注
1	LC2014012500002	康师傅茉莉蜜茶	Each	599	
2	LC2014012500002	力士洗发水	Each	100	
3	LC2014012500002	怡宝矿泉水	Each	181	
4	LC2014012500001	康师傅茉莉蜜茶	Each	1	
5	LC2014012500001	蓝月亮洗衣液	Each	160	
6	LC2014012500001	力士洗发水	Each	300	
7	LC2014012500001	怡宝矿泉水	Each	219	

已收货 RECEIVED

备注:以上货物请在收货时清点, 如存在质量问题请在24小时提出, 逾期概不负责.

收货人(签字/盖章):　　送货人(签字/盖章): 1

(1)回单联　(3)存根联

图 8-22　已签收送货单

扫描送货单号后，该送货单为“签收确认”状态，送货完成，收起 PDA，该配送点送货完成，如图 8-23 所示。

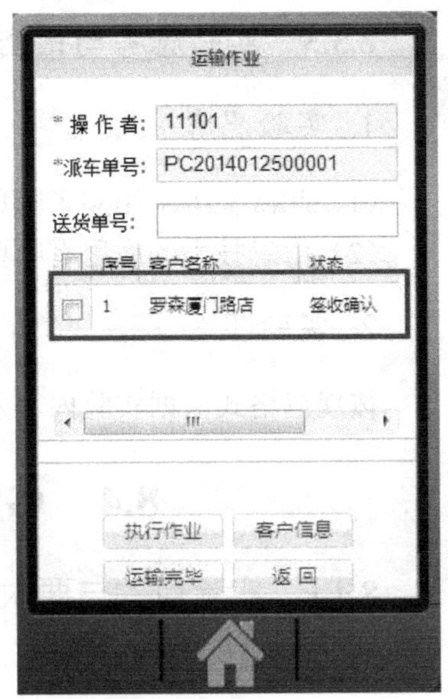

图 8-23 货物签收完成

7. 导航更新

关上车门，司机再次上车，按 M 键打开地图，返回线路上出现路障。控制司机下车，按 M 键。按照地图上方的操作提示将人物传送至配送中心。注意：人物在车上和地面上打开的地图有区别，传送人物时单击道路。人物生成在配送中心后，切换角色为调度员，走进调度室打开电脑。在调度结果中单击“查看线路”，系统即会显示新的驾驶线路。导航图更新后单击 发送导航数据 ，车辆这时收到更新后的导航图。传送人物至车辆停放点，打开导航图，按照新的线路继续行驶，如图 8-24 所示。

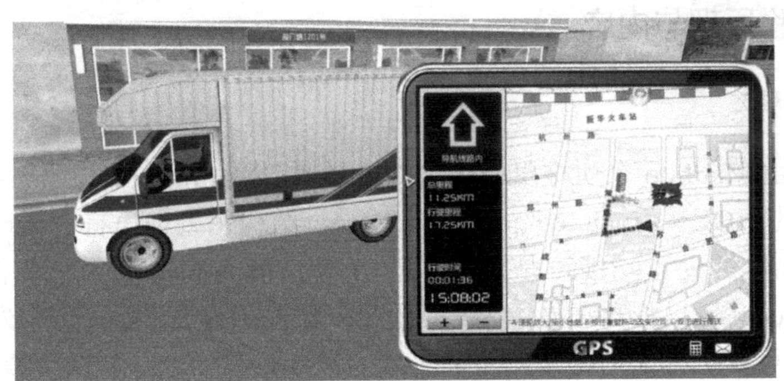

图 8-24 车辆行驶界面

8. 单据递交

驾驶车辆返回配送中心，停车后司机下车走向财务办公室，财务办公室位于门口第一个房间。人物走到财务人员面前，界面提示“打开送货单并双击左键，请财务人员签字”，取出送货单按操作要求签字后界面提示“送货单××××任务已经完成”，如图 8-25 所示，单击 确定 按钮，此次配送作业完成。

图 8-25 任务完成提示界面

8.3.5 实验思考与报告

1. 实验思考

（1）此次任务中用到了哪些信息技术？
（2）信息技术的应用有哪些优势？

2. 实验报告

按规范格式依据实验内容及时撰写并提交实验报告。

8.4 GIS 地图编辑和数字化实验

8.4.1 实验目的与要求

（1）熟悉 MapInfo 软件的操作界面，利用示例数据，了解 MapInfo 软件的主要功能。
（2）掌握 MapInfo 绘图工具的使用、图层的作用，点、线、面样式的修改方法。

8.4.2 实验原理与内容

1. 实验原理

MapInfo 是由 MapInfo 公司推出的一款 GIS 软件，MapInfo Professional 提供了数据库［包括功能强大的 SQL（structured query language，结构化查询语言 ）查询］和地图、图表和统计图可视化的处理功能，是进行数据分析、销售和展示不可多得的商用工具。MapInfo Professional 可以将数据显示为点、按照专题显示为影线区域、作为饼图或条形图、作为街区等。还可以执行地理操作，如重新分区、合并和拆分对象以及缓冲处理。借助于 MapInfo Professional 还可以查询数据并直接访问远程数据。

2. 实验内容

（1）MapInfo 的启动、关闭以及打开表文件。
（2）绘图工具的使用。
（3）改变标注、替换显示样式的方法。

8.4.3 实验环境与准备

（1）每人一台计算机。
（2）安装 MapInfo 9.5 软件。
（3）准备地理数据、MapInfo 地图文件。

8.4.4 实验步骤与操作

1. MapInfo 的启动、关闭

（1）启动：开始→程序→MapInfo 程序组→MapInfo Professional→打开一个表，如 CHINA，完成启动。这里需将 CHINA 表文件另存到本人的文件夹中。

（2）关闭：文件→关闭→提示保存，退出。

（3）打开一个表文件：启动后，文件→打开→在出现的对话框中找到一个表文件（*.tab），确定。

2. 绘图工具的使用

1）符号工具的使用

打开 CHINA 图，地图→图层控制→将装饰图层选为可编辑。在绘图工具栏中选择符号工具，在图中任意单击，出现点状符号。选择符号样式，在下拉框中选择符号，再改变大小与颜色，确定后再单击，出现改变后的符号。

2）线段工具的使用

将装饰图层选为可编辑状态，绘图工具栏中选择直线工具，在图中任意处单击，移动鼠标，在另一处再单击，出现直线；在选项菜单中选择直线样式，在下拉框中选择其他直线样式，再改变宽度与颜色，确定后再次绘制线条，出现改变后的线条样式；选择圆弧工具，在图中按住左键，移动鼠标，画出圆弧；选中该圆弧，可以改变圆弧的弧度与方向；选择折线工具，在图中单击，移动鼠标后再单击，出现连线，再单击又出现连线，最后双击，完成折线绘制。

3）多边形工具的使用

地图→图层控制→将装饰图层选为可编辑，确定，选择一种多边形工具，在图中绘出该多边形。

3. 改变标注，替换样式

1）点状符号样式的改变

文件/打开表，选择 CAPITALS，平铺窗口；地图/图层控制，将 CAPITALS 图层选择为可编辑，单击“显示”；选择“样式替换”，单击“样式”按钮；字体不变，符号改变为“●”，颜色为红色，确定后显示改变后的样式。

图

2）标注的改变

地图/图层控制/将 CAPITALS 图层选择为可自动标注，单击“标注”；出现标注对话框，在对话框中改变标注的字段、字体、字号和颜色、位置等参数，确定后显示改变后的标注。

4. 表内容的关联

打开一个表，如 CHINA，同时打开浏览窗口，在表中选择一个内容，如黑龙江省，同时浏览窗口中相应的内容也被选中；在浏览窗口中选择一个内容，如辽宁省，在地图窗口中相应的内容也会被选中。

8.4.5 实验思考与报告

1. 实验思考

（1）如何在地图上修改范围、样式与图例？
（2）如何进行地图数据的统计？

2. 实验练习

打开中国地图与表。
（1）在表中选择一个省，看地图中的变化。
（2）在地图中选择一个省，看表中的变化。
（3）在表中或地图中按 Shift 键连续选择，看对应的变化。

3. 实验报告

按规范格式依据实验内容及时撰写并提交实验报告。

8.5 GIS 地图输出实验

8.5.1 实验目的与要求

（1）掌握 MapInfo 布局窗口的基本操作。
（2）掌握布局窗口中各对话框的属性设置。
（3）将布局窗口的地图以多种方式输出。

8.5.2 实验原理与内容

1. 实验原理

1）GIS 输出

GIS 输出是指经由 GIS 系统分析与处理后所输出的可以为研究人员、规划人员、决策人员所直接使用的可视化产品。GIS 输出的特点就是可视化。GIS 输出的主要形式有地图、影像（图像）、统计图表、文字报告、多媒体。

2）地图

地图是空间实体的图形符号化模型，地图将现实世界所传递的地理信息通过概括总结，运用特定的符号表现在一定载体上，用以表达地理实体集合的质量、数量和时空特征。地图组成图名、图主体、图例、指北针、比例尺、文字说明和图廓。在各种 GIS 产品中，最常用、最重要的是地图。GIS 地图既有传统地图的优点，又有数字化地图的各种优点。

2. 实验内容

（1）单框架布局。
（2）多框架布局。
（3）地图输出。

8.5.3 实验环境与准备

（1）每人一台计算机。
（2）安装 MapInfo 9.5 软件。
（3）准备地理数据、MapInfo 地图文件。

8.5.4 实验步骤与操作

1. 单框架布局窗口操作

1）制作中国铁路专题地图

（1）打开“CHINA”表，加载铁路图层。

①打开表，在 GIS 资料文件夹中打开“中国铁路地图”文件。

②在“优选视图”中选择“当前地图窗口”，确定后铁路图层被加载到当前中国地图的图层中。

（2）打开“CAPITALS”表，将省会城市作为铁路枢纽加入当前地图层中。

①在“CHINA”表文件夹中选择“capitals”表。

②在“优选视图”中选择“当前地图窗口”。

（3）在“图层控制”中修改样式。

①将 CHINA 图层改为可编辑，将背景改为浅色。

②将 rai_4ml 图层改为可编辑，将铁路由单线改为铁路专用符号。

③将 CAPITALS 图层改为可编辑，将城市符号由★改为●、红色。

（4）增加标注。

①将 CHINA 图层设置为自动标注，标注项字段改为“Chinese_Char_Name”，并缩小字号为 10，红色。

②将 CAPITALS 图层设置为自动标注，标注项字段改为“Capital_Character_Name”，并缩小字号为 8，蓝色。

2）画比例尺

（1）加载比例尺工具。在“工具”菜单中选择“工具管理器”，出现“工具管理器”

对话框，在“工具”中选择比例尺，将“已装入”和“自动装入”选中，确定后出现比例尺工具条。

（2）画比例尺。点按比例尺工具，激活地图窗口，在需要画比例尺的地方单击，出现“在地图上生成长度比例尺”对话框，将单位改为“公里”，可以修改字体与字号，确定。

（3）双击“Kilometers”，将其改为“千米”或“公里”。

3）地图布局

（1）在“窗口”菜单中选择“新建布局窗口”，再选择“一个窗口的框架”。

（2）进行页面设置，A4，横向，页边距各为 10 mm。

（3）加入标题“中国铁路交通地图”，布局完成。

2. 多框架地图布局

（1）打开 CHINA 表，用“地图”菜单中的“查看整个图层”命令得到一幅全景图。

（2）使用“地图”菜单中的“地图副本”命令复制一个地图窗口。

（3）改变第二个地图窗口的大小与缩放比例以得到南海诸岛的近景局部图。

（4）新建布局窗口，用多框架布局，再对这两个框架进行排列、对齐等操作。

（5）加入标题中国地图、南海诸岛，保存为工作空间文件。

3. 地图输出

1）窗口以图像文件形式输出

将中国人口柱状图输出为图像文件，操作如下。

（1）打开一个中国人口柱状图工作空间，将其内容调整到合适的比例。

（2）在“文件”菜单中选择“另存窗口”，出现“另存窗口”对话框，可以设置图像文件的尺寸，单击“保存”按钮。

（3）指定文件名与存放路径，确定即可。

2）将 MapInfo 地图输出到 Word 程序

（1）启动 Word，或打开一个 Word 文件，将光标移到需要插入 MapInfo 地图的地方，在“插入”菜单中选择“对象”，出现“对象”对话框。

（2）在“新建”选项卡的下拉列表中打到 MapInfo Map，确定，此时 Word 文档中出现一个 MapInfo 地图窗口，同时 Word 菜单中也出现了 MapInfo 中的“编辑”（Edit）、“视图”（View）、“表”（Table）、“窗口”和“帮助”（Help）菜单，工具栏中出现一组（7 个）MapInfo 的地图工具。

（3）在“表”（Table）菜单中选择“打开表”，打开一个表，此时地图工具被激活，可以用地图工具对地图进行漫游、缩放等操作，调整到合适的大小时，在窗口外部单击，一幅地图就被输出到 Word 中，如图 8-26 所示。

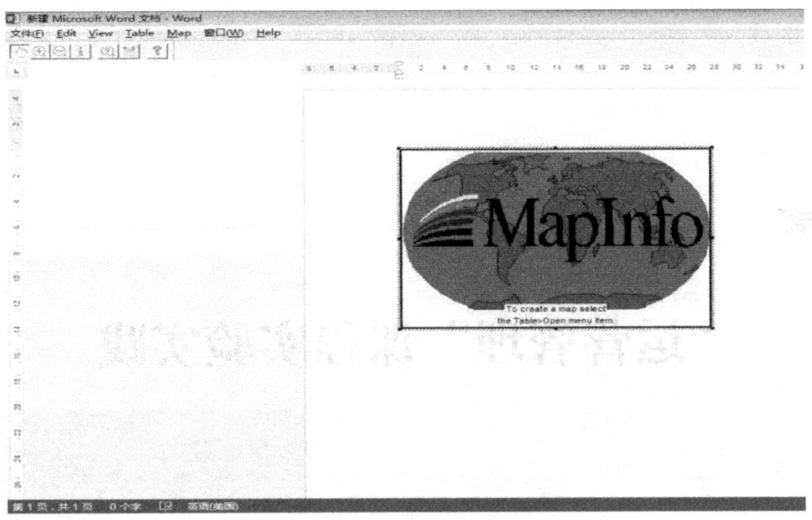

图 8-26 插入 MapInfo 地图

8.5.5 实验思考与报告

1. 实验思考

（1）地图布局需要在地图窗口调整好地图的大小与位置，框架中能不能调整？
（2）地图窗口输出到图像文件的方法比较实用，是否可反复应用？
（3）直接创建地图对象的方法较灵活，能不能保存为图像文件反复应用？

2. 实验报告

制作中国公路专题地图，并按规范格式依据实验内容及时撰写并提交实验报告。

第 9 章

“运营管理”课程实验实践

9.1 企业运营系统调研实践

9.1.1 实践目的与要求

通过学生对企业进行实地考察，加深对其运营系统的感性认识与理解，更好地掌握运营系统的设计、运行、评价和改进的理论与方法，提高学生发现问题、分析与解决问题的能力。其具体要求包括以下几点。

（1）对企业进行实地考察，按照调研内容和进度开展调研。

（2）每个团队成员都必须参与调研工作，有着明确的分工和任务要求。

（3）在规定的时间进行调研汇报，并提交调研报告。

9.1.2 实践内容与时间

1.了解运营系统的构成

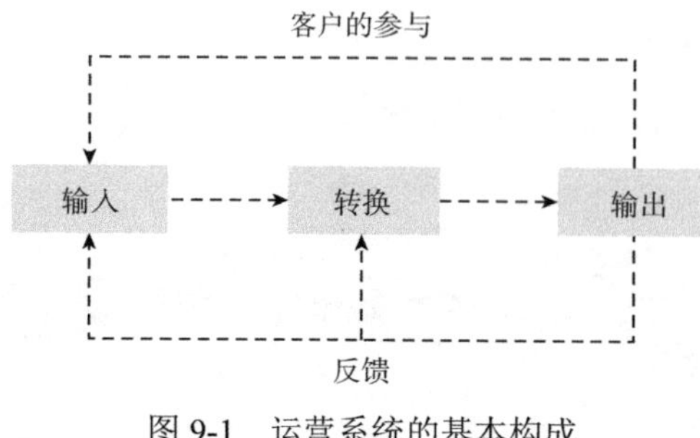

图 9-1 运营系统的基本构成

运营系统是指通过有效的资源配置实现“输入→转换→输出”功能的综合体，如图 9-1 所示。一般来讲，运营系统包括四大主要流程：①输入。输入要素包括人力、财力、物质、土地、技术、信息、商誉、专利、政策等。②转换。转换的具体过程包括产品制造和劳务提供。③输出。输出产品包括有形产品、无形产品（服务）。④反馈。反馈相关的信息来源于产品、服务或客户。

2. 理解运营系统的设计

运营系统的设计包括产品或服务选择和设计、设施选址、设施布置、服务交付系统设计和工作设计。

（1）产品或服务选择和设计。产品或服务的选择是指选择要为消费者或客户提供的产品或服务。对于制造业来讲，按接受生产任务的方式，分为订货生产和存货生产；按产品的结构特征，分为大型复杂产品生产和简单产品生产；按生产工艺特征（或连续程度），分为流程（或连续）生产和加工装配（或间断）生产；按生产方法，分为合成型生产、分解型生产、调制型生产、提取型生产；按生产的重复程度（或工作地的专业化程度），分为大量大批生产、成批生产和单件小批生产。对于服务业来讲，按照是否提供有形产品，运营分为纯服务性运营和一般服务性运营，其中服务性运营不提供任何有形产品，如咨询、指导和讲课等；而一般服务性运营提供有形产品，如批发、零售、邮政、运输、图书馆书刊借阅等。另外，产品设计开发有助于企业采用差异化策略、成本领先策略和快速响应策略等，常见的产品设计技术包括稳健设计、模块设计、计算机辅助设计、计算机辅助制造、虚拟现实技术和价值分析。

（2）设施选址。选址是非常重要的成本或收入的驱动因素，选址总能够实现（或破坏）公司的商业策略。理解选址的三原则（利润最大化、集聚人才和接近用户）、影响选址决策的因素、选址决策的一般程序和设施选址数学方法的使用（如重心法、因素评分法、盈亏平衡分析法、线性规划法等）。

（3）设施布置。设施布置是指在一个给定的设施范围内，对多个经济活动单元进行位置安排。常见的设施布置类型包括工艺专业化原则布置、对象专业化原则布置、制造单元布置、固定布置和混合布置。具体设施布置方法包括物料运量图法、作业相关图法、从至表法、线性规划法和计算机辅助布置等。

（4）服务交付系统设计。服务业的生产系统叫作服务交付系统。服务交付系统的设计涉及对谁提供服务、提供何种服务、在何处提供服务、如何提供服务、如何保证服务质量等问题。同时，为解决供需能力不匹配的问题，积极采用不同策略。采用的策略包括影响需求的策略：固定时间表、使用预约系统、推迟服务、为低峰时的需求提供优惠和需求划分；影响服务能力的策略：改善人员班次、安排利用钟点工、由客户选择不同的服务、利用外单位设施、雇用多技能工人、顾客自我服务和采用生产线方法等。

（5）工作设计。工作设计是指为个人或团队指定具体的工作内容。工作设计包括五大要素：劳动专业化、工作扩展、心理因素、自我导向型团队、动机和激励体系。

3. 理解运营系统的运行

运营系统的运行主要着眼于运营活动的计划、组织与控制。其具体涉及运营计划编制、供应商管理、库存管理、产品配送管理、项目管理等。

（1）运营计划编制。其具体涉及主生产计划（master production schedule，MPS）、物料需求计划（material requirement planning，MRP）、生产进度计划等的编制方法与工具。

（2）供应商管理。其具体涉及供应商的选择、评价、考核和激励方法与工具。

（3）库存管理。其具体涉及库存类型、库存管理方法。特别是对独立需求库存，常采用的库存控制方法包括 ABC 分类法、定量订货法、定期订货法和单周期订货法等。

（4）产品配送管理。其具体涉及流通环节的设定、合作伙伴关系的建立、各环节库存的设定等。

（5）项目管理。其具体涉及项目计划的编制工具和网络计划技术的应用。其中，项目计划编制工具包括工作分解结构、责任分配矩阵、甘特图和里程碑计划等。

4. 了解运营系统的维护和改进方法

运营系统的维护和改进方法主要包括全面设备管理、全面质量管理、准时生产制等先进方法。

5. 注意事项

（1）调研主题选择。由于该实践项目涉及运营系统的设计、运行、维护和改进等方面，受限调研对象、调研时间等诸多限制。所有项目调研在对企业运营系统整体了解的基础上，只需对特定的运营管理问题进行专项调研便可。例如，运营系统设计中涉及产品或服务选择和设计、设施选址、设施布置、服务交付系统设计和工作设计五个主题，只需选择一个或至多两个主题开展专题调研，不求面面俱到，但力求调研工作系统、深入和具体。

（2）调研进度控制。为保证调研工作质量，围绕调研主题确定、调研计划制订、调研阶段性成果展示等工作规定具体完成时限，并提交相关的书面材料作为调研工作平时考核的依据，督促学生按计划完成相关的调研工作。

（3）调研成果汇报。调研最终成果包括调研报告以及汇报 PPT。同时，为更好地反映团队成员的参与情况，授课教师将结合汇报内容就团队成员所负责的工作进行质询，质询的结果作为该实践项目学生个人成绩评定依据。

6. 实践时间

按选定的主题分组课外调研，第 6 周确定调研主题，第 8 周完成调研计划制订，第 9～10 周开展具体的调研工作并形成调研报告以及汇报 PPT，第 11 周小组进行调研 PPT 汇报。

9.1.3 实践思考与报告

1. 实践思考

通过企业运营系统的实地考察，思考并给出如下问题的答案。

（1）所调研运营系统的输入要素包括哪些？转化过程涉及哪些活动？输出涉及哪些产品与服务？从哪里获得相关反馈信息？具体涉及哪些反馈信息？

（2）从运营系统调研角度，本次调研主题主要涉及：□运营系统的设计；□运营系统的运行；□运营系统的改进维护。根据调研主题的选择跳转到（3）～（5）中的一项继续作答。

（3）若调研主题涉及运营系统的设计方面，本项目主要调研究内容属于：□产品或服务选择和设计；□设施选址；□设施布置；□服务交付系统设计；□工作设计。

（4）若调研主题涉及运营系统的运行方面，本项目主要调研究内容属于：□运营计划编制；□供应商管理；□库存管理；□产品配送管理；□项目管理；□其他。

（5）若调研主题涉及运营系统的改进维护方面，本项目主要调研究内容属于：□全面设备管理；□全面质量管理；□准时生产制；□其他。

（6）根据调研的具体主题，我们发现调研企业在运营管理方面存在如下问题。

①____

②____

……

针对该企业存在的运营管理问题，我们提出以下改进建议。

①____

②____

……

2. 实践报告

按规范格式依据实践内容及时撰写并提交实践报告。

9.2 主生产计划和物料需求计划编制实验

9.2.1 实验目的与要求

根据销售规划以及企业拿到的订单等相关信息，编制主生产计划、物料需求计划。

9.2.2 实验原理与内容

1. 实验原理

1）主生产计划

主生产计划以生产计划大纲为依据，按时间段计划企业应生产最终产品的数量和交货期，并在生产需求与可用资源之间做出平衡。主生产计划有时也称产销排程，是生产计划的详细表达，确定每一具体的最终产品在每一具体时间内生产数量的计划，主要是详细描述何时要生产出多少最终产品的计划。这里最终产品是指对企业来说最终完成、要出厂的完成品，它要具体到产品的品种、型号。具体时间段通常以周为单位，在有些情况下，也可以以日、旬、月为单位，涵盖的时间往往是 3～12 个月。主生产计划以个别产品为对象，其规定的产品必须由具体、个别的物料清单（bill of material，BOM）来描述。一般来讲，对于按订单生产的企业，主生产计划的对象为产品结构中间层的关键零部件；对于按订单装配的企业，主生产计划的对象为基本组件和通用部件；对于按库存而生产的企业，主生产计划的对象为标准产品。总之，主生产计划要回答以下问题：制造什么产品？制造多少？何时制造？需要什么物料？需要多少？何时需要？存在什么能力制约？存在什么物料约束？

2）物料需求计划

物料需求计划是根据主生产计划对最终产品的需求数量和交货期，推导出构成产品的零部件及材料的需求数量和需求日期，再导出自制零部件的制造订单下达日期和采购件的采购订单发放日期，由此得到产品所需的各种零部件的生产计划和采购计划，如图 9-2 所示。

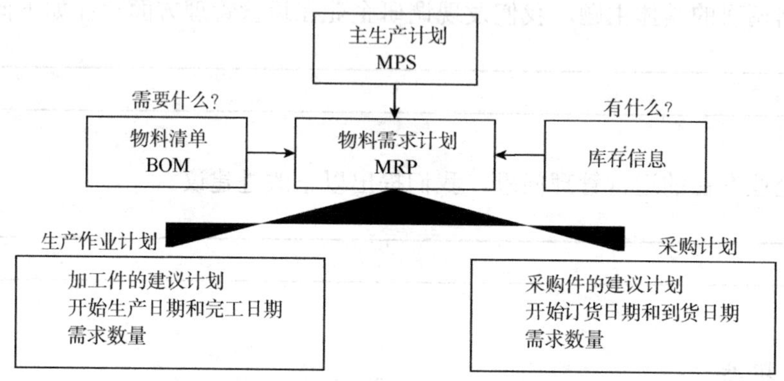

图 9-2　物料需求计划流程图

物料需求计划主要解决以下五个问题。

（1）要生产什么？生产多少？（来源于主生产计划）

（2）要用到什么？（根据物料清单展开可知）

（3）已经有了什么？（根据物品库存信息、即将到货信息或产出信息获得）

（4）还缺什么？（根据计算得出结果可知）

（5）什么时候下达采购或加工计划？（根据计算得出结果可知）

生成物料需求计划后，需要进行能力计划运算，通过能力需求计划校验其可执行性。进行能力平衡后，要对物料需求计划进行确认。企业应该按照确认的物料需求计划执行，下达制造订单和采购订单。在下达订单前，计划人员应检查物料的需求日期是否有变化，工作中心的能力是否有效，必要的工装夹具是否备好，等等。如发现问题，计划人员应及时采取措施解决。将通过检查的计划订单物料需求计划直接下达到采购部门和车间去执行。

3）提前期

提前期是指某一工作的工作时间周期，即从工作开始到工作结束的时间。提前期主要是针对“需求”而提出的。例如，需要采购部门在某日向生产部门提供某种采购物料，则采购部门应该在需要的日期之前就下达采购订单，否则，不可能及时提供给生产部门，这个提前的时间段就是提前期。

提前期是生成主生产计划、物料需求计划、采购计划和车间作业计划的重要数据。常见的提前期包括以下类型。

（1）生产准备提前期：从生产计划开始到生产准备完成（可以投入生产）所需的时间。

（2）采购提前期：采购订单下达到物料完工入库的全部时间。

（3）生产加工提前期：生产加工投入开始（生产准备完成）至生产完工入库的全部时间。

（4）装配提前期：装配投入开始至装配完工的全部时间。

（5）累计提前期：采购、加工、装配提前期的总和。

（6）总提前期：产品的整个生产周期，包括产品设计提前期、生产准备提前期、采购提前期以及加工、装配、试车、检测和发运等提前期的总和。

为了简化实验项目，本实验项目仅考虑采购提前期和生产加工提前期。

2. 实验内容

根据案例，编制主生产计划和物料需求计划。

9.2.3 实验环境与准备

准备主生产计划、物料需求计划编制实例，相关信息如下。

某企业生产一种产品 X，产品 X 的结构树如图 9-3 所示。产品 X 的生产批量为 20，提前期为 1 周，需求时界为 3 周，计划时界为 6 周，当前可用库存为 50，第一周的计划接收量为 15，产出率为 90%，安全库存为 10，已知所接受的订单和销售预测情况，如表 9-1 所示。另外，组件 A、零件 C 的加工批量为 1，B、D 的采购批量为 20，原料 E 的采购批量为 40，产出率为 1。

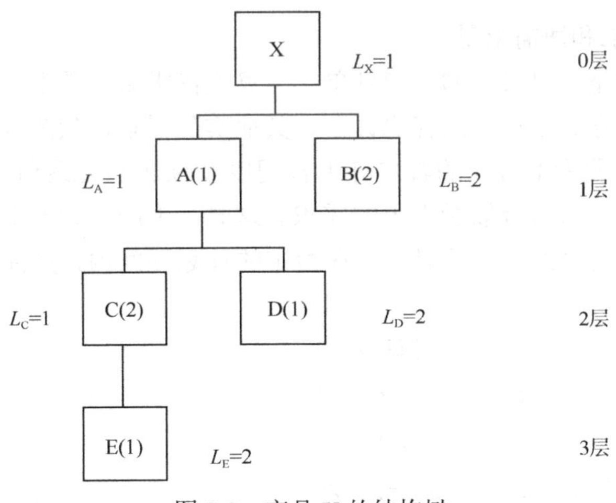

图 9-3　产品 X 的结构树

表 9-1　产品 X 的订单和销售预测情况

类别	时段									
	1	2	3	4	5	6	7	8	9	10
预测量	30	30	30	30	30	30	30	30	30	30
订单量	0	52	10	10	50	90	35	70	22	10

图 9-3 表明，产品 X 的装配提前期为 1 周，即 $L_X=1$，表明产品 X 从开始装配到完成装配需要 1 周的时间；组件 A 的装配提前期为 1 周，即 $L_A=1$，表明组件 A 从开始装配到

完成装配需要 1 周的时间；零件 C 的加工提前期为 1 周，即 $L_C=1$，表明零件 C 从开始加工到完成加工需要 1 周的时间；原料 E 的采购提前期为 2 周，即 $L_E=2$，表明原料 E 从订货到到货需要 2 周的时间；类似 B、D 的采购提前期为 $L_B=L_D=2$。

实验要求：

根据上述背景、表 9-1 和图 9-3 编制主生产计划、物料需求计划、加工计划和采购计划。

9.2.4 实验步骤与操作

1. 主生产计划的编制步骤

1）确定每个最终项目的生产预测量

根据综合生产计划和计划清单确定对每个最终项目的需求预测量。它反映某产品的生产规划总生产量中预期分配到该产品的部分，可用于指导主生产计划的编制，使得生产计划员在编制主生产计划时能遵循生产规划的目标。综合生产计划确定每月需求量，计划清单给出最终项目的月需求量，而根据最终项目的月需求量将其分解到特定周的生产量。

2）计算毛需求和净需求量

根据生产预测量、已收到的客户订单，计算毛需求量。需求的信息来源主要为当前库存、期望的安全库存、已存在的客户订单、其他实际需求、预测其他各项综合需求等。某个时段的毛需求量即为本时段的客户订单合同以及预测的关系和。“关系和”指的是如何把预测值和实际订单值组合取舍得出的需求。这时，生产计划的毛需求量已不再是预测信息，而是具有指导意义的生产信息了。在给定的计划期间内，产品的毛需求量按如下公式确定：

$$\mathrm{GR}(t)=\begin{cases} D(t), & t\leqslant t_d \\ \max[D(t),\ F(t)], & t_d<t\leqslant t_p \\ F(t), & t_p<t \end{cases}$$

这里 GR（t）为 t 时段毛需求量，D（t）为 t 时段实际订单量，F（t）为 t 时段需求预测量，t_d 为需求时界，t_p 为计划时界。很明显，各时段毛需求量如下。

当时段位于冻结了的需求时区时，订单已经确定，毛需求量为客户订单数量；因为采购往往需要有一个提前期，因此在需求时区临时采购原料来生产是不现实的，必须有足够长的时间满足采购的时间要求。

当时段位于计划时区时，毛需求量通常为实际需求或预测数值中较大者；因为在计划时区需考虑采购提前期和加工提前期的影响，这可以按照实际订单量和需求预测量较大者来组织生产，以此确定生产量，制订主生产计划。

当时段位于预测时区时，毛需求量为预测值。

净需求量是指在任意给定的计划周期内某项目的实际需求量。这里，当前一周期末的可用库存量＋本周期计划接收量－本周期毛需求量－安全库存＞0，则不需要启动生产，净需求量为 0。反之，当前一周期末的可用库存量＋本周期计划接收量－本周期毛需求量–安全库存≤0 时，则需启动生产，此时净需求量＝本周期毛需求量－前一周期末的可用库存量–本周期计划接收量＋安全库存。

3）计算各时段的预计可用库存和计划产出量

第 $K+1$ 时段的预计可用库存＝第 K 时段预计可用库存＋第 $K+1$ 时段主生产计划接收量－第 $K+1$ 时段的总需求量（$K=0$，1，…）。第 0 时段预计可用量＝期初可用量。

根据毛需求量和事先确定好的批量规则，以及安全库存量和期初预计可用库存量，自动计算各时段的计划产出量和预计可用库存量。

各时段计划产出量＝期初预计可用库存量＋生产需求量－安全库存量。

4）计算各时段的计划投入量

根据提前期、事先确定好的批量规则和物料的产出率（或损耗率），计算出各时段的计划投入量。这里批量规则包括直接批量法、固定批量法、固定周期批量法和最大零件收益周期法。

根据实验步骤 1）～4），结合 9.2.3 节的编制实例，得到产品 X 的主生产计划表，如表 9-2 所示。这里计划投入量按照固定生产批量的倍数来安排。

表 9-2 产品 X 的主生产计划表

类别	时段									
	1	2	3	4	5	6	7	8	9	10
预测量	30	30	30	30	30	30	30	30	30	30
订单量	0	52	10	10	50	90	35	70	22	10
毛需求	0	52	10	30	50	90	35	70	30	30
计划接收量	15									
预计可用库存	50＋15 ＝65	65－52 ＝13	13－10＝3	－27 54＋3 －30＝27	－23 36＋27 －50＝13	－77 90＋13 －90＝13	－22 36＋13 －35＝14	－56 72＋14 －70＝16	－4 18＋26 －30＝14	－16 36＋14 －30＝20
净需求量	0	0	0	27＋10 ＝37	23＋10 ＝33	77＋10 ＝87	22＋10 ＝32	56＋10 ＝66	4＋10 ＝14	16＋10 ＝26
计划产出量	0	0	0	37 60×90% ＝54	33 40×90% ＝36	87 100×90% ＝90	32 40×90% ＝36	66 80×90% ＝72	14 20×90% ＝18	26 40×90% ＝36
计划投入量	0	0	37/90% ≈42 60	33/90% ≈37 40	87/90% ≈97 100	32/90% ≈36 40	66/90% ≈73 80	14/90% ≈16 20	26/90% ≈29 40	

5）计算产品物料需求计划

根据表 9-2 得到的主生产计划，计算产品 X 的物料需求计划，这里仅涉及组件 A、零件 C 和原料 E，如图 9-4 所示。

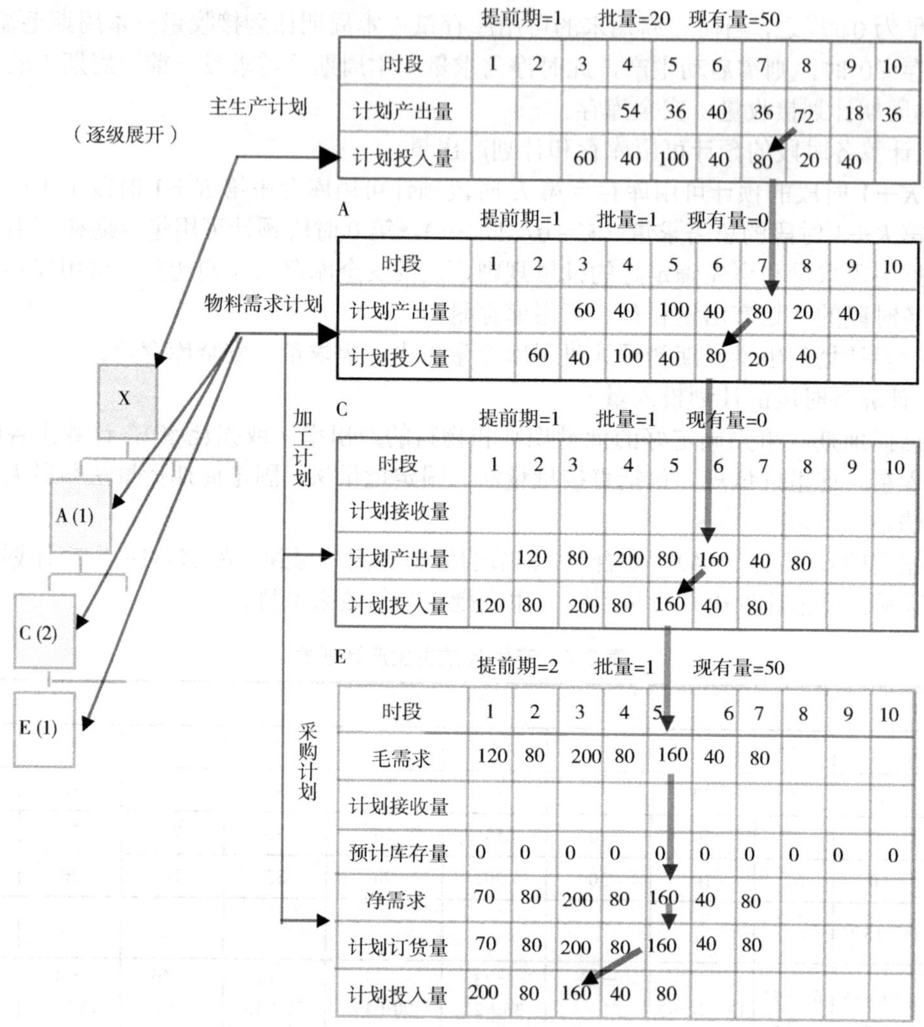

图 9-4 产品 X 的物料需求计划计算

9.2.5 实验思考与报告

1. 实验思考

（1）在主生产计划中如何确定需求时区、计划时区和预测时区的毛需求量？

（2）主生产计划的净需求量主要受哪些因素的影响？

（3）主生产计划、物料需求计划的计划投入量与批量规则有很大关系，如何选择合适的批量规则？

2. 实验报告

（1）某企业生产一种产品 Y。产品 Y 的生产批量为 80，提前期为 1 周，需求时界为 1 周，计划时界为 3 周，当前可用库存为 45，第 1 周的计划接收量为 0，产出率为 1，安全库存为 8，已知所接受的订单和销售预测情况如表 9-3 所示。请编制 Y 产品的主生产计划。

表 9-3　产品 Y 的订单和销售预测情况

类别	时段							
	1	2	3	4	5	6	7	8
预测量	20	20	20	20	40	40	40	40
订单量	23	15	8	4	0	0	0	0

（2）某企业生产 A、B 两种产品，其产品结构树、加工或采购提前期如图 9-5 所示，主生产计划如表 9-4～表 9-5 所示。且知物料 C 现有库存为 150，按直接批量进行采购。请编制该企业生产 A、B 两种产品的物料需求计划。

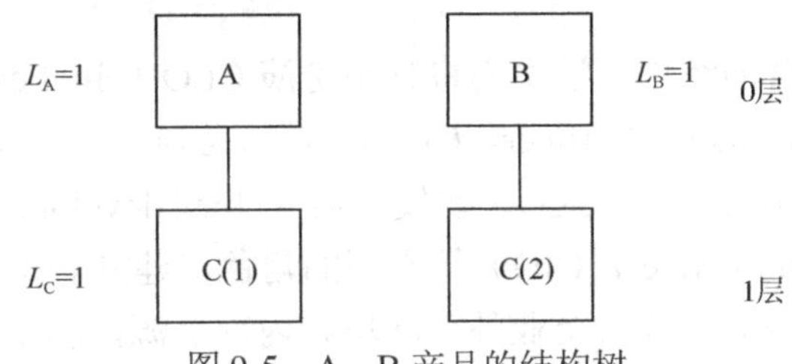

图 9-5　A、B 产品的结构树

表 9-4　A 产品的主生产计划

时段	1	2	3	4	5
计划产出量	0	0	100	100	100
计划投入量	0	100	100	100	0

表 9-5　B 产品的主生产计划

时段	1	2	3	4	5
计划产出量	0	40	0	40	0
计划投入量	40	0	40	0	0

根据（1）、（2）要求，按规范格式及时撰写并提交实验报告。

9.3　ERP 沙盘企业运营模拟演练实验

9.3.1　实验目的与要求

通过沙盘模拟演练，使学生能对典型制造型企业的经营管理形成一个完整的认识，具体将涉及企业战略、产品研发、市场营销、运营管理、生产能力规划、物料需求计划、资产投资规划、财务经济指标分析、团队协作与建设等多个方面。通过演练，可以直观、形象地展现企业的经营管理。为了使沙盘模拟演练能有序推进，使各企业运转良好，对学生的要求包括以下几点。

（1）学生应当对典型制造型企业的基本状态、构成单元、业务流程、角色分类形成形象清晰的认知。

（2）学生应以系统观念审视企业构成单元之间的相互作用，以及业务流程各环节之间的链接情况。

（3）学生应当了解市场竞争、客户需求、金融组织等环境因素对企业经营的显著影响。

（4）每个学应当在演练中扮演一个角色，认真履行其角色职责，并与小组成员合作完成实验。

9.3.2　实验原理与内容

1. 实验原理

在沙盘模拟企业经营演练中，学生们将分别扮演 CEO（chief executive officer，首席执行官）、财务总监（chief financial officer，CFO）、销售总监（chief sales officer，CSO）、生产总监（chief operating officer，COO）、研发总监（chief development officer，CDO）、信息总监（chief information officer，CIO）等不同的角色，建立若干个模拟公司。以相同起点分别管理一家高科技企业，分析企业外部环境和内部资源，制定企业的整体战略，在生产、营销、财务、研发等方面做出决策，在客户、市场份额、技术创新、利润等方面展开竞争。每个公司在模拟演练过程需完成以下主要任务。

（1）企业的发展战略。发展战略是企业保持成功及不断成长的重要保障，战略制定是每个学生面临的重大挑战，需要学生正确分析市场环境变化、企业经营目标，正确进行企业发展决策，涉及市场开发、产品研发、质量体系认证、企业投资等。

（2）市场营销。需要对市场进行调查、预测，分析竞争对手，确定营销组合、产品策略、市场策略，负责产品订单和销售资金的回笼。

（3）生产运营管理。生产运营管理具体涉及确定生产线的投资决策、产品生产能力的预测与规划、生产计划安排、生产过程管理。

（4）采购与库存管理。预测并确定生产必需的物料需求计划，原材料采购数量、采购周期，采购成本计划的制订，库存管理。

（5）成本核算与财务管理。预测并确定企业生产所需资金计划的预算、决算，确定企业的融资方案及管理，企业成本核算管理及财务经济指标分析。

2. 实验内容

（1）在指导教师带领下进行起始年的经营模拟。

（2）各模拟企业开始接管未来 3～7 年的企业经营。

9.3.3　实验环境与准备

沙盘模拟企业经营演练所需要的教具如下。

（1）“金蝶企业经营实战演习”盘面 6 张。

（2）生产线：包括手工线（36 条）、半自动（36 条）、全自动（30 条）、柔性线（24 条）。

（3）产品标签：Bery、Crystal、Ruby、Saphire 各 30 张。

（4）销售订单：包括产品订单以及备用订单。

（5）筹码：灰色 1000 个；红色 150 个，黄色 150 个，绿色 500 个。其中：灰色币值 100 万元、红色币值 1000 万元，用于表示贷款、应收款和现金；黄色表示采购订单，也用于表示应付款，币值 100 万元，绿色表示原材料，贴上标签之后可以区分 M1、M2、M3、M4 这 4 种原材料。

（6）绿色筹码上贴标志：M1 120 个，M2 120 个，M3 160 个，M4 100 个。

（7）投影仪、麦克风、白板、胶带纸、0 号白纸 6 张、白板笔。

（8）6 张桌子，每张长＞1 m，宽＞80 cm；36 张椅子。

（9）教学资料：沙盘模拟企业基本情况、沙盘模拟广告投入及上年度销售收入合计表、沙盘模拟学员自主经营每年需填写的相关计划表资料，参见附录 3。

9.3.4　实验步骤与操作

1. ERP 沙盘模拟介绍

简单介绍企业经营管理理论与工具、ERP 知识、沙盘含义、ERP 沙盘模拟介绍说明、ERP 沙盘模拟的优点及其局限性。重点让学生知道，通过 EPR 沙盘模拟演练，学生有机会参与到表 9-6 所示的相关经营管理活动中。ERP 沙盘模拟演练可以让学生把所学的专业知识和经验与实际存在的问题紧密联系起来，使复杂、抽象的企业经营管理理论与实际模拟操作紧密结合起来，让学生深刻体验到企业经营决策的理论和方法在企业经营成败中的关键作用，体会所学的管理知识具有解决实际问题的价值，从而激发学生的学习兴趣。同时，培养管理专业学生良好的逻辑思维能力和勇于创新的精神，全面提高学生的综合素质。

表 9-6　ERP 沙盘模拟涉及的主要经营管理环节

管理活动	具体内容
企业经营战略制定与调整	（1）评估内部资源与外部环境，制定企业的中长期发展战略； （2）预测市场趋势并调整既定战略
产品研发	（1）确定产品研发决策； （2）修改研发计划，必要时中断项目
生产排程	（1）选择获取生产能力的方式（购买或租赁厂房、生产线）； （2）设备更新与生产线改良； （3）全盘生产流程调度决策，匹配市场需求、交货期、数量及设备产能； （4）库存管理及产销配合

续表

管理活动	具体内容
市场营销	（1）市场开发决策； （2）新产品开发、产品组合与市场定位决策； （3）模拟在市场中短兵相接的竞标过程； （4）获取并分析市场信息，制定适合策略以获取竞争优势； （5）建立并维护市场地位，必要时做退出市场决策
财务会计与管理	（1）制订投资计划； （2）预测企业长期资金和短期资金的需求，寻求资金来源； （3）掌握资金来源与用途，妥善控制成本； （4）洞悉资金短缺前兆，以最佳方式筹措资金； （5）分析财务报表，掌握报表重点与数据含义； （6）运用财务指标进行内部诊断，协助 CEO 进行管理决策； （7）如何以有限的资金转亏为盈，并创造高额利润； （8）编制财务报表、结算投资报酬、评估决策效益
团队协作	（1）学习如何在立场不同的各部门之间进行沟通协调； （2）培养不同部门人员的共同价值观与经营理念； （3）建立以整体利益为导向的组织

2. 指导学生分组组建企业

任何一个企业在创建之初，都要建立与其企业类型相适应的组织结构。组织结构是保证企业正常运转的基本条件。在 ERP 沙盘模拟演练中，团队核心成员一般为 6 人，多则 8～10 人，主要包括 CEO、销售总监、生产总监、采购总监、财务总监、研发总监、信息总监，其主要职责如下。

1）CEO

在 ERP 企业经营沙盘模拟实训省略了股东会和董事会，企业所有重要决策均由 CEO 带领团队成员共同决定，如果大家意见相左，则由 CEO 拍板决定。做出有利于企业发展的战略决策是 CEO 最大的职责。CEO 还要负责控制企业按流程运营，同时，在实训中还要特别关注每个人是否能胜任其岗位，尤其是一些重要岗位，如财务总监、营销总监等，如不胜任要及时调整，以免影响整个企业的运营及竞赛。

2）销售总监

产品销售是企业生存和发展的关键。为此，销售总监应结合市场预测及客户需求制订销售计划，有选择地进行广告投放，取得与企业生产能力相匹配的客户订单，并同时与生产部门做好沟通，保证按时交货给客户，监督货款的回收，进行客户关系管理。同时，随着课程设计中全球市场的逐步开放，销售总监一方面要巩固企业现有市场，另一方面还要积极拓展新市场，争取更大的市场空间，才能实现销售的稳步增长。

当然，如果人手不够，销售总监还可以兼任市场信息情报员以收集、处理并分析市场信息，制定合理的销售及营销策略。同时，销售总监还承担监控竞争对手的责任，如对手正在开拓哪些市场？未涉足哪些市场？他们在销售上取得了多大的成功？他们拥有哪类生产线？生产能力如何？充分了解市场，明确竞争对手的动向有利于企业参与今后的竞争与合作。

3）生产总监

生产总监是生产部门的核心人物，对企业的一切生产活动进行管理，并对企业的一切生产活动及产品负最终的责任。生产总监既是生产计划的制订者和决策者，又是整个生产过程的监控者，对企业目标的实现负有重大责任。生产总监的工作是通过计划、组织、指挥和控制等手段实现企业资源的优化配置，创造最大的经济效益。因此，在“ERP 沙盘模拟实验”进行过程中，生产总监负责指挥生产运营过程的正常进行、生产设备的维护与设备变更处理、管理成品库等工作。

4）采购总监

采购是企业生产的首要环节。采购总监（chief procurement officer，CPO）负责编制原材料的采购供应计划，确保在合适的时间点，采购合适的品种及适当数量的原材料。使得所采购的原材料既不会因库存积压而占用过多的流动资金，又不会因发生库存短缺而出现“停工待料”的现象。在企业模拟经营过程中，如果采购总监依据正确的生产计划制订采购计划并科学合理地执行，则能够实现原料的“零库存”状态。

5）财务总监

在企业中，财务与会计的职能常常是分离的，它们有着不同的目标和工作内容。会计主要负责日常现金收支管理，定期核查企业的经营状况，核算企业的经营成果，制定预算及对成本数据的分类和分析。财务总监的职责主要是负责资金的筹集、管理，做好现金预算，管好、用好资金。如果说资金是企业的血液，则财务部门就是企业的心脏。财务总监要参与企业重大决策方案的讨论，如设备投资、产品研发、市场开拓、ISO 资格认证、购置厂房等。公司进出的任何一笔资金，都要经过财务部门。当然，在学生较少时，可以将上述两大职能归并到财务总监身上，统一负责对企业的资金进行预测、筹集、调度与监控。其主要任务是管好现金流，进行现金预算和资金筹划，按需求支付各项费用、核算成本，做好财务分析；进行现金预算、采用经济有效的方式筹集资金，能够在合理的时间内进行长贷、短贷、高利贷、应收账款贴现或向同行拆借资金，将资金成本控制在较低水平，管好、用好资金。

6）研发总监

研发是企业创新的原动力，研发总监对于企业的重要性不言而喻。一个好的研发总监不仅要自身具有很强的技术创新能力，同时也要有很强的研发体系建设和团队管理的能力，要对企业所在行业有深入的理解，对行业技术发展趋势具有准确的判断力，能够带领和激励自己的研发团队研发出具有市场竞争力及可为企业带来高额利润的新产品与服务，实现公司的研发目标。同时，研发总监需要根据公司发展战略，拟订公司中期研发计划，把握研发方向，确定公司产品框架及开发实施计划；控制产品开发进度，调整计划；指导并监督研发部门执行公司研发战略和年度研发计划；等等。在本沙盘模拟演练中，研发总监还承担市场开拓、产品 ISO 9000 和 ISO 14000 的认证等职责。

7）信息总监

信息总监是企业的高管之一，通常负责对企业内部信息系统和信息资源规划与整合。其主要工作职责包括：负责建设机构综合管理信息系统，实现科学管理和集中控制；负责重点推进主营业务信息系统建设与应用，支撑主业发展；负责推进电子商务应用，增强市场竞争能力；负责完善信息基础设施和基础应用，提升信息化服务水平；负责提高信息安全水平，保障信息系统稳定运行；负责信息化技术标准和管理规范建设，保障信息集成共享和管理科学高效。在本沙盘模拟中，信息总监主要负责税金、贴现、利息、折旧、租金、转产费、广告费、研发费以及行政管理费用等费用计提工作。

除此之外，当参与演练的学生较多时，可适当增加财务总监助理、CEO 助理、销售总监助理、生产总监助理等辅助角色，特别是财务总监助理很值得设置，因为整个演练过程的相关财务报表编制是最耗时的。但是，为使这些辅助角色不被边缘化，应尽可能明确其所承担的职责和具体任务。在实际操作过程中，学生可根据自己所在小组企业的实际情况进行角色互换，从而体验角色转换后考虑问题出发点的相应变化。

3. 介绍 ERP 沙盘盘面

ERP 沙盘模拟教学以一套沙盘教具为载体。沙盘教具主要包括 6 张沙盘盘面，代表 6 个相互竞争的模拟企业。模拟沙盘按照制造企业的职能部门划分成六大职能中心，包括销售中心、生产中心、采购中心、财务中心、研发中心和信息中心，各职能中心分别由营销总监、生产总监、采购总监、财务总监、研发总监和信息总监负责。各职能中心涵盖了企业运营的所有关键环节，以战略规划、资金筹集、市场营销、产品研发、生产组织、物资采购、设备投资与改造、财务核算与管理等环节为设计主线，将企业运营所处的内外环境抽象为一系列的规则，由学生组成 6 个相互竞争的模拟企业，模拟企业 3～7 年的经营，通过学生参与→沙盘载体→模拟经营→对抗演练→讲师评析→学生感悟等一系列的实验环节，融合理论与实践一体、集角色扮演与岗位体验于一身的设计思想，使学生在分析市场、制定战略、营销策划、组织生产、财务管理等一系列活动中，参悟科学的管理规律，培养团队精神，全面提升管理能力。同时也对企业资源的管理过程有一个实际的体验。目前我国有几家公司开发出了不同的沙盘工具，其沙盘图布局各有不同，图 9-6 显示是金蝶公司开发沙盘工具所用的沙盘盘面，各中心的布局如下。

1）销售中心

（1）成品库 4 个：分别用来存放 Bery、Crystal、Ruby、Saphire 产品。

（2）产品订单：代表企业通过广告投放、竞标获得的采购合同，用放在产品订单处的订单来表示。

2）生产中心

（1）厂房 3 种：沙盘盘面上设计了大厂房 A、中厂房 B 和小厂房 C，大厂房可以建 4 条生产线，中厂房可以建 3 条生产线，小厂房可以建 1 条生产线。已购置的厂房由厂房左上角摆放的价值表示。

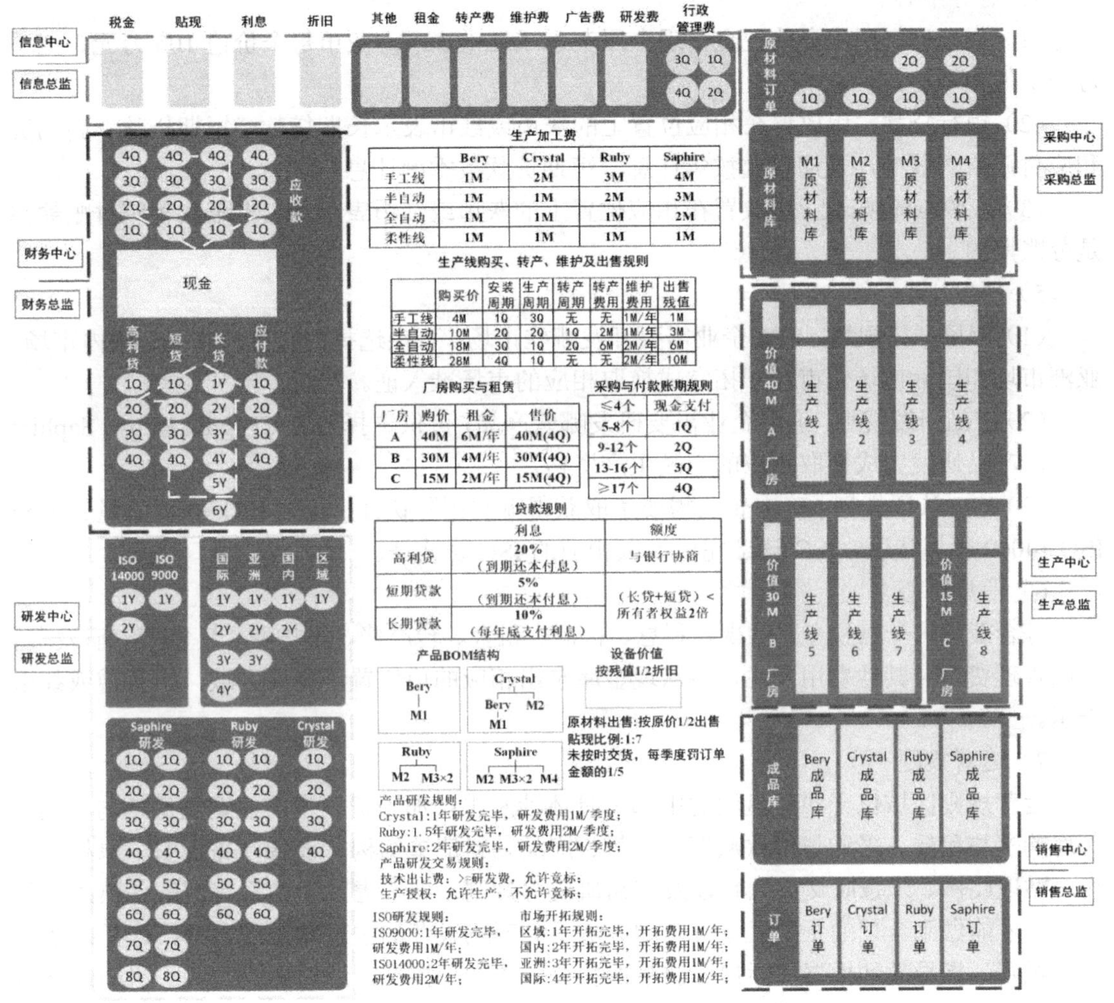

图 9-6 金蝶公司的 ERP 沙盘盘面

注：图中的金额 M 单位为百万元

（2）生产线 4 类：共有手工、半自动、全自动、柔性生产线，不同生产线生产效率及灵活性不同。手工和柔性生产线灵活性较大，不需要转产可直接生产其他产品。生产线标识表示企业已购置的设备，设备净值在“生产线净值”处显示。

（3）产品 4 个：包括 Bery、Crystal、Ruby、Saphire 4 种产品。拥有该产品标识表示目前企业拥有该产品的生产资格，可生产该产品。

3）采购中心

（1）原材料订单：代表与供应商签订的订货合同，用放在原料订单处特定季度的订单表示。注意：原料采购需要一个提前期，其中 M1、M2 原料的采购提前期为 1 个季度（以下简记为 1Q，Q 表示季度）；M3、M4 原料的采购提前期为 2Q。

（2）原材料库 4 个：分别用于存放 M1、M2、M3、M4 原料，每个价值 100 万元。

4）财务中心

（1）现金库：用来存放现金，现金用灰币或红币表示，灰币每个价值 100 万元、红币每个价值 1000 万元。

（2）银行贷款：用放置在相应位置上的灰币或红币表示长期贷款、短期贷款、高利贷和应付账款。其中，长期贷款按年计息，短期贷款按季度计息。

（3）应收/应付账款：用放置在相应位置上的灰币或红币表示。应收账款和应付账款都是分账期的。

5）研发中心

（1）市场开拓规划：确定企业需要开发哪些市场，可供选择的有区域市场、国内市场、亚洲市场和国际市场。市场开拓完成换取相应的市场准入证。

（2）产品研发规划：确定企业需要研发哪些产品，可供选择的有 Crystal、Ruby、Saphire 产品。产品研发完成换取相应的产品生产资格。

（3）ISO 认证规划：确定企业需要争取获得哪些国际认证，包括 ISO 9000 质量认证和 ISO 14000 环境认证。ISO 认证完成换取相应的 ISO 资格证。

6）信息中心

综合费用：一旦税金、贴现、利息、折旧、租金、转产费、维护费、广告费、研发费、行政管理费用及其他费用发生，将从现金库拿出相应的币值置于相应区域，用灰币或红币表示。

7）运营规则

运营规则区域位于沙盘盘面的中部，具体涉及生产加工费、生产线调整周期与费用、厂房购买与租赁、采购与付款账期、贷款、产品物料清单结构、设备计提折旧、原材料出售、贴现比例、未按时交货处罚以及产品研发等规则。但考虑到学生只有理解并熟悉这些规则，才能做到合理的正常经营。否则，除了会影响经营的进度和进展之外，严重时还会违规经营，指导教师根据实际情况会采取扣分、罚金等措施，近而影响到各小组的最终成绩。因此，有必要对沙盘模拟的运营规则做一个详尽而又深入的分析。

4. 介绍运营规则

1）市场其他参与主体设立规则

为了保证 ERP 沙盘模拟演练的公平、顺利，除了企业自身以外，还涉及其他市场参与主体，具体包括以下几方面。

（1）企业运营监督：负责监控各企业的生产运营流程。

（2）银行信贷管理：负责审核各企业的贷款资格，为各企业发放贷款，监督贷款收回。

（3）原料供应商：与各企业签订供货合同，组织货源，按合同供货并收取货款。

（4）客户：对企业交付的货物进行验收，按合同约定付款。

（5）资格认定管理员兼设备供应商：负责企业市场准入、产品研发、ISO 认证等资格的审定，发放相应资格证书。各企业为扩大生产需购置的设备，由设备供应商提供。

但是，在实际的 ERP 沙盘模拟过程中，由于缺乏人手，一般都是由 1～2 名指导教师担任企业运营监督、银行信贷管理、原料供应商、客户、资格认定管理员、设备供应商等角色，经营过程的规则主要靠学生自觉遵守、其他学生检举揭发等方式来保障。当然，若人员充足，则最好按照上述要求设立其他市场主体以保证经营模拟的公平性。

除此之外，各模拟企业在实际的 ERP 沙盘模拟演练中，企业运营流程须按照学员手册的流程严格执行。CEO 按照任务清单中指示的顺序发布执行指令。每项任务完成后，CEO 须在任务后对应的方格中打钩，并由财务总监在任务后对应的方格内填写现金收支情况。

各企业监督员将对企业运行进度予以同步记录。所有操作必须严格按步骤顺序执行，所有对完成后的任务进行修改或颠倒顺序执行的操作均视为违规行为，监督员有权取消任何违规操作。在运行过程中，只有表 9-7 所示的操作可以随时进行。

表 9-7　运营中可随时进行的任务

任务名称	操作
贴现	（1）中断正常操作任务； （2）企业在“应收账款登记表”中登记相关项目，交监督员审查； （3）执行贴现操作
高利贷	（1）中断当前操作任务； （2）贷款金额和指导教师协商
卖厂房	（1）中断当前操作任务； （2）所卖金额计入“应收账款登记表”中，计入 4Q 应收账款

2）市场开拓与准入规则

企业目前在本地市场经营，新市场包括区域、国内、亚洲、国际市场，各公司可根据自身实际情况选择相应市场进行开发。需要注意的是，不同市场投入的费用及时间不同，只有市场投入全部完成后方可接单。市场开拓与准入规则如表 9-8 所示。

表 9-8　市场开拓与准入规则

市场	开发费用/百万元	开发规则/（百万元/年）	开发时间/年	操作说明
本地	无		无	直接获得准入证
区域	1	1	≥1	（1）将投资放在准入证的位置处； （2）当完成全部投资时，指导教师处换取相应的市场准入证
国内	2	1	≥2	
亚洲	3	1	≥3	
国际	4	1	≥4	

（1）区域、国内、亚洲和国际市场可同时开发。

（2）每个市场开发每年最多投入 100 万元，不允许超前投资。

（3）若出现资金短缺或其他原因，市场开发可随时中断或停止，开发时间顺延。

（4）市场开发完毕后（领取市场准入证，只有拿到准入证才能在下一年度年初竞单中投放广告），所有已进入的市场，每年最少需投入 100 万元维持，即使某年不准备在该市场进行广告投放，那么也必须投入 100 万元的资金维持当地办事处的正常运转，否则视为自动放弃该市场，再次进入该市场时需要重新开发。

注意事项：

（1）市场开拓无论是否持续进行，已有投资不得收回。

（2）本地市场不允许放弃，即每年本地市场必须投入 100 万元广告。

（3）已开拓进入的市场可销售所有生产的产品。

3）产品研发规则

要想生产某种产品，先要获得该产品的生产许可证。而要获得生产许可证，则必须经过产品研发。Bery 产品是各公司目前拥有的，已经有生产许可证，可以在本地市场进行销售。其他产品如 Crystal、Ruby、Saphire 都需要研发至少 4 个季度，才能获得生产许可。产品研发需要分期投入研发费用，具体研发时间及费用如表 9-9 所示。

表 9-9 产品研发时间及费用

产品	Crystal	Ruby	Saphire
研发时间/季度	4	6	8
研发投资/百万元	4	12	16
每期投资/百万元	1	2	2
操作说明	每季度按照投资额将现金放在特定季度的生产资格上； 当投资完成后，带所有投资的现金，到指导教师处换取生产许可证； 只有获得生产许可证后才能开工生产该产品		

（1）Crystal、Ruby、Saphire 产品可同步研发。

（2）产品开发研发周期平均支付研发投资，每季度进行一次，不允许超前或集中投入；如开发 Ruby 产品需要 6 个季度，研发投资 1200 万元；研发时只能每季度投入 200 万元，累计投入 1200 万元时，方可获得 Ruby 生产资格。

（3）因资金或其他原因，产品开发可随时中断或停止，则研发时间顺延。

（4）产品研发完成之后，领取产品生产资格证，下一季度方可投入上线生产。例如，Ruby 产品从第 1 年第 1 季度开始研发，第 2 年的第 2 季度研发完毕，则在第 2 年的第 3 季度方可投入生产。

（5）开发的产品，各模拟公司间不能相互转让。

注意事项：

（1）若模拟企业决定停止研发某一产品，该产品已有前期研发投资不能收回。

（2）研发完成的产品可在全部已开拓进入的市场进行销售。

（3）正在研发的产品可依据实际情况（如生产线本年能生产出该产品）在本年初提前投放广告。

4）ISO 9000 和 ISO 14000 开发规则

ISO 认证包括 ISO 9000 和 ISO 14000 的认证，随着客户日益重视产品的质量和环境保护，ISO 认证在市场营销中的地位日益重要，其开发时间及费用如表 9-10 所示。

表 9-10 ISO 认证开发时间及费用

ISO 认证体系	ISO 9000 质量认证	ISO I4000 环境质量认证
开发时间/年	≥1	≥2
认证费用/百万元	1	4
年投资额/百万元	1	2
操作说明	（1）按年投资额将投资放在 ISO 证书位置； （2）投资完成后，带所有投资到指导教师处换 ISO 资格证； （3）按只有获得 ISO 资格证后才有资格获取具有 ISO 要求的特殊订单	

（1）两项 ISO 认证可同时进行。

（2）认证投资分期投入，每年一次，每次 100 万元，但不允许集中或超前投资。

（3）因资金短缺，两项 ISO 认证可以中断或停止，开发周期顺延。

（4）只有开发完成拿到认证资格证后，才能在下一年度初的市场竞单中投入广告费，只有投入 100 万元的广告费，才有资格获取具有 ISO 要求的特殊订单。

注意事项：

（1）若 ISO 资格认证不再持续进行，已有投资不能收回。

（2）若某市场广告费投入 100 万元，则对该市场的所有产品有效。

（3）研发投资与认证投资计入当年综合费用。

5）厂房买卖规则

企业当前拥有自主厂房——A 大厂房，价值 4000 万元。另有 B 中厂房、C 小厂房可供选择使用，有关各厂房购买、租赁与出售的相关规则如表 9-11 所示。

表 9-11 厂房购买、租赁与出售的相关规则

厂房	买价/百万元	租金/（百万元/年）	售价/百万元	生产线容量
A 大厂房	40	6	40	4
B 中厂房	30	4	30	3
C 小厂房	15	2	15	1

（1）年底决定是否购买厂房，购买时将等值的现金放置在厂房价值处，厂房不提折旧。

（2）年底时，如果厂房中有一条生产线，则无论状态如何，都算占用。如果占用的厂房没有购买，则必须付租金。

注意事项：

（1）对于已经购买的厂房可随时按原值出售，出售厂房的款项计入 4Q 的应收账款。

（2）厂房不计提折旧。

6）生产线购买、转产、维护及出售规则

企业目前有 3 条手工生产线和 1 条半自动生产线，另外可供选择的生产线还有全自动生产线和柔性生产线。生产线初始购置安装完毕后，生产何种产品并没有限制。不同生产

线的主要区别在于生产效率和灵活性，生产效率是指单位时间生产产品的数量，灵活性是指转产生产其他产品时设备调整的难易性。不同类型的生产线投资、转产维护及出售规则如表 9-12 所示。

表 9-12　生产线投资、转产维护及出售规则

生产线	购买价/百万元	安装周期/季度	生产周期/季度	转产周期/季度	转产费用/季度百万元	维护费用/（百万元/年）	出售残值/百万元
手工线	4	1	3	无	无	1	1
半自动	10	2	2	1	2	1	3
全自动	18	3	1	2	6	2	6
柔性线	28	4	1	无	无	2	10

图 9-7 的每条生产线中，一个格子代表一个加工周期（1 个季度），生产线上只能有一个在制品，无论何种类型的生产线，产品上线时都需支付 100 万元加工费。

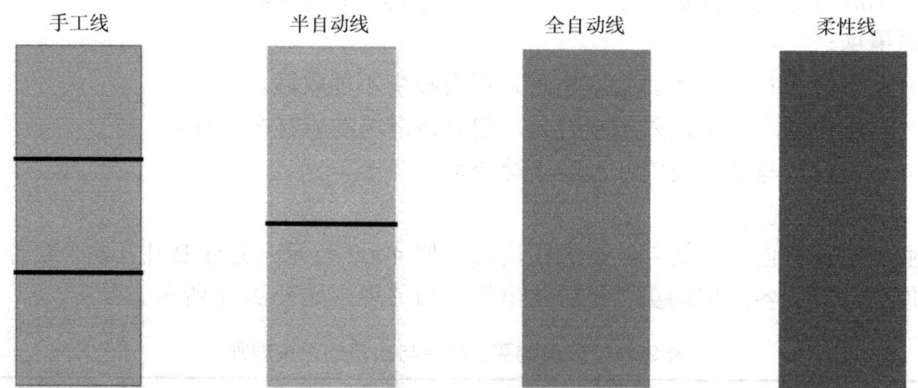

图 9-7　金碟 ERP 沙盘的 4 种生产线

（1）购买新生产线。

①生产线只能购买，不能公司间转让。

②购买生产线必须按照安装周期分期支付，只有实现支付，才能计算安装期。

③购买生产线支付不一定需要持续，可以在支付过程中停顿，安装期顺延。

④只有当投资全部完成后，才算安装完成。也就是说，一条生产线待最后一期投资到位后，必须到下一季度才算安装完成，允许投入使用，且生产线一经安装不允许移动位置。

⑤生产线全部投资到位后的下一周期可以领取产品标识，开始生产。

注意事项：

①生产线投资完成后，将全部投资放置到“生产线净值”处，为“设备价值”。

②当年建成的生产线不计提折旧。

（2）生产线转产。

①生产线转产是指生产线转产生产其他产品。因此，转产时可能需要一定的转产周期或转产费用。

②有在制品的生产线不允许转产处理。仅当生产线空闲时，将其倒扣置于盘面生产线处，分期支付转产费用。

③手工线、柔性线灵活性大，不需要转产周期及费用，产品下线后可直接转产。

④半自动线、全自动生产线需要转产周期及转产费用，转产完毕的下一周期方可更换产品标识进行转产生产。

（3）生产线维护。

①为了保证生产线的正常运转，满足生产需求，生产线每年都需提取维修费以维护生产线。

②无论是否参加生产任务，模拟企业手工线、半自动生产线的维护费均为 100 万元/年，全自动线、柔性线的维护费均为 200 万元/年。

③当年在建的和当年出售的生产线均不用交维修费。

④当年在建的生产线，一旦建成，无论是否生产，都必须缴纳维修费。

⑤正在进行转产的生产线也需缴纳维修费。

（4）生产线折旧。

①当年投资在建或建成的生产线计入在建工程，不计提折旧。

②每年按生产线净值的 1/2（取整数）计提折旧，当设备价值小于 200 万元时，每年计提折旧 100 万元，直到提完为止。

③完成规定年份的折旧完毕后的生产线净值虽为 0，生产线可以继续使用，但不再计提折旧。

（5）出售生产线。

①有在制品的生产线不允许出售。

②生产线卖出时，只能按残值出售，实际价值继续参加折旧，直到折完为止。

③当年已售出的生产线不再计提折旧和支付维修费。

注意事项：

② 如果生产线净值小于等于残值，则将生产线净值直接转到现金库中。

②如果生产线净值大于残值，则从生产线净值中取出等同于残值的部分转化为现金，将差额部分作为费用处理，置于综合费用"其他"处。如有 1 条半自动生产线净值为 400 万元，残值为 300 万元，模拟企业将其出售时，300 万元放入现金库，另外 100 万元放置于综合费用"其他"处。

7）产品生产规则

产品研发完成后，模拟企业可开始接单生产。生产时，严格按照产品结构（或物料清单）要求将相应品种和数量的原料放在生产线上并支付加工费，各条生产线生产产品的加工费均为 100 万元。有关产品系列生产所需要的原材料、加工费及直接成本如表 9-13 所示。

表 9-13　产品系列生产所需要的原材料、加工费及直接成本　　单位：百万元

产品	原材料	原料价值	加工费（手工/半自动/全自动/柔性）	直接成本
Bery	M1	1	1	2
Crystal	M1＋M2	2	1	3
Ruby	M2＋2M3	3	1	4
Saphire	M2＋2M3＋M4	4	1	5

（1）原材料在生产线上无产品时才能上线生产，一条生产线同一时间只能生产一个产品。

（2）生产线只能按标识的产品生产，即生产线上生产的产品应与“标识”处标明的产品一致。

注意事项：

（1）各线不能同时生产两个产品。

（2）上线生产产品必须有原料，否则只能“停工待料”。

（3）每个产品都包含原料和加工费。

8）原材料采购规则

采购原材料需经过下原料订单和采购入库两个步骤，这两个步骤之间的时间差称为采购提前期，各种原材料采购提前期如表 9-14 所示。

表 9-14　各种原材料采购提前期

原材料	采购提前期/季度
M1	1
M2	1
M3	2
M4	2

用纸板代表任意原材料订单（注意原材料类型、数量），将其放在相应的订单位置上。根据上季度所下采购订单接受相应的原料入库，并按规定付款或计入应付账款。但需要注意以下规则。

（1）没有下订单的原材料不能入库。

（2）原材料订单不得违约反悔，所有下订单的原材料到期必须入库。

（3）下原材料订单时不需要付款，原材料抵达入库时应按规定支付现金或计入应付账款。

注意事项：

（1）M1、M2 采购必须提前一个季度订货。

（2）M3、M4 采购必须提前两个季度订货。

9）融资规则

在 ERP 沙盘模拟演练过程中，各模拟公司需要进行融资，融资规则如表 9-15 所示，

有长期贷款、短期贷款、高利贷以及应收账款贴现等，具体采取哪种方式，各公司根据自身实际经营状况综合考虑融资成本后进行选择。

表 9-15 融资规则

融资方式	规定贷款时间	最高额度	财务费用	还款方式
长期贷款	每年末	上年所有者权益×2－已有长期贷款＋一年内到期的长期贷款	年息 10%	年底付息，到期还本
短期贷款	每季初	上年所有者权益×2－已有短期贷款－一年内到期的长期贷款	年息 10%	到期一次还本付息
高利贷	任何时间	与银行协商	年息 20%	到期一次还本付息
应收账款贴现	任何时间	应收账款额度的 7/8 取整	贴现金额的 1/8	变现时贴息
操作说明	（1）长期贷款每年必须归还利息，到期还本，本利双清后，如果还有额度，才允许重新申请贷款。如果有贷款需要归还，同时还拥有贷款额度，必须先归还到期的贷款，才能申请新贷款。不能以新贷还旧贷，短期贷款也按本规定执行； （2）高利贷的额度为 2000 万元，即各公司的盘面上最多只能有 2000 万元的高利贷。注：凡借入高利贷的企业均按 3 分/次扣减总分； （3）借入各类贷款时，财务总监填写“贷款记录表”，须记录上年权益、已贷款额度、需贷款额度，经指导教师审核后方可执行			

（1）长期贷款额度：各自为上年权益总计的 2 倍，必须为 20 的倍数申请；如果上年权益为 1100 万～1900 万元，只能按 1000 万元来计算贷款数量，即贷款额度为 2000 万元。低于 1000 万元的将不能获得贷款。

（2）贷款期限：长期贷款最多可贷 6 年，短期贷款和高利贷为 4Q 即 1 年，不足 1 年的按 1 年计息。

（3）利息及还款：长期贷款每年支付利息，到期还本；短期贷款到期时还本并支付利息。

（4）应收账款贴现：按 1∶7 提取贴现费用，即从任意账期的应收账款中取 800 万元，700 万元变为现金，100 万元支付贴现费用（只能贴 8 的倍数），只要有应收账款，可以随时贴现。

（5）高利贷：年息 20%，以 2000 万元为单位放贷，最长期限为 4Q，到期还本付息。

注意事项：

（1）贴现时，不论应收账款期限长短，贴现费用比例均一样。

（2）短贷、高利贷贷款期限不足 1 年的，按 1 年计息。

10）综合费用与折旧、税金规则

（1）综合费用。

①行政管理费、广告费、市场开拓、产品研发、ISO 认证、生产线转产、设备维修、

厂房租金等计入综合费用。

②行政管理费，每季度支付 100 万元。

③广告费为每年拿订单时的广告投入。

（2）折旧。

①采用余额递减折旧方法，每次按资产设备价值的 1/2 取整折旧，少于 200 万元时，每次折旧数额为 100 万元，直到提完为止。

②当年已售出的资产设备不计提折旧。

③当年在建或新建成的生产线不提折旧。

④厂房不提折旧。

注意事项：

①每年折旧时，财务总监从设备净值（或生产线净值）中取出折旧费放置在沙盘综合费用“折旧”处。

②折旧时不涉及现金支出。

（3）税金。

①为简化学生操作，模拟经营中各公司只考虑企业所得税，其他税金暂不考虑。

②每年企业所得税计入应付税金，税额为本年净利润的 1/3（取整数），在下一年初交纳。

③企业本年度发生的亏损，准予向以后年度结转，用以后年度的净利润弥补，但弥补年限最长不得超过 3 年，弥补后仍有盈余则按规定缴纳企业所得税。

注意：根据最新的《中华人民共和国企业所得税法》，企业所得税税率按 25%进行计算。在 ERP 沙盘模拟演练中教师可对所得税税率进行适当的调整。

11）广告投放与销售订单争取规则

销售预测和客户订单是各公司可以信任的客户需求数据，各公司可根据这些数据安排生产经营。企业投入广告费有两个作用：一是获得拿取订单的机会，二是判断选单顺序。

（1）广告费用与获得订单的机会。

①广告分市场、分产品投放。

②订单按市场和产品发放，如本地市场的 Bery、Crystal、Ruby、Saphire，区域市场的 Bery、Crystal、Ruby、Saphire 等次序发放。

③不是广告投放得越多公司拿的订单就越多，还要看市场的需求总量。

④公司每进行 100 万元广告投入，可能就获得一次拿单的机会；当一轮订单选取结束之后，如果接受订单的能力有剩余，要想另外获得拿单机会就需要多投入——200 万元/机会，每个机会可以拿 1 张订单，如 700 万元广告费表示可能有 4 次拿单的机会，最多可以拿 4 张订单。

注意事项：

无论模拟企业投入多少广告费，每轮只能选择 1 张订单，然后等待下一轮选单机会。

（2）广告费填写。

①将广告费填写在每个市场的相应产品栏中。

②要保持市场准入资格时，每个市场最少投放 100 万元广告。

③如果要获取有 ISO 要求的订单，首先要开发完成 ISO 认证，然后每次投入广告时要在 ISO 9000 和 ISO 14000 的位置上分别投放 100 万元的广告，或只选择 ISO 9000 或 ISO 14000，这样就有资格在该市场的任何产品中取得标有 ISO 9000 或 ISO 14000 的订单（前提是具有获得产品订单的机会），否则，无法获得有 ISO 规定的订单。

（3）选单排名顺序。

各公司按照排定的顺序来选择订单，选单顺序根据如下原则排定。

①第 1 年本地市场以第一次投入 Bery 产品广告费用的多少产生该产品的选单顺序，在以后各年中，新市场同样以产品广告费用的多少决定选单顺序。

②从第 2 年开始，上年该市场所有产品订单销售额（包括 Bery、Crystal、Ruby、Saphire 产品）排名第一且完成所有订单的公司，本年度在该市场的所有产品上可以优先选单（前提是在产品上投放了广告费）。

③如果该产品广告投入一样，按该市场全部产品的广告总投入量（包括 ISO 的投入）进行排名。

④如果市场广告总投入量一样，按上年的该市场排名顺序排名。

⑤如果上年排名相同，采用竞标方式选单，即把某一订单的销售价、账期去掉，按竞标公司所出的销售价和账期（按出价低、账期长的顺序）决定谁获得该订单。

注意事项：

①对于新进入的市场，第一轮选单时，按照该市场广告费用投入大小来决定选单顺序。

②第一轮选单结束后如还有剩余的订单，多投 200 万元的模拟企业则可参加第二轮选单，第二轮（和以后各轮）选单顺序也由上述选单排名顺序原则决定。

③发放订单或选单顺序依次为本地市场 →区域市场→国内市场→亚洲市场→国际市场。

④在同一市场内发放订单或选单顺序是按照 Bery→Crystal→Ruby→Saphire。

（4）销售排名及市场老大规则。

市场地位是针对每个市场而言的，企业的市场地位是根据上一年度各模拟公司该市场的销售额排列的，销售额最高的公司成为该市场的“市场领导者”，俗称“市场老大”。换句话说，本地、区域、国内、亚洲、国际市场都有一企业为市场老大。

① 每年竞单完成后，根据某个市场的总订单销售额排出销售排名。

②排名第一的为市场老大，如果无违约，下年只要投入 100 万元的广告投入，就可以在该市场第一个选单。

③其余的公司，仍按选单排名方式确定选单顺序。

注意事项：

①市场老大按市场分，而不是按产品分。

②第一年没有市场老大，刚开拓出的新市场也没有市场领导者。

（5）放弃原则。

①本地市场不允许放弃（每次最少在一个产品上投入 100 万元）。

②其他市场可以放弃（当年未投入 100 万元的市场维持费），但若要再次进入，必须再次开发（已开发的投入将被收回）。

（6）订单放单原则。

①按总需要量放单：如对某个产品总需要量为 6 张订单，市场有 7 张订单，则只放 6 张。

②按供应量放单：如果订单总数超过需求总数，拿出全部订单。

③如果只有独家需求，全部放单。

（7）选单流程。

①按选单顺序先选第一轮，每公司一轮只有一次机会，选择 1 张订单。

②第二轮按顺序再选，机会用完的公司则退出选单，如市场老大只投了 100 万元广告，第 2 轮选单，市场老大退出，由前两次机会最靠前的公司选单。

（8）订单种类。

①普通订单：1 年之内任何交货期均可交货。

②加急订单：第 1 季度必须交货。

③ISO 9000 或 ISO 14000：要求具有 ISO 9000 或 ISO 14000 资格，并且在市场广告上投放了 ISO 9000 或 ISO 14000 广告（100 万元）的公司，可以拿单。

（9）交货规则。

各模拟公司交货时，必须按照订单规定的数量整单交货。

（10）违约处罚规则。

所有订单必须在规定的期限内完成（按订单上的产品数量交货），即加急订单必须在第一季度交货，普通订单必须在本年度交货，等等；如果订单没有完成，按下列条款加以处罚。

①下一年市场地位下降一级：如果是市场第一有优先选单的资格，则该市场第一空缺，所有公司均无优先选单的资格。

②下一年必须先交上违约的订单后，才允许交下年的正常订单。

③如果未按时交货，每季度罚订单额 20%作为违约金，如订单总额为 2000 万元，原计划第 3 季度交货，后拖至第 4 季度交货，只能获得 1800 万元的货款，计入当年的销售收入。

④对于加急订单的违约，除下年市场地位下降一级外，违约订单必须在本年度其余 3 个规定的交货日中交货，且必须先交该加急订单后，才能交本年度其他订单（包括其他市场的订单）。交单时，按每季度罚订单额 20%（取整），实际收入计入当年的销售收入。

5. 带领学生进行起始年经营模拟

起始年经营模拟的主要目的是实现新管理团队的磨合，以及进一步熟悉并掌握运营规则，明晰企业的运营流程。起始年运行在指导教师的控制下进行，通过起始年的模拟运营，可使学员熟悉操作流程，为以后自己独立经营打下基础，使其成为真正的驾驭沙盘的行家。

1）设定 ERP 沙盘模拟企业初始状态

（1）现金、应收款与设备价值。

①现金：2400 万元。

②应收款（现金）：1400 万元，应收款筹码摆放位置及数量如图 9-8 所示。

4Q 3Q 2Q 1Q
2Q、3Q各7M元

图 9-8 应收款筹码摆放位置及数量

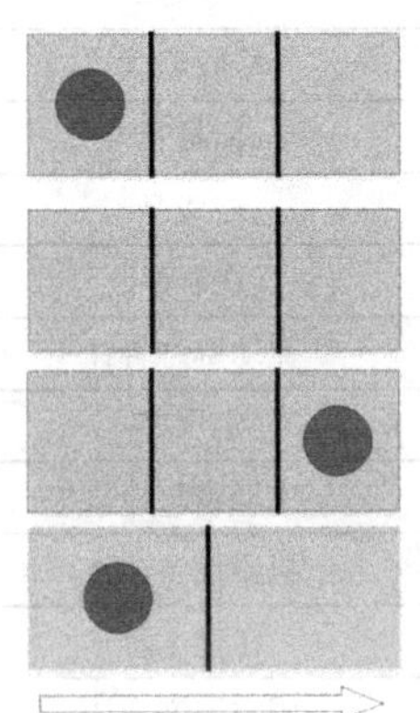

图 9-9 4 条生产线上在制品所处的状态

③在制品（筹码＋现金）：600 万元。

生产线 1（手工）、生产线 2（手工）、生产线 3（手工）、生产线 4（半自动）上在制品所处的状态如图 9-9 所示。

④成品：（筹码＋现金）Beryl：600 万元（筹码和现金各 3 个放在仓库）。

⑤原材料（筹码）：M1：200 万元（2 个）。

⑥原料订单（筹码）：2 个。

⑦拥有厂房 A（筹码），价值 4000 万元。

⑧机器和设备现有价值（现金）1200 万元，其中生产线 1（手工）200 万元、生产线 2（手工）400 万元、生产线 3（手工）100 万元、生产线 4（半自动）500 万元。

⑨短期贷款（筹码）：3Q、4Q 各 1300 万元，如图 9-10 所示。

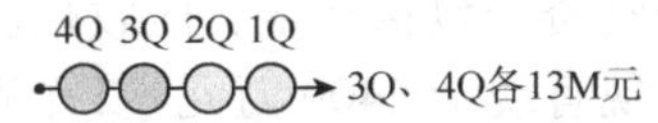

图 9-10 企业短期贷款的规模及到期情况

（2）起始年的财务状态。

学生将接手经营的模拟企业总资产为 1.04 亿元，其中流动资产 5200 万元，固定资产 5200 万元，负债 2900 万元，所有者权益 7500 万元。其损益表、资产负债表如表 9-16、表 9-17 所示。

表 9-16 损益表 单位：百万元

项目	去年
一、销售收入	40
减：成本	17
二、毛利	23
减：综合费用	8
折旧	4
财务净损益	1
三、营业利润	10
加：营业外净收益	0
四、利润总额	10
减：所得税	3
五、净利润	7

表 9-17　资产负债表　　单位：百万元

资产	年初数	负债及所有者权益	年初数
流动资产：		负债：	
现金	24	短期负债	26
应收账款	14	应付账款	0
原材料	2	应交税金	3
产成品	6	长期负债	0
在制品	6		
流动资产合计	52	负债合计	29
固定资产：		所有者权益：	
土地建筑净值	40	股东资本	64
机器设备净值	12	以前年度利润	4
在建工程	0	当年净利润	7
固定资产合计	52	所有者权益合计	75
资产总计	104	负债所有者权益合计	104

①流动资产 5200 万元。流动资产包括现金、应收账款、存货等，其中存货又分为在制品、产成品和原材料。该企业现有现金 2400 万元，2 个账期（2Q，Q 表示季度，下同）、3 个账期的应收账款各 700 万元，小计 1400 万元；在制品价值 600 万元，产成品价值 600 万元，原料价值 200 万元。

②固定资产 2900 万元。固定资产包括土地建筑净值、机器设备净值、在建工程等，其中土地建筑在此演练中专指厂房，机器设备指生产线，在建工程指未建设完工的生产线。

该企业现有一个价值 4000 万元的大厂房和价值 1200 万元的机器设备，包括 3 条手工生产线和 1 条半自动生产线，目前没有在建工程。

③负债 2900 万元。负债包括短期负债、长期负债和各项应付账款，其中短期负债主要指短期贷款、高利贷等，长期负债主要指长期贷款，各项应付款包括应付税金、应付账款等。

该企业现有短期贷款 2600 万元、应付税金 300 万元，目前没有长期负债等。

④所有者权益 7500 万元。所有者权益包括股东资本、以前年度利润、当年净利润等。股东资本是指股东的投资，以前年度利润是指历年积累下来的年度利润，而当年净利润是指当年度的净利润。

该企业股东资本为 6400 万元，以前年度利润 400 万元，当年净利润 700 万元。

2）起始年运作提示

根据起始年的初始状态设定，除了按照资产负债表上的价值分布定位后，还有 2 个 M1 原材料订单，2 个季度和 3 个季度到期各 700 万元的应收账款，3 个季度和 4 个季度到期各 1300 万元元的短期贷款。在起始年运行时，我们假设条件如下。

（1）年初支付 100 万元广告费。

（2）第 3 季度申请 2000 万元的长期贷款。

（3）不做任何投资（包括产品开发、ISO 认证、市场开发和生产线的投资等）。

（4）第 3 季度下 2 个 M1 的原材料订单，同时启动 2 个 Bery 产品的生产，其他季度不启动产品的生产，尽可能向零库存目标靠拢。

3）起始年模拟运营工作及流程

在正式模拟起始年经营之前，由教师下达具体的企业运营决策，所有模拟公司都按相同的决策执行操作，如只生产 Bery、不做其他项目的开发和更新、广告费的投入，长期贷款的时间和规模确定、采购原材料种类及数量、启动 Bery 产品的生产等。所有公司的初始状态一致，运行后的最终状态相同，具体运营工作及操作流程如下。

（1）模拟企业年初的 3 项工作。

①支付应付税。根据上一年结出的应付税金，取 3 个灰色筹码放到沙盘中的“税金”处，由 CEO 起始年任务清单表 9-18 对应格内填入“√3”，由财务总监在起始年现金流量表 9-19 中记录（下有类似情况，操作相同）。

表 9-18　起始年任务清单

每年初：				
（1）支付应付税（根据上年度结果）	√3			
（2）支付广告费	√			
（3）登记销售订单	√			
每个季度：	1 季度	2 季度	3 季度	4 季度
（1）申请短期贷款/更新短期贷款/短款还本付息	√	√	√20，14	√14
（2）更新应付款/归还应付款				
（3）更新原料订单/原材料入库	√2			
（4）下原料订单			√4	
（5）更新生产/完工入库	√	√		
（6）投资新生产线/生产线转产/变卖生产线				
（7）开始下一批生产	√	√	√	√
（8）产品研发投资				
（9）更新应收款/应收款收现	√	√7	√7	
（10）按订单交货				√36
（11）支付行政管理费用	√1	√1	√1	√1
每年末：				
（1）申请长期贷款/更新长期贷款/长贷支付利息				√20
（2）支付设备维修费				√4
（3）支付租金（或购买建筑）				
（4）计提折旧				√
（5）新市场开拓投资 /ISO 资格认证投资				
（6）关账				√

注：业务发生并完成操作时填入√，当业务有具体的量化标准，请填写相应的数字在空格内

表 9-19　起始年的现金流量表　　单位：百万元

项目	1 季度	2 季度	3 季度	4 季度
应收款到期（+）		7	7	36
变卖生产线（+）				
变卖原料（+）				
变卖厂房（+）				
短期贷款（+）			20	
高利贷贷款（+）				
长期贷款（+）				20
收入总计	0	7	27	56
支付上年应交税	3			
广告费	1			
贴现费用				
归还短贷及利息			14	14
归还高利贷及利息				
原料采购支付现金	2	0		4
成品采购支付现金				
转产费				
生产线投资				
加工费用	2	1	1	2
产品研发				
行政管理费	1	1	1	1
长期贷款及利息				
维修费				4
租金				
购买新建筑				
市场开拓投资				
ISO 认证投资				
其他				
支出总计	9	2	16	31
现金余额	15	20	31	62

②支付广告费。营销总监参加订货会议，起始年拿订单并无悬念，6 个模拟企业每个企业都投了 100 万元广告费，取 1 个灰色筹码放到沙盘中的“广告费”处，在任务清单表对应格内填入“√1”，并在起始年现金流量表记录。

③登记销售订单。每家模拟企业都得到 1 张相同的订单，并将订单信息登记在表

9-20 中。

表 9-20 起始年订单

项目					合计
市场	本地				
产品名称	Bery				
账期	1Q				
交货期	Q3				
单价/百万元	6				
订单数量/个	6				
订单销售额*/百万元					
成本*/百万元					
毛利*/百万元					

注：*为交货时填写

（2）模拟企业第 1 季度的 11 项日常业务工作。

①申请短期贷款/更新短期贷款/短款还本付息。本栏目是反映短期贷款在这一时期中的借贷与更新。因起始年有短期贷款，所以在任务清单表对应格内填入“√”。

②更新应付款/归还应付款。起始年没有此项业务，所以在任务清单表对应格不做任何操作（下有类似情况，做类似处理）。

③更新原料订单/原材料入库。上一期下达了 2 个 M1 原材料订单，本期需支付 200 万元现金后放入原料库，在任务清单表对应格内填入“√2”，并在起始年现金流量表记录。

④下原料订单。按起始年运作提示，在满足生产需求的情况下，尽量减少原材料的库存，向零库存目标靠拢。现原料库中已经有 4 个 M1 原料，本季度有 1 条手工线下线 1 个 Bery，且之前有一条生产线空着，由此第 1 季度投入下一批生产为 2 个 Bery，需要用到 2 个 M1 原料，原料库存能满足需求，用完后还剩 2 个 M1，第 1 季度不需要下原料订单；第 2 季度半自动化线会下线 1 个 Bery 产品，同时启动下一批生产需 1 个 M1，仓库中仍剩余 1 个 M1，第 3 季度预计下线 1 个 Bery，同时启动下一批生产需 1 个 M1，此时仓库中没有原材料 M1，应当在第 3 季度下订单。预计第 4 季度下线 2 个 Bery，投入生产需用 2 个 M1，因此第 3 季度只需下达 2 个 M1 原材料订单。但考虑到下一年需要原料 M1 继续开展生产，因此多采购 2 个 M1，因此在第 3 季度下 4 个 M1 原材料订单。

⑤更新生产/完工入库。将 ERP 沙盘盘面生产线上的在产品依次向前推进一格，下线的产品放入成品库。起始年的第 1 季度有 1 个 Bery 产品下线，第 2 季度有 1 个 Bery 下线，第 3 季度有 1 个 Bery 下线，第 4 季度有 2 个 Bery 产品下线。

⑥投资新生产线/生产线转产/变卖生产线。起始年没有此项业务，不做任何操作。

⑦开始下一批生产。在原料库中取 2 个 M1 原料，同时取 200 万元现金（人工成本），做成 Bery 在制品放在空出的生产线的第一期上，在任务清单表对应格内填入“√”，并在

起始年现金流量表记录。

⑧产品研发投资。起始年没有此项业务，不做任何操作。

⑨更新应收款/应收款收现。将现有的应收账款向现金库方向移动一格，起始年第 1 季度的操作是将 1500 万元的应收账款从第 3 期、第 2 期向第 2 期、第 1 期移入。

⑩按订单交货。本年度订货交货期为第 3 季度，故不需做任何操作。

⑪支付行政管理费用。按照 ERP 沙盘模拟规则规定可知，每季度必须支付 100 万元的行政管理费。取 1 个灰币放入沙盘中“管理费”处，在任务清单表对应格内填入“√1”，并在起始年现金流量表记录。

其他第 2、3、4 季度操作过程相似，不再赘述。

（3）模拟企业年末的 6 项工作。

①申请长期贷款/更新长期贷款/长贷支付利息。起始年申请长期贷款 2000 万元，在任务清单表对应格内填入“√20”，并在起始年现金流量表记录。

②支付设备维修费。每条生产线每年支付 100 万元维修费，起始年共 4 条生产线，财务总监取出 4 个灰币放在沙盘盘面“维修费”处，在任务清单表对应格内填入“√1”，并在起始年现金流量表记录。

③支付租金（或购买建筑）。起始年无此业务，故不需做任何操作。

④计提折旧。按照 ERP 沙盘模拟规则，每条生产线折旧额为 1/2 取整。因此，具体操作为在每条生产线的净值处的桶里各取出 1 个灰币共 400 万元，放入沙盘盘面的“折旧”处，注意不涉及现金收支记录。由于不涉及支付现金，故此数字在表中用“()”标出。

⑤新市场开拓投资 /ISO 资格认证投资。起始年无此业务，故不需做任何操作。

⑥关账。将期末数字转入下一年期初。

按照模拟企业的业务运行流程，根据以上年初 3 项工作、年中 11 项业务以及年末 6 项业务，所生成的任务清单如表 9-18 所示，得到的起始年的现金流量表如 9-19 所示。

4）起始年企业财务状况及经营成果

（1）起始年产品核算表。

年末统计出全年的产品销售，并填写产品核算表，如表 9-21 所示。

表 9-21 起始年产品核算表

产品	Bery				
单价/（百万元/个）	6				
数量/个	6				
销售额/百万元	36				
成本/百万元	12				
毛利/百万元	24				

（2）起始年综合管理费用明细表。

将全年的费用汇总，填写全年的综合管理费用明细表，如表 9-22 所示。

表 9-22　起始年综合管理费用明细表　　单位：百万元

项目	金额	备注
广告费	1	
转产费	0	
产品研发	0	□Crystal　□Ruby □Saphire
行政管理	4	
维修费	4	
租金	0	
市场开拓	0	□区域 □国内□国际
ISO 认证	0	□ISO 9000 □ISO 14000
其他	0	
合计	9	

（3）起始年损益表。

根据本年发生的经济业务，编制本年即起始年的损益表，如表 9-23 所示。

表 9-23　起始年损益表　　单位：百万元

项目	去年	今年
一、销售收入	40	36
减：成本	17	12
二、毛利	23	24
减：综合费用	8	9
折旧	4	7
财务净损益	1	2
三、营业利润	10	6
加：营业外净收益	0	0
四、利润总额	10	6
减：所得税	3	2
五、净利润	7	4

（4）起始年资产负债表。

根据本年发生的经济业务，编制本年即起始年的资产负债表，如表 9-24 所示。

表 9-24　起始年资产负债表　　单位：百万元

资产	年初数	期末数	负债及所有者权益	年初数	期末数
流动资产：			负债：		
现金	24	62	短期负债	26	20
应收账款	14	0	应付账款	0	0

续表

资产	年初数	期末数	负债及所有者权益	年初数	期末数
原材料	2	2	应交税金	3	2
产成品	6	4	长期负债	0	20
在制品	6	8			
流动资产合计	52	76	负债合计	29	42
固定资产：			所有者权益：		
土地建筑净值	40	40	股东资本	64	64
机器设备净值	12	5	以前年度利润	4	11
在建工程	0	0	当年净利润	7	4
固定资产合计	52	45	所有者权益合计	75	79
资产总计	104	121	负债及权益总计	104	121

经过起始年的经营后，ERP 沙盘盘面上状态如下。

（1）流动资产。

①现金库 6200 万元。

②生产线上 4 个 Bery，价值 800 万元。

③成品库中 2 个 Bery，价值 400 万元。

（2）固定资产。

①大厂房 4000 万元。

②3 条手工和 1 条半自动生产线，各自的净值分别为 100 万元、0 元、200 万元、200 万元。

（3）负债。

① 3 个季度到期的短期贷款 2000 万、4 年期长期贷款 2000 万元，共 4000 万元。

②应付税 200 万元，税金下一年度交纳，盘面上没有直接反映出来。

下面学生做好准备，从现在起第 1～6 年由你们经营!

6. 学生开展自主经营模拟

在后续 1～6 年的经营中，企业整个模拟演练流程与起始年基本一致。与起始年不同的地方主要集中以下几方面。

1）新年度规划会议

新年度规划主要涉及各小组企业在新的一年如何开展各项工作的问题，其主要内容涉及在 CEO 带领下企业发展战略规划、投资规划、生产规划和资金筹集规划等的制订。要做出科学合理的规划，企业应当结合目前和未来的市场需求、竞争对手可能的策略以及本企业的实际情况进行。在进行规划时，企业首先应当对市场进行准确的预测，包括预测各个市场产品的需求状况和价格水平，预测竞争对手可能的目标市场和产能情况，预测各个竞争对手在新的一年的资金状况。在此基础上，各业务主管提出新年度规划的初步设想，大家就此进行论证。最后，在权衡各方利弊得失后，做出企业新年度的初步规划，以有效预防经营过程中决策的随意性和盲目性，减少经营失误。模拟企业在进行新年度规划时，可以从以下几方面展开。

（1）市场开拓规划。

企业拥有的市场决定了企业产品的销售渠道。开拓市场投入资金会导致企业当期现金的流出，增加企业当期的开拓费用，减少当期的利润。所以，企业在制订市场开拓规划时，应当考虑当期的资金情况和所有者权益情况。只有在资金有保证、减少的利润不会对企业造成严重后果（例如，由于开拓市场增加费用而减少的利润使企业所有者权益为负数）时才能进行。在进行市场开拓规划时，企业应当明确以下问题。

①企业的销售策略是什么？企业可能会考虑哪个市场产品价格高就进入哪个市场，也可能是哪个市场需求大就进入哪个市场，也可能两个因素都会考虑。企业应当根据销售策略明确需要开拓什么市场、开拓几个市场。

②企业的目标市场是什么？企业应当根据销售策略和各个市场产品的需求状况、价格水平、竞争对手情况等明确企业的目标市场。

③何时开拓目标市场？企业应当结合自身资金状况和产品生产情况明确企业目标市场的开拓时间。

（2）ISO 认证开发规划。

企业只有取得 ISO 认证资格，才能在竞单时取得标有 ISO 条件的订单。不同的市场、不同的产品、不同的时期，对 ISO 认证的要求有所不同。不是所有市场在任何时候对任何产品都有 ISO 认证要求。所以，企业应当对是否进行 ISO 认证开发进行决策。同样，要进行 ISO 认证，需要投入资金。如果企业决定进行 ISO 认证开发，也应当考虑对资金和所有者权益的影响。由于 ISO 认证开发是分期投入的，在进行开发规划时，应当考虑以下问题。

①开发何种认证？ISO 认证包括 1SO 9000 认证和 ISO 14000 认证。企业可以开发其中的一种或两种都开发。到底开发哪种，取决于企业目标市场对 ISO 认证的要求，取决于自身企业的资金状况。

②何时开发？认证开发可以配合市场对认证要求的时间来进行。企业可以从有关市场预测的资料中了解市场对认证的要求情况。一般而言，时间越靠后，市场对认证的要求会越高。企业如果决定进行认证开发，在资金和所有者权益许可的情况下，可以适当提前开发。

（3）产品研发投资规划。

企业在经营前期，产品品种单一，销售收入增长缓慢。企业如果要增加收入，就必须多销售产品。而要多销售产品，除了销售市场要足够多之外，还必须有多样化的产品。因为每个市场对单一产品的需求总量是有限的。为此，企业需要做出是否进行新产品研发的决策。企业如果要进行新产品的研发，就需要投入资金，同样会影响当期现金流量和所有者权益。所以，企业在进行产品研发投资规划时，应当注意以下问题。

①研发投资哪几种产品？由于资金、产品的原因，企业一般不会同时研发所有的产品，

而是根据市场需求和竞争对手的情况，选择其中的一种或两种进行研发。

②何时开始研发这几种产品？不同的产品可以同时研发，也可以分别研发。各小组企业可以根据自身开拓市场、资金、产能以及竞争对手的情况等方面来确定。

（4）设备投资规划。

模拟企业所使用生产设备的数量和质量会影响其产品的生产能力。企业要提高生产能力，就必须对落后的生产设备进行更新，补充现代化的生产设备。要更新设备，需要用现金支付设备款，支付的设备款记入当期的在建工程，设备安装完成后，增加固定资产。所以，设备投资支付的现金不影响当期的所有者权益，但会影响当期的现金流量。正是因为设备投资会影响现金流量，所以在设备投资时，应当重点考虑资金的问题，防止出现由于资金问题而使投资中断，或者投资完成后由于没有资金不得不停工待料等情况。企业在进行设备投资规划时，应当考虑以下问题。

①新的一年，企业是否要进行设备投资？应当说，每个企业都希望扩大产能、扩充新生产线、改造落后的生产线。但是，要扩充或更新生产线涉及时机问题。一般而言，企业如果资金充裕，未来市场容量大，企业就应当考虑进行设备投资，扩大产能。反之，就应当暂缓或不进行设备投资。

②扩建或更新什么生产线？由于生产线有手工、半自动、全自动和柔性 4 种，这就涉及该选择什么生产线的问题。一般情况下，企业应当根据资金状况和生产线是否需要转产等做出决策。

③扩建或更新几条生产线？如果企业决定扩建或更新生产线，还涉及具体的数量问题。扩建或更新生产线的数量，一般根据企业的资金状况、厂房内生产线位置的空置数量、新研发产品的完工时间等来确定。

④什么时候扩建或更新生产线？如果不考虑其他因素，应该说生产线可以在流程规定的每个季度都进行扩建或更新。但实际运作时，企业不得不考虑当时的资金状况、生产线完工后上线的产品品种、新产品研发完工的时间等因素。一般而言，如果企业有新产品研发，生产线建成的时间最好与其一致（柔性和手工线除外），这样可以减少转产和空置的时间。从折旧的角度看，生产线完工时间最好在某年的第一季度，这样可以相对减少折旧费用。

召开新年度规划会议后，企业将形成一系列的重要决策，这些决策是企业开展具体运营工作的依据。请将相关决策填入表 9-25。

表 9-25　重要决策表

时间	1 季度	2 季度	3 季度	4 季度	年底
决策内容					

2）参加订货会/登记销售订单

在新年度规划会议以后，企业要参加一年一度的产品订货会。参加产品订货会需要在目标市场投放广告费，只有投放了广告费，企业才有资格在该市场争取订单。因此，在参加订货会之前，各模拟小组需要分市场、分产品在“竞单表”上登记投放的广告费金额。

（1）广告投放。

在参加订货会之前，营销总监应做好广告费的投入产出比分析，以期拿好单、多获利。需要注意的是，广告费的投放绝不是越多越好，也不是越少越好，要恰到好处，能使投入产出比达到最低为最好。按照模拟规则，第 2～5 年每年都有一个新市场开放，每个模拟企业都存在争夺市场领导者的决策问题。市场领导者要不要争？这历来是困扰学生的一个难题。获得市场领导者地位后，可以获得在该市场以后年度竞单中优先选单的特权。在实际模拟时，各个模拟企业往往争得头破血流、多败俱伤。在以往的沙盘模拟经营中，甚至出现有的模拟企业在某市场开放之际，一下投入 1600 万元广告费来争夺市场领导者地位的情形。但需谨记，若广告费投入不产生实际收益，对企业来讲风险相当大。因此，如果估计其他模拟企业广告投入较高，本企业可采用少投广告费，不争市场领导者地位，保存企业实力的策略，不失一种明智的策略。广告费一般一次性支付，因此沙盘模拟中，企业投放广告时，应当充分考虑企业的支付能力。也就是说，投放的广告费一般不能突破企业年初未经营前现金库中的现金余额。支付广告费时，由财务总监从现金库中取出“沙盘模拟广告投入及上年度销售收入合计表”（附录 2）中登记的广告费数额，放在综合费用的“广告费”中，并在运营任务清单和现金流量表中做记录。

（2）参加订货会选单。

一般情况下，营销总监代表企业参加订货会，争取销售订单。但为了从容应对竞单过程中可能出现的各种复杂情况，企业也可由营销总监与 CEO 或采购总监一起参加订货会。竞单时，应当根据企业的可接订单数量选择订单，尽可能按企业的产能争取订单，使企业生产的产品在当年全部销售，具体产能预估如表 9-26 所示。应当注意的是，企业争取的订单一定不能突破企业的最大产能。否则，如果不能按期交单，将给企业带来巨大的损失，如丧失市场领导者地位或交违约金。因此，在选单时模拟企业要想准确拿单，就必须准确计算出当年的产品完工数量，据此确定企业当年甚至每一个季度的可接订单数量。企业某年某产品可接订单数量的计算公式为

某年某产品可接订单数量＝年初该产品的库存量＋本年该产品的完工数量

式中，年初该产品的库存量可以从沙盘盘面的仓库中找到。最关键的是确定本年该产品的完工数量，而完工产品数量是生产部门通过排产来确定的。在模拟企业中，生产总监根据企业现有生产线的生产，结合企业当期的资金状况确定产品上线时间，再根据产品的生产周期推算产品的下线时间，从而确定出每个季度、每条生产线产品的完工情况。

表 9-26　产能预估

生产线类型	产名类型	1 季度	2 季度	3 季度	4 季度
生产线 1	产品：				
生产线 2	产品：				
生产线 3	产品：				
生产线 4	产品：				
…	…				

3）制订生产计划、物料需求计划和采购计划

为了避免生产线处于闲置状态，需根据上年度最后的生产状态制订好今年每条生产线的生产计划，在此基础上形成每条生产线的物料需求计划，如表 9-27 所示。需提及的是，有多少条生产线，就将形成多少个生产计划及物料需求计划。当然，将每条生产线的产出计划汇总，将形成企业总的产能预估，具体参见表 9-26。将采购物料按类型、下单日期进行汇总，形成总的采购计划，如表 9-28 所示。

表 9-27　生产计划与物料需求计划

产品：　　　　生产线类型：

项目	去年				今年			
	1 季度	2 季度	3 季度	4 季度	1 季度	2 季度	3 季度	4 季度
产出计划								
投产计划								
原材料需求								
原材料采购								

表 9-28　采购计划汇总

原材料	1 季度	2 季度	3 季度	4 季度
M1				
M2				
M3				
M4				

4）现金预算

在 ERP 沙盘模拟经营过程中，各小组企业常常出现现金短缺的“意外”情况，正常经营不得不中断。其主要原因有三：①没有编制现金预算；②编制现金预算不正确，和实际脱节较为严重；③企业没有严格按计划进行经营，导致实际严重脱离预算。根据以往的教学经验，学生主要是没有编制现金预算，使得现金预算表只是一个摆设。其实，现金预算表的编制并不复杂，尤其是沙盘模拟经营过程都是简化了的，可以采用简化的程序，即根

据销售订单，先编制产品主生产计划，再编制材料需求计划，最后编制现金预算表。当然，在编制现金预算表时还需结合表 9-25 中企业年初确定的各项重要决策。

现金预算是有关预算的汇总，由现金收入、现金支出、现金多余或不足、资金的筹集和运用 4 个部分组成。模拟企业中，现金收入相对比较单一，主要是销售产品收到的现金，可以根据企业的销售订单和预计交单时间准确地估算。当企业当年的投资和生产计划确定后，企业的现金支出也基本确定，所以企业应该能够通过编制现金预算表，准确预计企业经营期的现金多余或不足，可以有效预防“意外”情况的发生。如果企业通过编制现金预算表发现资金短缺，通过筹资仍不能解决，则应当修订企业当年的投资和经营计划，最终使企业的资金满足需要。现金预算表的格式有多种，下面介绍金蝶公司设计的一种，这种格式是根据模拟企业的运营规则设计，如表 9-29 所示。

表 9-29　现金预算表　　单位：百万元

项目	1 季度	2 季度	3 季度	4 季度
期初现金（＋）				
变卖生产线（＋）				
变卖原料（＋）				
变卖厂房（＋）				
应收款到期（＋）				
支付上年应交税				
广告费投入				
贴现费用				
利息（短期贷款）				
支付到期短期贷款				
原料采购支付现金				
转产费				
生产线投资				
生产费用				
产品研发投资				
支付行政管理费用				
利息（长期贷款）				
支付到期长期贷款				
维修费费用				
租金				
购买新建筑				
市场开拓投资				
ISO 认证投资				

续表

项目	1 季度	2 季度	3 季度	4 季度
其他				
现金余额				
需要新贷款				

通过表 9-29 可知，当季度末的现金余额大于零，说明库存现金能满足需要；反之，说明库存现金不能满足现金需求，因此企业必须在上季度或本季度初筹集相关的资金或对企业规划及时进行调整，防止出现由于资金断流而破产的情况。按照 ERP 沙盘模拟所设定的流程，企业在每季度初可进行短期贷款，在年末可进行长期贷款，等等，每个企业可根据自身的需要选择筹资方式。

后续操作环节与起始年相似，在此不再赘述。

9.3.5 实验思考与报告

1. 实验思考

（1）如何根据生产计划做产能预估？

（2）如何根据物料需求计划做采购计划？

（3）若要投资生产线，投资什么样的生产线？判断的依据是什么？

（4）做现金预算表有什么意义和价值？

（5）一般来讲，在新年度规划会议上需要确定哪些重要事项？

2. 实验报告

结合模拟企业后续 1～6 年的实际经营状况，完成实验报告和提交填写完毕的学员手册。

第 10 章

“供应链管理”课程实验实践

10.1 企业供应链调查实践

10.1.1 实践目的与要求

通过企业访谈，全面了解企业供应链的含义、分类和结构。其具体要求包括以下几点。

（1）亲自实地访谈，耐心询问。

（2）做好实践记录，带问题思考。

（3）注意安全，及时完成课后作业。

10.1.2 实践内容与时间

1. 认识供应链

供应链是指围绕核心企业，从配套零件开始，制成中间产品以及最终产品，最后由销售网络把产品送到消费者手中的将供应商、制造商、分销商直到最终用户连成一个整体的功能网链结构。

2. 把握供应链的分类

根据不同的划分标准，可以将供应链分为以下类型。

（1）根据供应链的稳定性，供应链可分为稳定的和动态的供应链。基于相对稳定、单一的市场需求而组成的供应链稳定性较强，而基于相对频繁变化、复杂的需求而组成的供应链动态性较高。

（2）根据供应链容量与用户需求的关系，供应链可分为平衡的供应链和倾斜的供应链。一个供应链具有一定的、相对稳定的设备容量和生产能力（所有节点企业能力的综合，包括供应商、制造商、运输商、分销商、零售商等），但用户需求处于不断变化的过程中，当供应链的容量能满足用户需求时，供应链处于平衡状态，而当市场变化加剧，造成供应链成本增加、库存增加、浪费增加等现象时，企业不是在最优状态下运作，供应链则处于倾斜状态。平衡的供应链可以实现各主要职能（采购/低采购成本、生产/规模效益、分销/低运输成本、市场/产品多样化和财务/资金运转快）之间的均衡。

（3）根据供应链的功能模式（物理功能、市场中介功能和客户需求功能），供应链可分为有效性供应链（efficient supply chain）、反应性供应链（responsive supply chain）和创新性供应链（innovative supply chain）。有效性供应链主要体现供应链的物理功能，即以最低的成本将原材料转化成零部件、半成品、产品，以及组织物品运输等；反应性供应链主要体现供应链的市场中介的功能，即把产品分配到满足用户需求的市场，对未预知的需求做出快速反应等；创新性供应链主要体现供应链的客户需求功能，即根据最终消费者的喜好或时尚的引导，进而调整产品内容与形式来满足市场需求。

（4）根据供应链中的企业地位，供应链可分为盟主型供应链和非盟主型供应链。盟主型供应链是指供应链中某一成员的节点企业在整个供应链中占据主导地位，对其他成员具有很强的辐射能力和吸引能力，通常称该企业为核心企业或主导企业。例如，以生产商为核心的供应链——奇瑞汽车有限公司，以中间商为核心的供应链——中国烟草系统、香港利丰公司，以零售商为核心的供应链——沃尔玛、家乐福。非盟主型供应链是指供应链中企业的地位彼此差距不大，对供应链的重要程度相同。

3. 了解供应链的结构

一般来说，构成供应链的基本要素包括以下几个。

（1）供应商：给生产厂家提供原材料或零部件的企业。

（2）厂家：产品制造业，是产品生产的最重要环节，负责产品生产、开发和售后服务等。

（3）分销企业：为实现将产品送到经营地理范围每一角落而设的产品流通代理企业。

（4）零售企业：将产品销售给消费者的企业。

（5）消费者：供应链的最后环节，也是整条供应链的唯一收入来源。

10.1.3 实践思考与报告

1. 实践思考

访谈企业供应链后，思考并给出以下问题的答案。

（1）该企业供应链从稳定性上来讲，属于：□稳定供应链；□动态供应链。

（2）该企业供应链从容量需求关系来讲，属于：□平衡供应链；□倾斜供应链。

（3）该企业供应链从功能来讲，属于：□有效性供应链；□反应性供应链；□创新性供应链。

（4）该企业供应链从企业地位来讲，属于：□盟主型供应链；□非盟主型供应链。该企业是盟主吗？□是；□否。

（5）试描述并绘制企业供应链抽象结构构成图。

2. 实践报告

按规范格式依据实践内容及时撰写并提交实践报告。

10.2 啤酒分销实验

10.2.1 实验目的与要求

本实验旨在使学生理解供应链管理中的“牛鞭效应”现象，即由于消费者需求的小幅变动，而通过整个系统的加乘作用将产生很大的危机，增加企业的安全库存从而带来成本的增加，最终使学生树立起较强的供应链管理的思想和意识，具体目的包括：能够模拟供应链上制造商、批发商、零售商等不同节点企业的订货需求变化；认识供应链中需求异常放大现象（“牛鞭效应”）的形成过程；分析“牛鞭效应”的产生原因；找出减少“牛鞭效应”的方法。

其具体要求包括以下几点。

（1）每个角色都根据客户需求和经营数据，制定订货策略，向供应商订货。

（2）每个角色计算自己的经营业绩。

（3）每个小组画出订货需求变化曲线图，揭示“牛鞭效应”。

（4）分析“牛鞭效应”的产生原因。

（5）分析策略改进后“牛鞭效应”的变化。

（6）找出减少“牛鞭效应”的对策。

10.2.2 实验原理与内容

1. 实验原理

“牛鞭效应”，指供应链上的需求变异放大现象，是信息流从最终客户端向原始供应商端传递时，由于无法有效地实现信息的共享，使得信息扭曲而逐级放大，导致了需求信息出现越来越大的波动。此信息扭曲的放大作用在图形上很像一根甩起的牛鞭，因此被形象地称为“牛鞭效应”。可以将处于上游的供应方比作梢部，下游的用户比作根部，一旦根部抖动，传递到末梢端就会出现很大的波动。简而言之，“牛鞭效应”指沿着供应链上游移动，需求变动程度不断增大的现象，从而导致安全库存大量增加。

产生“牛鞭效应”的原因主要有六个方面，即需求预测修正、订货批量决策、价格波动、短缺博弈、库存责任失衡和应付环境变异。消除或减轻“牛鞭效应”的措施有以下几种。

（1）与下游企业（最好是承担最终交付工作的企业）及时沟通，共享市场/需求信息。

（2）与上下游企业共同做出销售预测，使企业保持一致的预测结论。

（3）如果可能，应尽量采用准确的预测模型，并将预测结果在组织内部分享。

（4）采用 VMI（vendor managed inventory，供应商管理库存）模式，与供应商协同

补货。

（5）了解上下游企业的产能等信息，并将其作为计划工作的参考依据。

（6）重新寻找合适的物流服务商（如果其服务水平低于平均水平），并对其进行定期考核。

（7）针对历史规律采用策略性库存控制方式。

（8）采用层次更少的分销渠道，主动进行终端市场调研（适合为最终客户服务的 1～5 级供应商）。

（9）持续压缩供应链时间，如缩短订单处理时间等。

2. 实验内容

由学生作为生产商、批发商、零售商构成一条简单的快消品供应链，由教师作为消费者，向零售商订货，零售商、批发商、生产商依次决定自己的供应和采购工作，模仿在信息逐级传递、信息不共享、独立决策情况下整个供应链的运作效果，验证是否能产生“牛鞭效应”。

10.2.3 实验环境与准备

1. 实验角色分配

假设只经营一种产品：可乐。可乐由制造商生产出来，先卖给批发商，然后再由批发商卖给零售商，最后在零售商的店里卖给最终消费者。现实的情况当然要复杂得多，但这里只是实验，就只有零售商、批发商、可乐制造商和游戏记账员 4 个角色以及游戏监督员 2 名共 6 个人组成实验的一个小组。

2. 实验道具

扑克牌中数字 8～12，教师随机抽取数字用来作为客户需求数。注意随机中位数出现频率应高于最大和最小，呈正态分布。

3. 实验规则

（1）每次实验分轮进行，一轮就代表一个工作日，一次实验共进行 18 轮。

（2）每轮都会有客户到零售商那里去买可乐。每轮教师会从扑克牌中抽 1 张牌，牌的点数在 8～12，这就是最终消费者购买的可乐罐数。这张牌教师只给零售商看，批发商和制造商看不到。当然零售商也要保守秘密，不能告诉其他人。如若监督员发现违规，取消其资格，并影响全组的成绩。零售商从自己的柜台里拿出可乐来给客户，然后再向批发商订货，每轮有一次向批发商订货的机会。订不订货都要与上游说明，同时确认上游的回复，即上游的真实发货量以确定在途库存。其他类似；零售商以每罐 3 元的价格卖给客户，进货价是每罐 2 元。如果柜台里的可乐不够，就缺货，需要当作迟延订单处理。也就是说，如果零售商的库存不足以满足客户需求，那么零售商可以延迟发货，不过对不足的部分，要对客户做出赔偿，每罐一轮 1 角钱。(注意：赔偿额计入卖方成本但不计入下游客户收益。)如果下一轮还是不够货，就继续顺延，等货到以后再发，且先满足延迟订单再满足本轮订单。零售商下的订单当天不会到货，要过两轮才会收到。就是说零售商第 1 轮下的订单，要到第 3 轮才会进入零售商的柜台。且零售商每次向批发商订货需支付差旅手续费、谈判费等，共折合 2 元 1 次。

(3) 批发商的责任就是卖可乐给零售商，每 2 元一罐。批发商有一个仓库，每轮都可以从自己的库存中尽可能满足零售商的订单。同时，每轮有一次向制造商订货的机会，订货价是 1.5 元。不过，所订的货也要过两轮才会到达批发商的仓库。同时批发商也需要负担订货成本，每个订单的手续费每次 3 元。缺货时需要对零售商做出每罐一轮 1 角钱的赔偿。

(4) 制造商或者说是可乐生产商不是向别人订货，而是自己生产可乐，其他一切条件和规则和上面一样。当然，由于制造可乐需要很多车间和各道生产工序，所以，每个轮次下的生产订单也要等两轮才能完工，进入成品仓库，即生产商的在途库存和在制品；而且，每次启动生产线都有一个启动成本 3 元，但是制造商的生产量没有限制，也就是说，不管下多大的生产订单，工厂都会如期生产出来。制造商以每个 1.5 元的价格卖给批发商，而制造商自己的生产成本则是每个 1.1 元。缺货时需要对批发商做出每罐一轮 1 角钱的赔偿。

(5) 仓库里储存可乐是有成本的。这个成本包括资金占用成本、仓库租赁费、管理费、雇员的工资等费用。零售商的仓储成本按每轮每罐可乐平均 1 角计算；批发商因为仓库比较大，有规模效益，所以每天每罐可乐 2 分；制造商的厂房在乡下，面积较大，而且资金的机会成本相对较低，每天每罐可乐 1 分。还有在途的货物，就是那些已经下了订单，但是还没有来得及送到的货物——有两天的反应时间，但由于所有权已转移，所以也作为订货者的存货计算存储成本，即在途库存等于上游的发货量。当然，其数量不一定就是订货量，如因为供应商发生缺货，不能全部满足订单，只发了一部分可乐。

(6) 游戏开始时每个角色有 20 罐可乐的库存。商品由第三方物流企业承担，运输需要支出运输费用，运费由下游企业即采购方负担，其中制造商到批发商之间商品运输成本为每罐 0.1 元，而批发商到零售商间商品运输成本为每罐 0.2 元。需注意的是，计算时视上游发货时一次性支出运费。游戏参与者必须记录每轮自己的销售和库存情况，记账员据此来计算每个角色各自的利润。要注意不要提前告诉游戏者游戏结束时间以免作弊行为发生。

总之，所有角色都是独立的企业，目标是使自己的利润最大化，也就是收入和成本的差值最大化。

4. 实验表格

表格填写注意：每个空格填写数据为当轮次结束时的状态数据，如表 10-1～表 10-5 所示。

表 10-1　零售商表格　　单位：罐

第　组	第____次实验进程表，零售商（姓名：　　　　）							
轮次	客户需求	延迟销售	现有库存	在途库存一	在途库存二	订货量	供应商延迟交货	备注
初始			20					
1								
2								
…								
17								
18								
合计								

表 10-2　批发商表格　　单位：罐

第　组	第____次实验进程表，批发商（姓名：　　　　）							
轮次	客户需求	延迟销售	现有库存	在途库存一	在途库存二	订货量	供应商延迟交货	备注
初始								
1								
2								
…								
17								
18								
合计								

表 10-3　生产商表格　　单位：罐

第　组	第____次实验进程表，制造商（姓名：　　　　）							
轮次	客户需求	延迟销售	现有库存	在途库存一	在途库存二	生产量	供应商延迟交货	备注
初始								
1								
2								
…								
17								
18								
合计								

表 10-4 订单表格

零售商和批发商间订货单与交货单

（第 次实验，第 组，监督员） 单位：罐

轮次	零售商订单量	批发商交货量	轮次	零售商订单量	批发商交货量
1			10		
2			11		
3			12		
4			13		
5			14		
6			15		
7			16		
8			17		
9			18		

注：自由填制，监督员传递，不允许修改

批发商和生产商间订货单与交货单

（第 次实验，第 组，监督员） 单位：罐

轮次	批发商订单量	生产商交货量	轮次	批发商订单量	生产商交货量
1			10		
2			11		
3			12		
4			13		
5			14		
6			15		
7			16		
8			17		
9			18		

注：自由填制，监督员传递，不允许修改

表 10-5 记账表格

第 组

小组成员

生产商：（____________）；批发商：（____________）；零售商：（____________）

记账员：（____________）；监督员：（____________）；小组长：（____________）

成绩计算：（第 组，第 次实验），记账员（姓名： ）； 监督员（姓名： ）													
角色	销售总量/罐	销售收入/元	销售成本/元	毛利①/元	延迟销售量/罐	延迟销售赔偿②/元	总计库存量/罐	总库存成本③/元	订货次数	订货活动费用④/元	累计发货量/罐	运输费用⑤/元	净利＝①－②－③－④－⑤/元
零售商													

续表

成绩计算：（第 组，第 次实验），记账员（姓名： ）； 监督员（姓名： ）												
角色	销售总量/罐	销售收入/元	销售成本/元	毛利①/元	延迟销售量/罐	延迟销售赔偿②/元	总计库存量/罐	总库存成本③/元	订货次数	订货活动费用④/元	累计发货量/罐	运输费用⑤/元	净利=①−②−③−④−⑤/元
批发商													
生产商													
合计													

5. 基础数据

角色	进价/（元/罐）	售价/（元/罐）	采购费用/（元/次）	库存费用/（元/罐·轮）	缺货费用/（元/罐·轮）	运输费用/（元/罐）
零售商	2	3	2	0.1	0.1	0.2（批零）
批发商	1.5	2	3	0.02	0.1	0.1（制批）
生产商	1.1	1.5	3	0.01	0.1	—

注：运输费用是批发商与零售商，制造商与批发商运输一个产品所发生的成本，分别由零售商、批发商支付

10.2.4 实验步骤与操作

1. 消费者下单

消费者的消费量由教师在一副扑克中把所有的 8、9、10、11、12 拿出来用于产生消费数据，即随机抽取其中的一个，并仅给零售商看。提醒零售商和信息员（监督员）保守信息。

2. 零售商业务处理并下单

收到消费者订单数据、登记客户需求后，零售商开始处理自己的业务：先移动上轮在途库存，收货后补、发货，确定缺货信息和现有库存；接下来确定向上游订货决策，填报订货单后交信息员（监督员）传递给上游，收到上游反馈信息后，根据上游实际交货量确认该轮在途库存。

3. 批发商业务处理并下单

收到零售商订单数据、登记客户需求后，批发商开始处理自己的业务：先移动上轮在

途库存，收货后补、发货，传回订单表格给下游，确定缺货信息和现有库存；接着确定向上游订货决策，填报订货单后交信息员（监督员）传递给上游，收到上游反馈信息后，根据上游实际交货量确认该轮在途库存。

4. 生产商业务处理并下单

收到批发商订单数据、登记客户需求后，批发商开始处理自己的业务：先移动上轮在途库存，收货后补、发货，传回订单表格给下游，确定缺货信息和现有库存；接着确定是否生产，根据生产量确认该轮在途库存。

5. 记账业务处理

待生产商完成自身业务后，完整一轮业务结束。然后重复以上操作，连续开展 18 轮次。18 轮次结束后，所有主体将表格上的每列数字加和填报在最后一行，交记账员依记账表格计算各主体经营收益。

10.2.5　实验思考与报告

1. 实验思考

（1）“牛鞭效应”有什么影响？
（2）为什么会产生“牛鞭效应”？
（3）如何消除“牛鞭效应”？
（4）在库库存与现有库存在成本花费上有什么不同？
（5）如何才能协调好库存成本和订货成本？

2. 实验报告

按规范格式依据实验内容及时撰写并提交实验报告。

10.3　供应链合作计划预测与补给实验

10.3.1　实验目的与要求

应用 CPFR（collaborative planning forecasting and replenishment，协同规划、预测和补货）原理重新组织啤酒分销实验，检验供应链管理策略的价值和意义，体会 CPFR 应用中的细节和应注意的问题，学习共享、分享与合作。其具体要求包括：掌握 CPFR 操作，认真体会 CPFR 意义，深入思考 CPFR 实施中的原则和注意事项。

10.3.2　实验原理与内容

CPFR 即协同规划、预测与补货，它是在 CFAR（collaborative forecasting and replenishment，共同预测和补货）的基础上，进一步推动共同计划的制订，即不仅合作企业实行共同预测和补货，同时还将原来属于各企业内部事务的计划工作（如生产计划、库存计划、配送计划、销售规划等）也由供应链各企业共同参与，利用互联网实现跨越供应链的成员合作，更好地预测、计划和执行货物流通。它是一种协同式的供应链库存管理技术，它在降低销售商存货量的同时，也增加了供应商的销售额。应用 CPFR 应遵循以下三点。

（1）以消费者为中心，面向价值链。

（2）供应链业务伙伴共同负责开发单一、共享的消费者需求预测系统，并用这个系统驱动整个价值链的运作。

（3）伙伴均承诺共享预测并在消除供应过程约束中共担风险。

10.3.3 实验环境与准备

除下面内容调整外，其他与 10.2 实验相似。

1. 实验规则

（1）客户信息完全公开，不用监督员监督信息，自行与供应链其他成员组成团队，从负责传递订货信息转变为传递交货信息。

（2）采用电子化订单，订单托付处理机制，上游主动补货，故零、批之间，批、产之间提前期由 2 轮缩短为 1 轮，但生产周期不变，仍为 2 轮。需注意：库存费用如何控制？

（3）上游主动交货，下游实现自动补货，零、批之间，批、产之间无须订货，由供应链集体决定何时补货及补货量，故每次订货费用为 0；但生产商生产启动费用仍为 3 元一次；在实验结束时，零售商、批发商订货费用为协议费用，每个角色每周期均为 8 元（长期合作协议谈判费）；12 轮为一个周期。生产商同样会产生协议费用，其订货费用一栏总金额为：8 元＋生产启动费用，生产启动费用仍然按生产次数计算。

2. 实验表格

实验表格如表 10-6～表 10-9 所示。

表 10-6 零售商表格 单位：罐

第组	第____次实验进程表，零售商（姓名： ）					
轮次	客户需求	延迟销售	现有库存	在途库存一		共商批发商对零售商交货量
初始						
1						
2						
…						
17						
18						
合计						

表 10-7 批发商表格 单位：罐

第组	第____次实验进程表，批发商（姓名： ）					
轮次	对零售商交货量		现有库存	在途库存一		共商生产商对批发商交货量
初始						
1						
2						
…						
17						
18						
合计						

表 10-8 生产商表格 单位：罐

第组	第____次实验进程表，生产商（姓名： ）						
轮次	对批发商交货量		现有库存	在制品库存一	在制品库存二		共商决策生产量
初始							
1							
2							
…							
17							
18							
合计							

表 10-9 CPFR 共同协商决策单 单位：罐

轮次	商议批发商对零售商交货量	商议生产商对批发商交货量	商议本轮生产量	轮次	商议批发商对零售商交货量	商议生产商对批发商交货量	商议本轮生产量
1				10			
2				11			
3				12			
4				13			
5				14			
6				15			
7				16			
8				17			
9				18			

3. 基础数据

此实验所涉及的成本数据如表 10-10 所示。

表 10-10　实验成本数据

角色	进价 /（元/罐）	售价 /（元/罐）	采购费用 /（元/次）	库存费用 /（元/罐·轮）	缺货费用 /（元/罐·轮）	运输费用 /（元/罐）
零售商	2	3	8 元一期	0.1	0.1	0.2
批发商	1.5	2	8 元一期	0.02	0.1	0.1
生产商	1.1	1.5	8 元一期＋3 元一次生产启动费用	0.01	0.1	***

10.3.4　实验步骤与操作

1. 消费者下单

消费者的消费量由教师在一副扑克中把所有的 8、9、10、11、12 拿出来用于产生消费数据，即随机抽取其中的一个，给供应链所有主体看。

2. 零售商业务处理

收到消费者订单数据、登记客户需求后，零售商开始处理自己的业务：先移动上轮在途库存，收货后补、发货，确定缺货信息和现有库存；接着与批发商、生产商利用 CPFR 策略集体讨论（具体见协商决策单），确定交货量和生产量，根据协商结果确认批发商向零售商交货量后登记信息并确认该轮在途库存。

3. 批发商业务处理并下单

每轮与零售商、生产商利用 CPFR 策略集体讨论（具体见协商决策单）后，确定交货量和生产量，根据协商结果确认数量后登记相关信息并确认该轮在途库存。

4. 生产商业务处理并下单

每轮与零售商、批发商利用 CPFR 策略集体讨论（具体见协商决策单）后，确定交货量和生产量，根据协商结果确认数量后登记相关信息并确认该轮在途库存。

5. 记账业务处理

待生产商完成自身业务后，完整一轮业务结束。然后重复以上操作，连续开展 18 轮次。18 轮次结束后，所有主体将表格上的每列数字加和填报在最后一行，交记账员依记账表格计算各主体经营收益。

10.3.5 实验思考与报告

1. 实验思考

（1）在新的游戏规则下，要取得好成绩，游戏的中心要素是什么？为什么？
（2）CPFR 协商工作中，如何实现效率与效果的统一？
（3）CPFR 工作中的难点有哪些？如何克服？
（4）同盟费用该如何降低？

2. 实验报告

按规范格式依据实验内容及时撰写并提交实验报告。

第 11 章

“国际物流”课程实验

11.1 集装箱码头认知实验

11.1.1 实验目的与要求

（1）通过 3D 软件观察国际物流的作业区域——集装箱码头。
（2）了解集装箱码头相关的作业区划分和布局安排。
（3）了解集装箱码头相关的设备及其功能。

11.1.2 实验内容与原理

1. 百蝶港口操作软件按键说明

键盘操作按键定义如表 11-1 所示。

表 11-1 键盘操作按键定义

W	控制人物、车辆、岸吊/场吊的吊具向前快速移动
S	控制人物、车辆、岸吊/场吊的吊具向后快速移动
A	控制人物、岸吊/场吊的吊具向左移动；控制车辆向左转弯（车辆转弯需同时按住 W 或 S 键）
D	控制人物、岸吊/场吊的吊具向右移动；控制车辆向右转弯（车辆转弯需同时按住 W 或 S 键）
Shift	按 W、S、A、D 键可进行前后左右移动，移动时按住 Shift 键可进行减速
E	按下 E 键，再按 W/S/A/D 键可以微小距离调整场吊/岸吊的吊具位置，调整好再按 E 键恢复正常距离的调整
Q	取出/收起 PDA；进行岸吊/场吊的选位操作
Ctrl	拿起打印单据时需同时按住该键
Alt	操作/离开电脑。驾驶/离开车辆
F1	第一视角
F2	第三视角
F3	自由视角

续表

T	开启内集卡车/外集卡车。这里若卡车属于码头则为内集卡车，否则为外集卡车
空格	人物跳跃
Esc	取消键，收起打开的单据
5	升起或降下场吊/岸桥吊具的 4 条支腿
6	场吊/岸桥吊具的开锁/闭锁键
↑	控制场吊/岸吊吊具的起升
↓	控制场吊/岸吊吊具的下降

2. 光标定义

系统光标信息定义如表 11-2 所示。

表 11-2 系统光标信息定义

	鼠标自身光标，直接拖动鼠标使其移动。用于操作系统任务栏、PDA 以及 TOS 系统中的功能

注：PDA（personal digital assistant，掌上电脑系统），TOS（tape operating system，码头管理系统）

11.1.3 实验环境与准备

（1）每人一台计算机。

（2）百蝶软件——港口操作模块。

11.1.4 实验步骤与操作

（1）打开桌面上的，用自己的账号进行登录，成功登录后，依次选择上课管理→任务一、集装箱码头认知→港口调度员→准备→开始，进入 3D 虚拟场景，如图 11-1 所示。

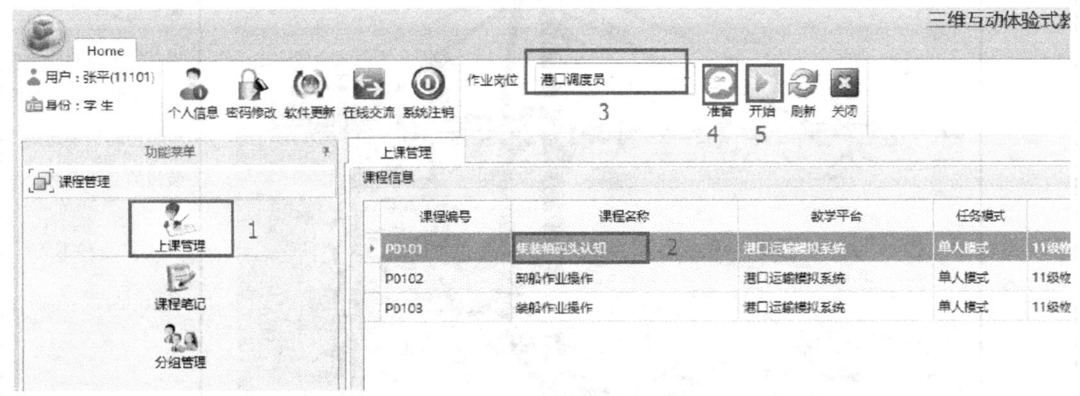

图 11-1 教学平台

（2）进入 3D 虚拟场景，先进入中控室，如图 11-2 所示，然后再乘坐电梯下到 1 楼，进入集装箱码头 3D 虚拟场景，如图 11-3 所示。

图 11-2 中控室

图 11-3 3D 虚拟场景

（3）首先找到岸吊，顺着逆时针靠近且仔细观察、咨询教师或者到网上查找资料认识每个区域的每一种设备，记录下所看到的设施设备名称及其功能，如图 11-4 所示。

岸桥	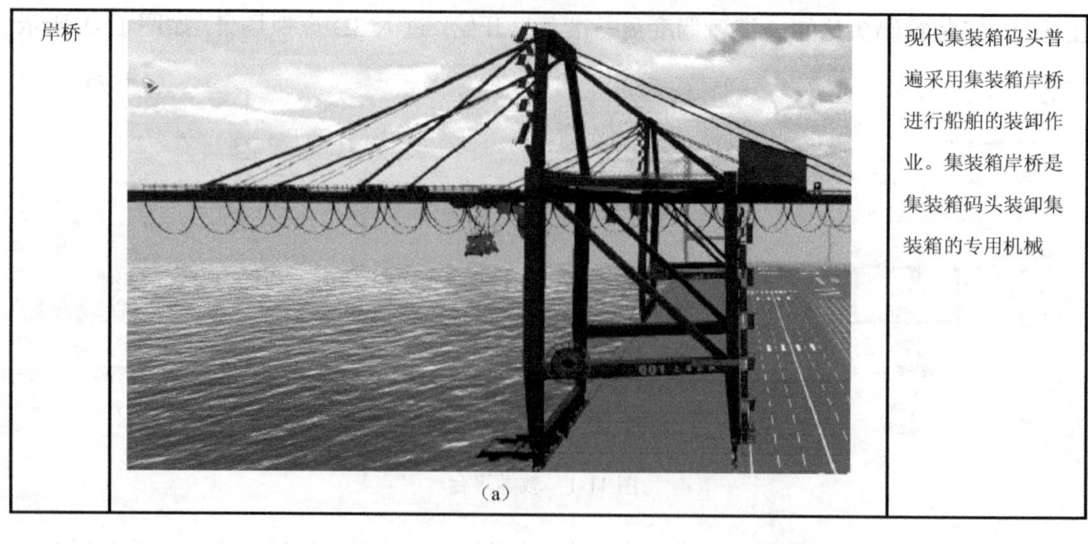 (a)	现代集装箱码头普遍采用集装箱岸桥进行船舶的装卸作业。集装箱岸桥是集装箱码头装卸集装箱的专用机械

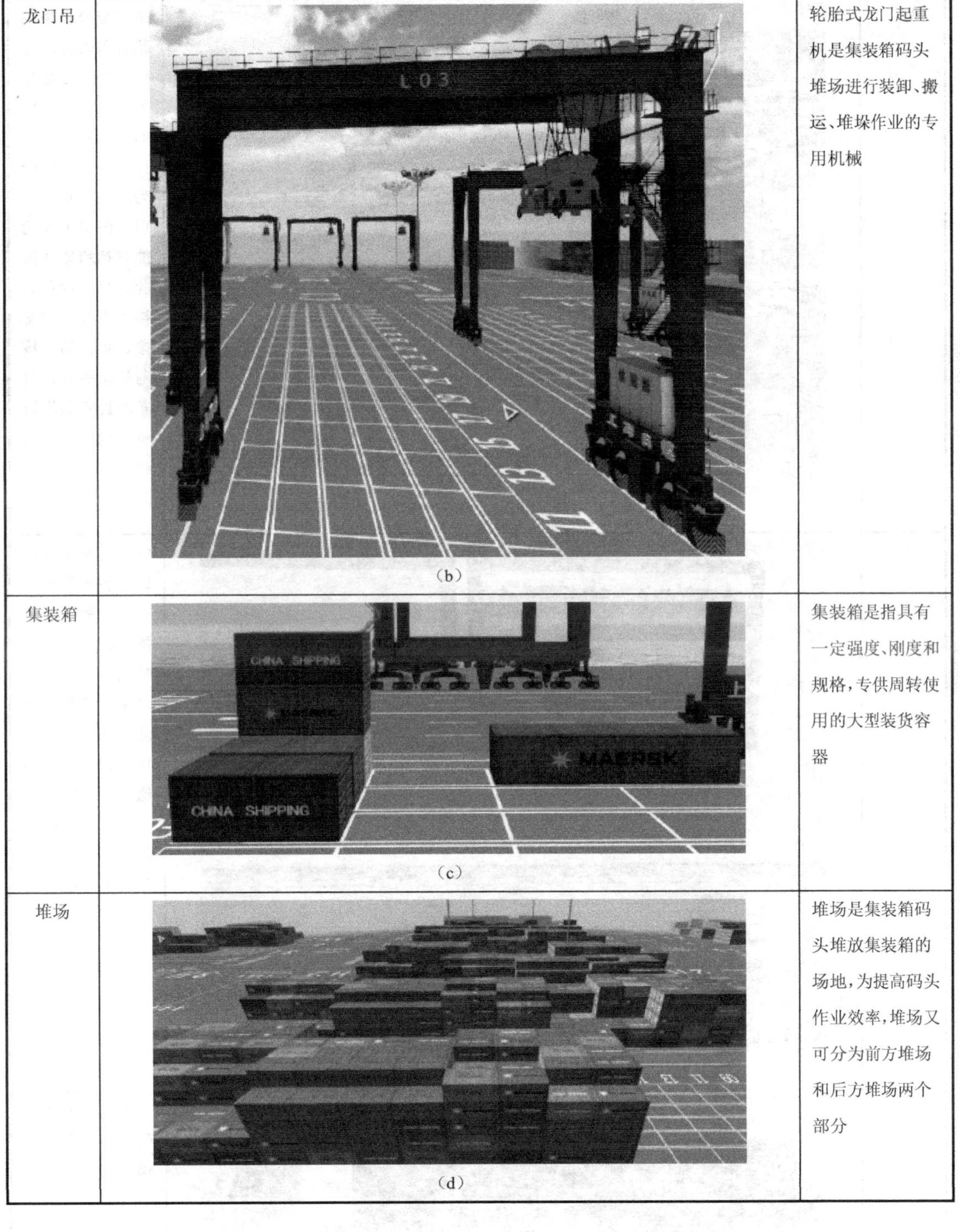

龙门吊	(b)	轮胎式龙门起重机是集装箱码头堆场进行装卸、搬运、堆垛作业的专用机械
集装箱	(c)	集装箱是指具有一定强度、刚度和规格，专供周转使用的大型装货容器
堆场	(d)	堆场是集装箱码头堆放集装箱的场地，为提高码头作业效率，堆场又可分为前方堆场和后方堆场两个部分

<table>
<tr><td>闸口</td><td>
（e）</td><td>闸口是公路集装箱进入码头的必经之处，也是划分对集装箱责任的分界点。闸口按业务需要可分为进闸口和出闸口，闸口主要功能包括箱体体检验、填写设备交接单进行箱体交接、单证的审核与签发签收、收箱和提箱的堆场位置确定、进出码头集装箱的信息记录</td></tr>
<tr><td>中控室</td><td>
（f）</td><td>中控室是集装箱码头各项生产作业的中枢，集指挥、监督、协调、控制于一体。控制室计算机与作业现场、搬运机械的计算机终端通过有线或无线连接，成为码头各项作业信息的汇集和处理中心</td></tr>
<tr><td>集卡车</td><td>
（g）</td><td>集卡车主要用于码头内部水平运输</td></tr>
</table>

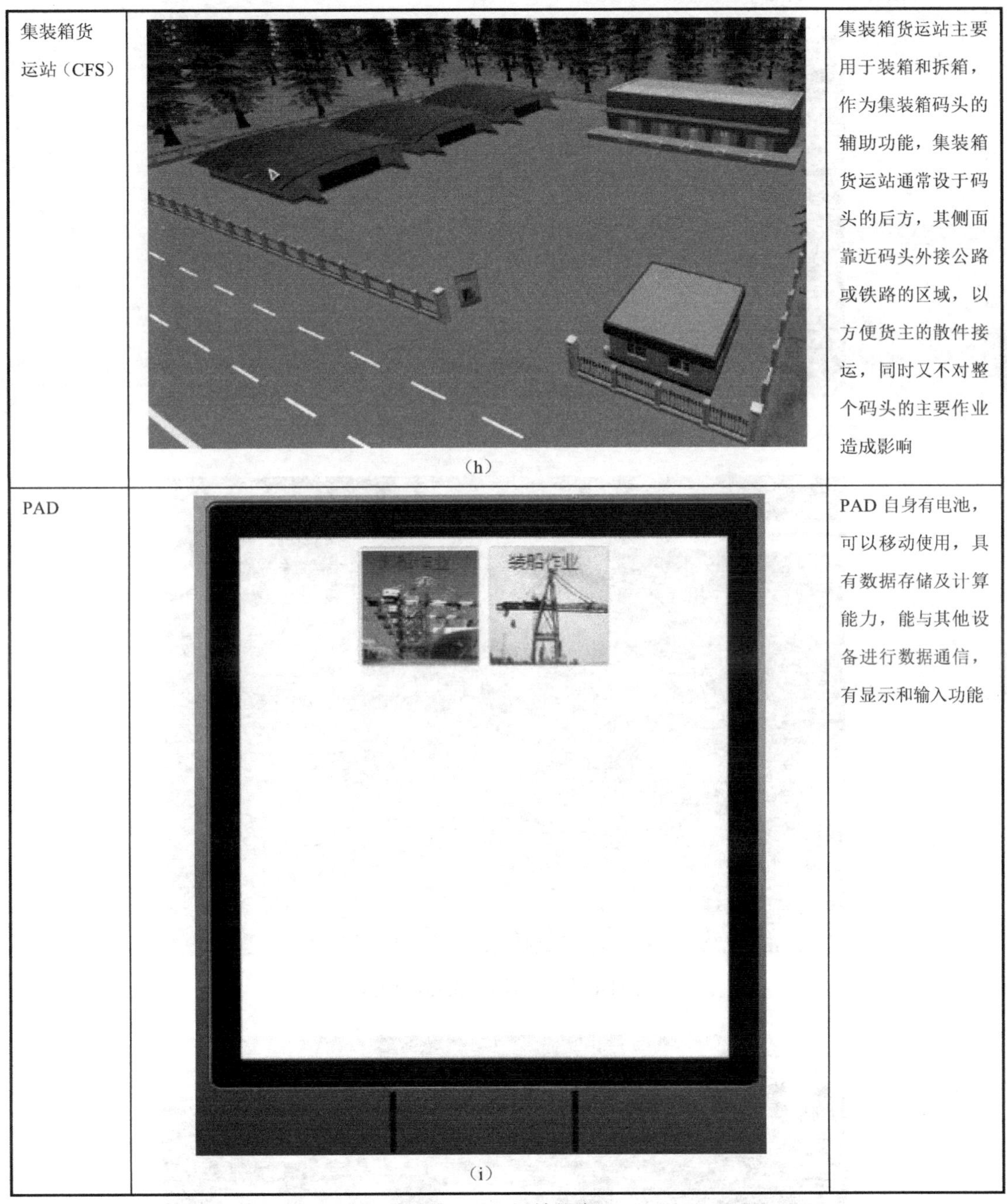

集装箱货运站（CFS）	（h）	集装箱货运站主要用于装箱和拆箱，作为集装箱码头的辅助功能，集装箱货运站通常设于码头的后方，其侧面靠近码头外接公路或铁路的区域，以方便货主的散件接运，同时又不对整个码头的主要作业造成影响
PAD	（i）	PAD 自身有电池，可以移动使用，具有数据存储及计算能力，能与其他设备进行数据通信，有显示和输入功能

图 11-4　设施设备

（4）按 F3 进入飞行模式，观察整个码头各个作业区域，认识其功能。找到提箱进场与收箱进场区（图 11-5），再找到提箱出场与收箱出场区（图 11-6），逆时针漫游场景，将会看到图 11-7 所示的区域。出百蝶港左转弯，会看到集装箱货运站（container freight station，

CFS），如图 11-8 所示。

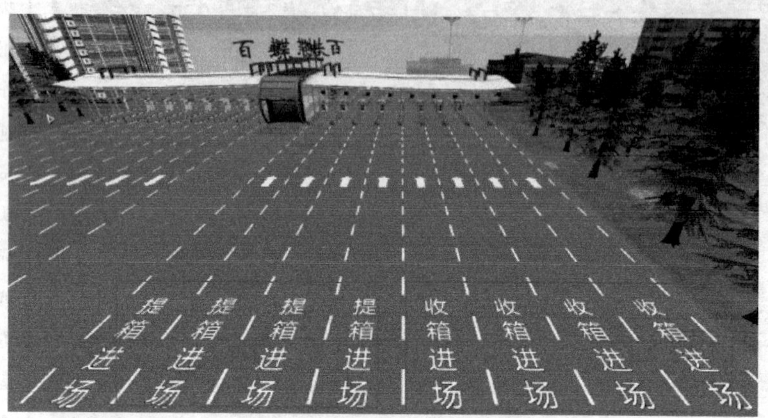

图 11-5　提箱进场与收箱进场区

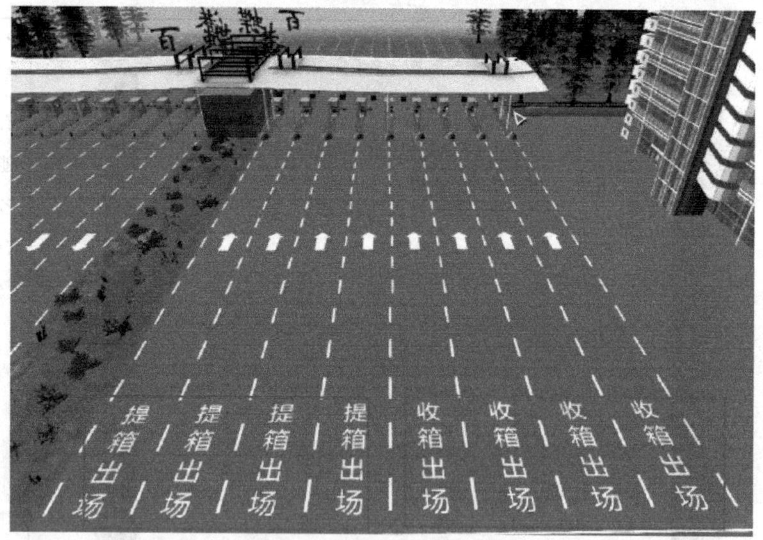

图 11-6 提箱出场与收箱出场区

图 11-7　办公区

图 11-8 集装箱货运站

11.1.5 实验思考与报告

1. 实验思考

（1）集装箱货运站在国际物流中发挥什么作用？
（2）港口码头堆场如何分区与货位编码？
（3）一般港口操作 PDA 有哪些功能模块？

2. 实验报告

按规范格式依据实验内容及时撰写并提交实验报告。

11.2 报关单和海运提单填制实验

11.2.1 实验目的与要求

（1）了解国际贸易与国际运输中重要单证的基本结构和内容。
（2）能够根据销售合同及信用证信息，正确填写报关单和海运提单。

11.2.2 实验原理与内容

1. 报关单的填制要求

国际贸易流程一项重要内容就是货物报关。对于一般进出口货物，其自动化通关流程为电子申报、集中审单、现场通关—接单、现场通关—查验、现场通关—税费征收、现场通关—单证放行、口岸通关—实货放行、签发进出口货物报关单—取货和装运九大环节，填制报关单是货物报关的一项重要活动。报关单的内容由 47 个数据项组成。

报关单主要栏目的填制按 2004 年 10 月修订的《中华人民共和国海关进出口货物报

关单填制规范》执行。报关单的填报必须真实，做到两个相符：①单证相符，即报关单中所列各项与合同、发票、装箱单、提单以及批文等相符；②单货相符，即报关单中所列各项所报内容与实际进出口货物情况相符，特别是货物的品名、规格型号、数（重）量、原产国、价格等内容必须真实，不允许伪报、瞒报或虚报等情形存在。报关单填写不正确：①影响通关速度；②影响企业的配额和税率的计征；③影响企业的出口退税和收结汇核。

2. 海运提单的功能及填制要求

海运提单是货物承运人或其代理人签发非托运人，确认已经收到托运的货物，或者已把托运的货物装上了指定的船舶的一种单据。其功能表现在：①承运货物的收据，承运人要保证凭此收据交付货物；②货物所有权的凭证，谁合法持有提单，货物即属谁所有；③托运人和承运人之间运输协议的证明。

海运提单的填制要求具体如下。

（1）托运人（shipper/consignor）：托运人是指委托运输的人，在贸易中是合同的卖方。一般在填写海运提单托运人栏目时，如信用证无特殊的规定，都填写卖方的单位名称、详细地址、联系方式。许多制单人直接把公司的公章盖在这一栏目中。托收方式下的提单托运人栏：应按合同规定的出口商作为托运人。

（2）收货人（consignee）：与托运单收货人栏目的填写完全一致。根据信用证在记名收货人、凭指示和记名指示中选择一个。在托收方式下，本栏可按合同的买方名称、地址、联系方式填写。

（3）被通知人（notify party，notify，addressed to）：如果第（2）栏中的收货人做成了“记名”式的，即在收货人栏中填上了买方的单位名称和地址、联系方式，则在该栏中填买方的单位名称、地址和联系方式，或填上：“THE SAME AS CONSIGNEE”；如果第（2）栏中的收货人做成了“凭指示”式的，则该栏目中填写货物到达目的港（地）船公司需要通知的人，一般情况下，该栏目填写的内容与托运单内容相同，即买方或进口商在目的港的代理人的单位名称。

（4）前段运输（pre-carriage by）：如果货物需转运，在这一栏目中填写第一程船的名称；如果货物不需转运，空白这一栏目。但驳船用“lighter”字样填入此栏目。

（5）收货地点（place of receipt）：如果货物需转运，填写收货的港口名称或地点；如果货物不需转运，空白这一栏目。

（6）海运船只、航次（ocean vessel voy. No）：如果货物需转运，填写第二程船的船名；如果货物不需转运，填写第一程船的船名。

（7）装运港（port of loading）：填写装运港名称。如果货物需转运，填写装运港/中转港名称。如货物在广州装运，需在香港转船，则在此栏目填写“GUANGZHOU/HONGKONG”。

（8）卸货港（port of discharge）：填写卸货港（指目的港）名称。如货物需转运，装运港后面没有注明中转港，则可在目的港之后加注“WITH TRANSSHIPMENT AT HONGKONG”

简写为 W/T HONGKONG，如“SINGAPORE W/T HONGKONG”（目的港新加坡，在香港转船）。如货运目的港装运内陆某地，或利用邻国港口过境，须在目的港后加注“IN TRANSIT TO 某地”或“IN TRANSIT 某地”，如 KUWAIT IN TRANSIT SAUDI ARABIA（目的港科威特转运沙特阿拉伯）。

（9）交货地点（place of delivery）：填写最终目的地名称。如果货物的目的地就是目的港，空白该栏。

（10）集装箱箱号（container No.）：海运集装箱号码由 4 个字母箱主代码（第 4 位为海运集装箱代号 U）＋顺序号 6 位数＋核对数 1 位组成，如“KHLU620686-7”。

（11）唛头和封箱号（seal no. marks & Nos）：封箱号一般由五位数组成，如“SEAL 08134”。

（12）运输标记（marks：shiping marks）：如信用证中规定了运输标志，要填写在该栏中，如果没规定则在该栏中填：No Marks 或 N/M。

（13）商品描述及数量（description of goods）：商品描述使用文字：①在没有特别说明时全部使用英文。②来证要求使用中文填写时，应遵守来证规定，用中文填写。数量是指本海运提单项下的商品总包装件数。a. 包装货物：packed goods：填几纸箱或几木箱等；b. 散装货：bulk cargo；c. 裸装货：no packed goods；d. 集装箱运输：container transportation：填几个多少英尺（1 英尺≈0.3 m=30.48 cm）的集装箱；e. 托盘装运：palletized transport：填几个长（cm）×宽（cm）的托盘；f. 两种或多种包装：填几纸箱和几铁桶等。提单上货物名称的描述可以只写总的名称，例如：“GOLD ELEPHANT” BRAND WATCH，而不必如发票上描述的那样细致。

（14）毛重（gross weight）：填写承运货物的总毛重，该数据是船公司计算运费的根据之一。提单的重量应与发票、装箱单等单据保持一致；如果裸装货物没有毛重，只有净重时，则在净重千克数前加注“N. W.”（net weight），或加注“Gross for Net”（以毛作净）即可。

（15）体积（measurement）：填写承运货物的总尺码，该数据是船公司计算运费的根据之一。

（16）大写合计件数[TOTAL NUMBER OF CONTAINERS OR PACKAGES（in words）]：与其他单据保持一致即可。

（17）海运提单（B/L No.）：海运提单的编号。

（18）运费和其他费用（freight and charges）：一般情况下本栏留白不填，除非信用证有特别规定。revenue tons（计费吨或运费吨）、rate（运费率）、per（单位）、prepaid（运费预付）、collect（运费到付）、prepaid at（运费预付地点）、payable at（运费到付地点）、Total prepaid（总运费）等栏，如信用证没有特别的规定，则无须填写。

（19）签发提单的地点和日期（place and date of issue）：一般为承运人或实际装运的地点和时间。如果一批货物分几个装运港装于同一艘船上运往同一目的港，签发几个不同日期的提单时，则以较迟的日期为装运日期。

（20）B/L 正本提单份数（number of original）：托收方式下的正本提单一般签发 2 份或

3 份皆可，信用证项下的正本提单签发的份数应按信用证规定办理；如果信用证规定“Full Set of Clean on Board Bill of Loading”（全套已装船清洁单），而没有规定具体的份数，此时根据 UCP600 第 23 条规定“开立全套正本提单可以是仅有一份正本提单或者是一份以上的正本提单”，应该提供承运人签发的所有正本提单，一般是 3 份。

（21）承运人或其代理人签字（by signed for and on behalf of the carrier）：作为承运人的代理人签发提单时，签字栏下端一般须加注“As Agents for the Carrier×××”；承运人签字时，则在上端加注“As Carrier”。

（22）承运人（carrier）：提单上端印就的船公司名称。

11.2.3 实验环境与准备

（1）与报关单和提单填制相关的信息及单证实例。

（2）空白的报关单。

（3）空白提单。

11.2.4 实验步骤与操作

1. 根据以下背景资料填制出口报关单

（1）商品销售合同情况。

深圳市电子进出口有限公司与 SUNLIT TRADE GMBH PEUTESTRASSE 6A-75589，HAMBURG，GERMANY 所签第 SSAB01-0032 合同项下商品情况如下。

CAR SPEAKER	PY-1009A	6720 PAIRS	560CTNS	USD3.30/PAIR
	PY-6960A	1705 PAIRS	341CTNS	USD17.10/PAIR
				TOTAL USD51L331.50

2004 年 11 月 28 日，深圳市电子进出口有限公司收到了一份 STATE BANK OF GERMANY，HAMBURG，GERMANY 于 2004 年 11 月 26 日开来的信用证，购买汽车喇叭，信用证号码为 GSN118488LY，金额为 USD51331.50，CIF BREMEN 条件，该公司立即与深圳市翔达电声器材厂联系，并签了合同 EL2001-321，商品的有关情况如下。

汽车喇叭	PY-1009A	6720 对	RMB25.00/对	RMB168 000.00
	PY-6960A	1705 对	RMB136.00/对	RMB231 880.00
				TOTAL RMB399 880.00

货备好后，深圳市电子进出口有限公司于 2004 年 12 月 9 日向深圳蛇口海关申报出口，将货装上了船名为深圳海，航次 661 的海轮运送出海，B/L NO.：SSAB01-001，NW：5.065MT，GW：5.966MT，唛头 N/M，2×20’FCL：SZWY7891012/7891013，核销单编号：448899662，海关计量单位：对/个，运费为 USD3000.00，保费率为 0.69%。商品编码为 8518.2100。

（2）根据实验实例信息对出口报关单进行填制，海关出口货物报关单如表 11-3 所示。

表 11-3 中华人民共和国海关出口货物报关单

预录入编号海关编号

出口口岸 深圳蛇口海关	备案号		出口日期 2004.12.10	申报日期 2004.12.09
经营单位 深圳市电子进出口有限公司	运输方式 江海运输	运输工具名称 深 圳 海 ， 航 次661		提运单号 S S A B 0 1 -001
发货单位 深圳市电子进出口有限公司	贸易方式 一 般 贸 易 0110	征免性质 一 般 征 税 101		结汇方式 L/C 6
许可证号	运抵（国地区） GERMANY 德国	指运港 BREMEN 不莱梅		境内货源地 深圳
批准文号 核销单 448899662	成交方式 CIF	运费 502/3000/3	保费 0. 69/1	杂费
合同协议号 SSAB01-0032	件数 901	包装种类 纸箱	毛重（公斤） 5966	净重（公斤） 5065
集装箱号 Szwy7891012*2（2）	随附单据			生产厂家 深圳市翔达电声器材厂

标记唛码及备注

N/M

SZWY7891013（如果有两个以上的集装箱号，则在集装箱号栏只写一个，其他的写在这里）

项号	商品编号	商品名称规格型号	数量及单位	最终目的地国（地区）	单价	总价	币制	征免
01	8518.2100	汽车喇叭 CAR SPEAKER		德国		51 331.50	美元	照章
		PY-1009A	6 720 PAIRS		3.30	22 176.00		
		PY-6960A	1 705 PAIRS		17.10	29 155.50		

税 费 征 收 情 况

录入员 录入单位 报关员	兹声明以上申报无讹并承担法律责任	海关单批注及放行日期（签章） 审 单 审 价
申报单位（签章） 单 位 地 址 邮编 电话	填制日期	征税 统计 查验 放行

2. 根据以下背景资料填制海运提单

（1）商业发票，如表 11-4 所示。

表 11-4 商业发票

致 TO: TOYOHANWA AND CO.，LTD 56 NISHIKI 6-CHOME，NAKAKU，NAGOYA，JAPAN TEL：83415659			销售号 Sales No.	
			发票号码 Invoice No.	CS275649607
			日期 Date	NOV.25，2013
			合同号 Contract No.	2013Y47582
			起运港 port of departure	SHANGHAI，CHINA
			目的港 port of destination	OSAKA，JAPAN
唛头及号数 Marks&Numbers	品名 Descriptions	数量，单位 Quantities	单价 Unit Price	总价 Amount
CIF OSAKA，JAPAN				
T.H.C. 04AB34 OSAKA NO.1-800 CIF OSAKA，JAPAN	MOTOR BICYCLE BATTERIES TYPE 78 235G	8 000 SETS	USD5.00/SET	USD40 000.00
	Total:	**8 000 SETS**		**USD40 000.00**

（2）装箱单，如表 11-5 所示。

表 11-5 PACKING LIST 装箱单

Address：Room 2307，Rongshan Building，5112 Wuyi Road，Changsha，Hunan，China

Tel：0086-731-82855550，0086-731-82855551

Fax：0086-731-82855596，0086-731-82855590

TO：TOYOHANWA AND CO.，LTD

56 NISHIKI 6-CHOME，NAKAKU，NAGOYA，JAPAN

TEL：83415659

Fax：83413229 DATE：2013-11-29

FROM	SHANGHAI			TO	OSAKA	
MARKES & NO.	DESCRIPTIONS	QUANTITY	PACKAGE	GROSSWT	NET WT	MEASURE
T.H.C. 04AB34 OSAKA NO.1-800 CIF OSAKA， JAPAN	MOTOR BICYCLE BATTERIES TYPE 78 235G	SET 8000	CTN 800 FIBRE CARTON	KG 18 000	KG 16 000	26 m^3

续表

TOTAL：	8000	800	18 000	16 000	26 m^3

长沙东盛蓄电池有限公司

CHANGSHA DONGSHENG BATTERIES CO.，LTD.

（3）根据上述背景资料填制下面的海运提单，海运提单如表 11-6 所示。

表 11-6 海运提单

<table>
<tr><td colspan="3">1. Shipper Insert Name，Address and Phone
CHANGSHA DONGSHENG BATTERIES CO.，LTD.
Room 2307，Rongshan Building，5112 Wuyi Road，Changsha，Hunan，China
Tel：0086-731-82855550，0086-731-82855551</td><td colspan="3" rowspan="2">B/L No.

中远集装箱运输有限公司
COSCO CONTAINER LINES

TLX：33057 COSCO CN
FAX：＋86（021）6545 8984

ORIGINAL</td></tr>
<tr><td colspan="3">2. Consignee Insert Name，Address and Phone
TO ORDER OF THE SHIPPER</td></tr>
<tr><td colspan="3">3. Notify Party Insert Name，Address and Phone
（It is agreed that no responsibility shall attach to the Carrier or his agents for failure to notify）
（2）TOYOHANWA AND CO.，LTD.
56 NISHIKI 6-CHOME，NAKAKU，NAGOYA，JAPAN
TEL：83415659</td><td colspan="3" rowspan="6">Port-to-Port or Combined Transport
BILL OF LADING
RECEIVED in external apparent good order and condition except as other-wise noted. The total number of packages or unites stuffed in the container，The description of the goods and the weights shown in this Bill of Lading are furnished by the Merchants，and which the carrier has no reasonable means of checking and is not a part of this Bill of lading contract. The carrier has issued the number of Bills of Lading stated below，all of this tenor and date，one of the original Bills of Lading must be surrendered and endorsed or signed against the delivery of the shipment and whereupon any other original bills of Lading shall be void. The Merchants agree to be bound by the terms and conditions of this Bill of Lading as if each had personally signed this Bill of Lading.
SEE clause 4 on the back of this Bill of Lading（Terms continued on the back hereof，please read carefully）.
*Applicable Only When Document Used as a Combined Transport Bill of Lading.</td></tr>
<tr><td colspan="2">4. Combined Transport *
Pre – carriage by</td><td>5. Combined Transport*
Place of Receipt</td></tr>
<tr><td colspan="2">6. Ocean Vessel Voy. No.</td><td>7. Port of Loading
（3）SHANGHAI PORT</td></tr>
<tr><td colspan="2">8. Port of Discharge
（4）OSAKA PORT</td><td>9. Combined Transport *
Place of Delivery</td></tr>
<tr><td colspan="2">Marks & Nos.
Container / Seal No.</td><td>No. of Containers or Packages</td><td>Description of Goods（If Dangerous Goods，See Clause 20）</td><td>Gross Weight Kgs</td><td>Measurement</td></tr>
</table>

续表

（5）	（6）	（7）	（8）	（9）
T.H.C. 04AB34 OSAKA NO.1-800 CIF OSAKA，JAPAN	800 FIBRE CARTONS	MOTOR BICYCLE BATTERIES TYPE 78 235g	18 000 kg	26 m^3
		Description of Contents for Shipper's Use Only（Not part of This B/L Contract）		

10. Total Number of containers and/or packages（in words）	
Subject to Clause 7 Limitation	（10）SAY EIGHT HUNDRED CARTONS ONLY

11. Freight & Charges	Revenue Tons	Rate	Per	Prepaid	Collect
Declared Value Charge					

Ex. Rate：	Prepaid at	Payable at	Place and date of issue
	Total Prepaid	No. of Original B（s）/L	Signed for the Carrier，COSCO CONTAINER LINES

LADEN ON BOARD THE VESSEL			
DATE	NOV.25，2013	BY	

11.2.5 实验思考与报告

1. 实验思考

（1）如何填制进口报关单？

（2）如何根据信用证信息填制海运提单？

2. 实验思考

按规范格式依据实验内容及时撰写并提交实验报告。

11.3 国际集装箱重箱进场实验

11.3.1 实验目的与要求

（1）掌握百蝶集装箱港口运营仿真平台 ITOS 的基本操作。

（2）熟悉出口重箱进场作业的基本流程，学习集卡、龙门吊等设施设备的操作方法，重点关注相关单据与信息流。

（3）结合国际物流的课程内容，掌握重箱进场作业的应用场景。

11.3.2 实验原理与内容

国际集装箱的进出口业务，一般需要通过公路运输以及集装箱卡车（简称"集卡"）的接驳，完成港口以外的集装箱疏运作业。其中，重箱表示装满货物的集装箱，重箱进场（又称"重箱返场"）即指货主或拼箱人将装满货物的集装箱，通过集卡运进港口堆场，准备装船，通常对应于出口业务；而重箱出场则指集卡将进口的重箱从港口堆场提出港口，运至货主指定目的地。本节以重箱进场为背景展开实验，分析出口重箱的进场作业流程（重箱出场的实验流程同理，故略）。

1. 重箱进场作业的主要内容

重箱进场包括出口装船的重箱和中转出口（转码头）的重箱。转码头的重箱，由于进口船舶所靠的码头与中转出口船舶所靠的码头并非同一个，因此也需借助集装箱卡车运输完成转码头作业。

1）检查桥作业

集装箱检查桥（container gate house，检查桥）是集装箱码头的出入口，因进出码头的集装箱在此进行立体检查和交接而得名，实际上是区别码头内外的一个责任分界点。检查桥的工作人员在收到验箱员所批注的信息后，需检查该批注和审核集卡司机提供的文件、单证的有效性，测定集装箱的重量，然后对箱号、箱型、车牌号、箱状态、船名、航次、卸货港、中转港、提单号、货物件数、重量等信息进行核对。不同港口的操作有差别，故出口重箱进场所需要持有的单证也有所不同，有的需持设备交接单，有的需持装箱单，还有的两者都必需。

转码头的重箱进场，集卡司机应凭盖有海关验讫章的《集装箱转码头海关申报单》及设备交接单到检查桥办理手续，检查桥输单员输入车号、箱号，码头操作系统会自动显示其他信息。

2）堆场准备

堆场准备：装船出口的集装箱必须在船舶到港前提前进场（港口码头），并做好相关装船准备，因此集装箱码头计划部门必须先编制出口箱进场计划。出口箱进场计划是根据船名、航次、出口集装箱预到港资料，并结合集装箱码头堆场目前的实际情况而编制。为保证出口箱顺利装船，出口箱进场计划在编制过程中，应充分考虑该航次未来船舶配载图编制情况、码头集装箱装船作业路的安排情况，保证作业中不发生作业路冲突或堵塞。同时，出口箱进场计划的编制还要综合考虑堆场的实际使用情况，如其他船舶的出口箱进场作业安排、已卸船进口箱的提运作业安排、箱区集装箱归并转作业安排等，力求减少各种堆场作业操作的相互影响。出口箱进场计划应结合船舶计划编制，力求保持这两个计划的协调性。

3）集卡运输与堆场吊放

集卡有内外之分，分别指港口码头内部与外部使用的集卡，重箱的进场出场作业使用外集卡，装船卸船时的集装箱调度使用内集卡。重箱进场时，集卡首先从重箱始发地，如货主工厂、集装箱货运站等提箱，接着运至目的港口码头的检查桥进行查验，信息无误并查验通过后，再运至事先指定的堆场位置通过龙门吊进行吊放。吊放交接完成后，外集卡便可驶离港口码头，重箱进场作业完毕。

2. 重箱进场的主要单据

重箱进场的单据主要有集装箱设备交接单（equipment interchange receipt，EIR）与装箱单（container load plan，CLP）两类，如图 11-9 与图 11-10 所示。其中，设备交接单有进场与出场之别，通过 IN 与 OUT 分别标识，该单一式三联，含委托人、承运人与办理存根。装箱单作为最详细的表示箱内货物的唯一文件，主要内容包括船名、航次、启运港、中转港、目的港、集装箱号、铅封号、尺寸、箱型、提单号、件数、重量、体积、包装、货名、装箱日期和地点等。对于特殊货物的装箱单，还应加注特殊标注，如冷藏箱要标明温度、危险品箱要标明危险等级与联合国编号、超限箱要标明具体超限尺寸等。

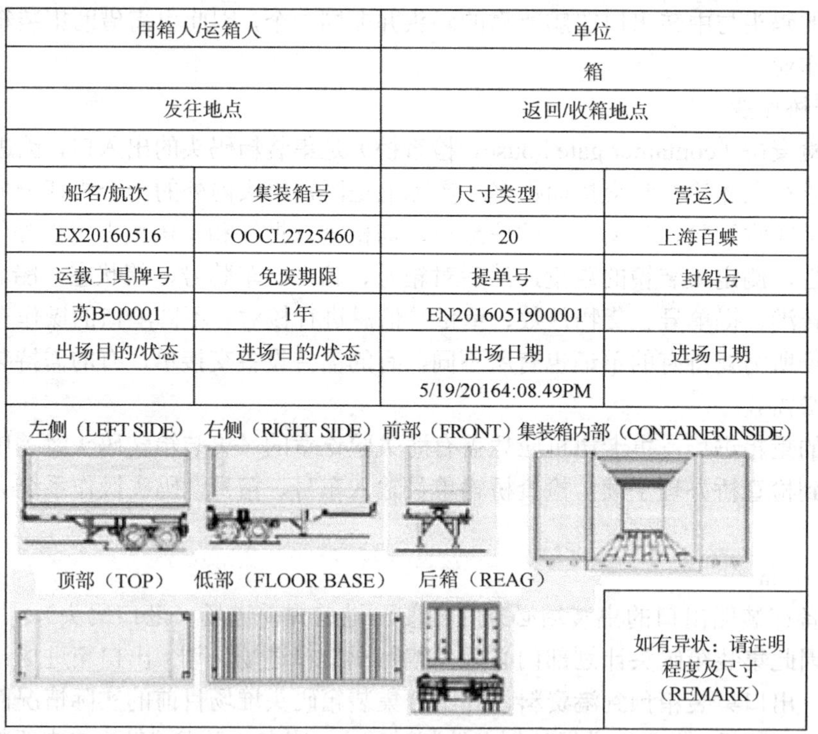

用箱人/运箱人		单位	
		箱	
发往地点		返回/收箱地点	
船名/航次	集装箱号	尺寸类型	营运人
EX20160516	OOCL2725460	20	上海百蝶
运载工具牌号	免废期限	提单号	封铅号
苏B-00001	1年	EN2016051900001	
出场目的/状态	进场目的/状态	出场日期	进场日期
		5/19/20164:08.49PM	

左侧（LEFT SIDE） 右侧（RIGHT SIDE） 前部（FRONT）集装箱内部（CONTAINER INSIDE）

顶部（TOP） 低部（FLOOR BASE） 后箱（REAG）

如有异状：请注明程度及尺寸（REMARK）

图 11-9 集装箱设备交接单

11.3.3 实验环境与准备

（1）硬件环境：需配置服务器 1 台，学生每人 1 台客户端电脑；均可连接网络。服务器方面，CPU（central processing unit，中央处理器）推荐 E5 或以上，RAM（random alless memory，随机存取存储器）推荐 8 G 或以上，硬盘剩余空间要求 100 G 或以上；客户端

船名/航次	装货港	卸货港	交货地	SHIPPER'S/PACKER'SDECLARATIONS		
潜龙EX20160516	上海	上海				
箱号	提单号	件数与包装	毛重	尺码	货名	唛头
OOCL2725460	tidan005	0	25000	20		
封号						
箱型 箱类型						
散货						
装箱人名称/地址						
东方海外货柜航运						
电话号码						
装箱日期	驾驶员签收及车号	总件数	总货量	总尺码	Remarks: 备注	
	苏B-00001	0	2400			
装箱人签名	码头收箱签收和收箱日期		集装箱皮重	货/箱总重量		

图 11-10 装箱单

电脑方面，CPU 推荐 Intel Core 双核、主频 2 GHz 或以上，RAM 推荐 4 G 或以上，硬盘剩余空间要求 10 G 或以上、3D 仿真模拟软件对显卡的要求较高，显存须 1G 或以上。

（2）软件环境：服务器方面，操作系统要求 Windows Server 2008 或 Windows Server 2012，数据库要求 Microsoft SQL Server 2005、Microsoft SQL Server 2008 或 Microsoft SQL Server 2012；其他支持软件包括 IIS V6.0、Microsoft .NET Framework 4.5、DirectX 9.0、IE 6.0 及以上；学生客户端方面，操作系统要求 Windows 7 或以上，其他支持软件包括 Microsoft .NET Framework 4.5、DirectX 9.0、IE 6.0 及以上。

仿真模拟软件需安装 ITOS 虚拟集装箱港口运营（包含服务器端与客户端）、ITP 教学管理平台。其中，ITOS 由上海百蝶计算机信息有限公司（以下简称百蝶）开发，是一套以上海洋山港一期码头为蓝本的仿真模拟系统，模拟的港口设备有集装箱岸边起重机、轮胎式龙门吊、集卡车、集装箱运输船舶、集装箱、道闸设备、港口远程监控系统、港口作业手持终端、单据打印机、集装箱堆场、中控大楼等，设施设备的规模和模拟操作与现实高度一致。

（3）辅助参考材料：《ITOS 虚拟集装箱港口运营操作手册》《ITP 百蝶虚拟仿真运营软件教师使用手册》，由百蝶提供。

11.3.4 实验步骤与操作

1. 重箱进场信息管理

（1）学生使用自己的账号登录，选择任务五、重箱进场业务操作→港口调度员→准备

→开始，进入3D虚拟场景，如图11-3所示。

（2）控制人物进入中控室，走近电脑，根据提示按Alt键操作电脑。打开船舶管理系统，依次选择出口集港及装船→出口仓单录入，在下拉列表中选择出口航次，勾选出口舱单信息，单击提交，如图11-11所示。

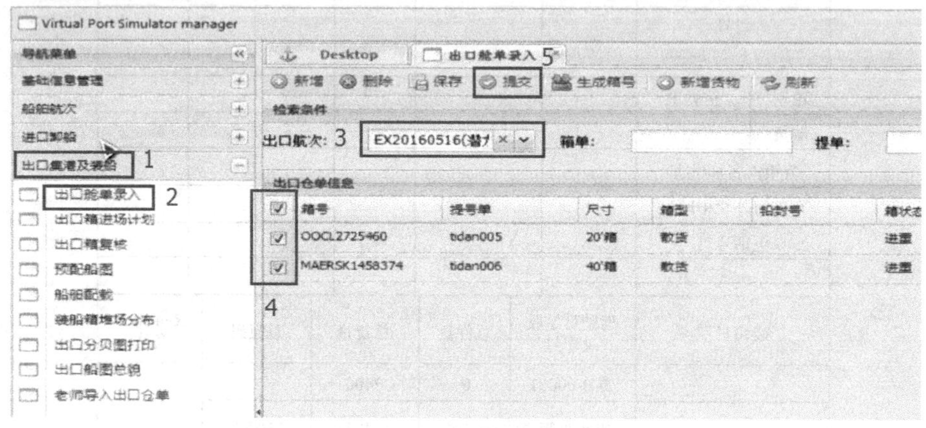

图11-11 出口仓单录入

（3）单击出口箱进场计划，选择出口航次，单击分类，勾选20英尺集装箱信息前面的复选框，在箱区中选择1A并选择07贝位（注意：20英尺的箱子用奇数表示，40英尺的箱子用偶数表示），在场吊作业区域选择1A07，再单击“保存”按钮，如图11-12所示。

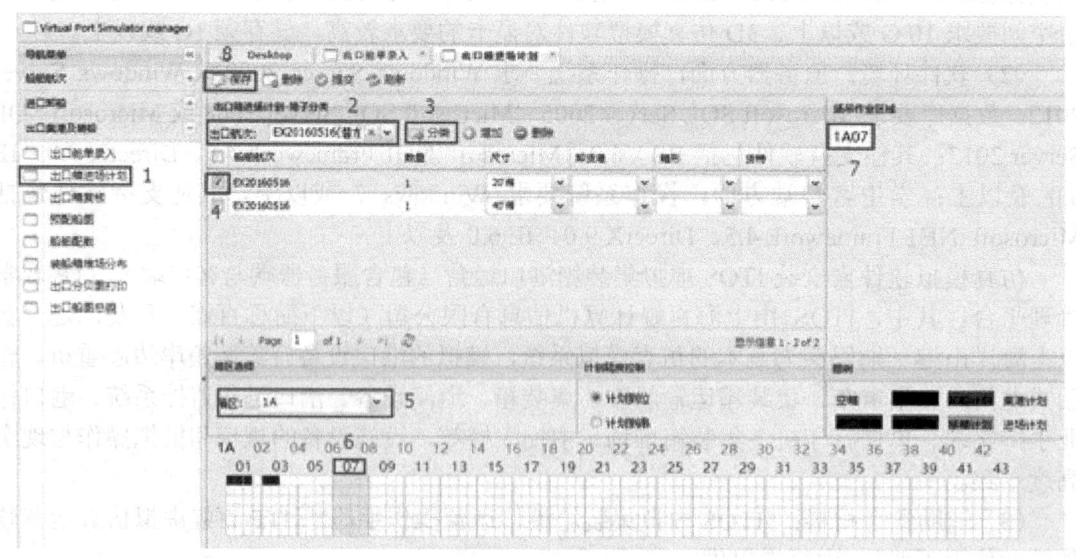

图11-12 出口箱进场计划（20英尺集装箱）

（4）选择40英尺的集装箱信息前面的复选框，在1A箱区中选择10贝位，在“场吊作业区域”选择1A10，单击“保存”按钮，然后在“船舶航次”里面同时勾选20英尺和40英尺集装箱的航次信息，再单击“提交”按钮，如图11-13所示。

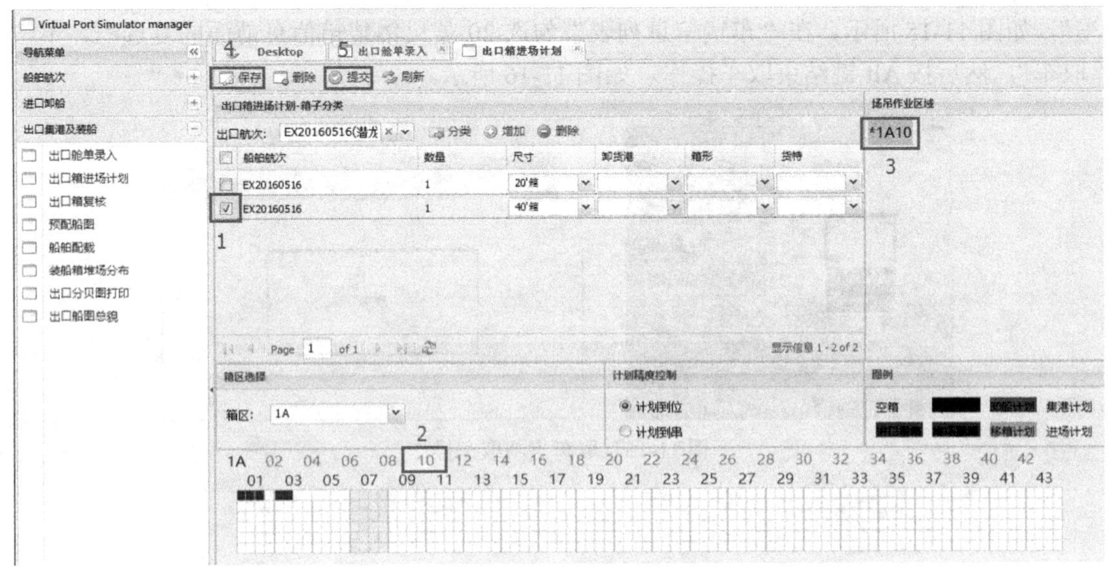

图 11-13 出口箱进场计划（40 英尺集装箱）

（5）单击“中控调度”，选择“场吊调度”，在“场吊编码”里面勾选 L01，在“堆场信息”里面选择 1A 箱区，并在“调度区域”中选择*1A，再单击“保存”按钮，按 Alt 键退出电脑操作，如图 11-14 所示。

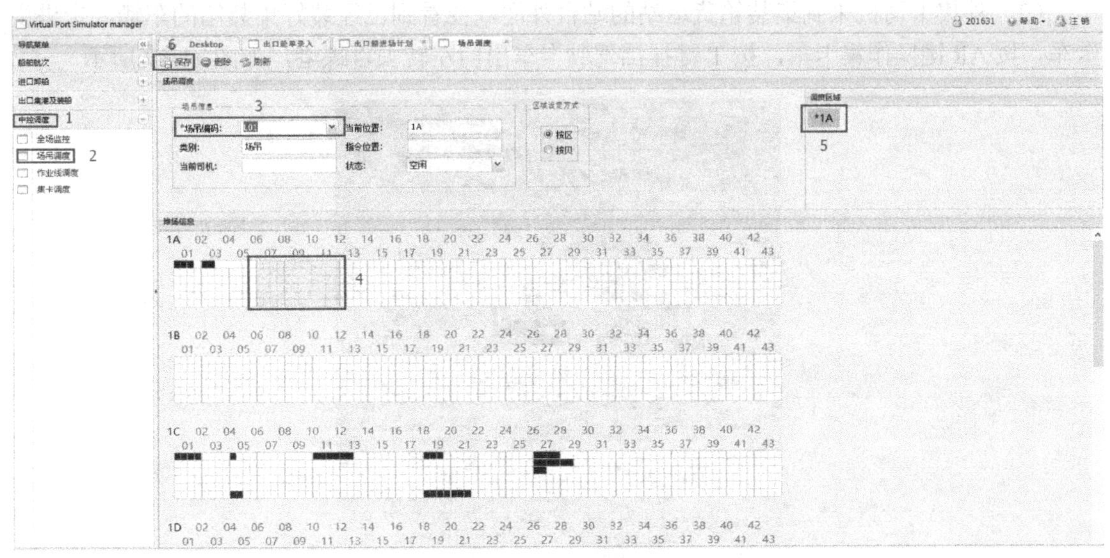

图 11-14 场吊调度

2. 集卡运输作业

（1）切换人物角色为“外集卡司机”，按 M 键打开导航地图，双击将人物传送至集装箱货运站，进门靠右手边会看到集卡公司取车点，根据提示按 Alt 键进行操作，单击“取车”，如图 11-15 所示，在“车辆信息列表”勾选 20 英尺集装箱信息前面的复选框，单击“取车”，然后按 Alt 键结束取车操作，如图 11-16 所示。

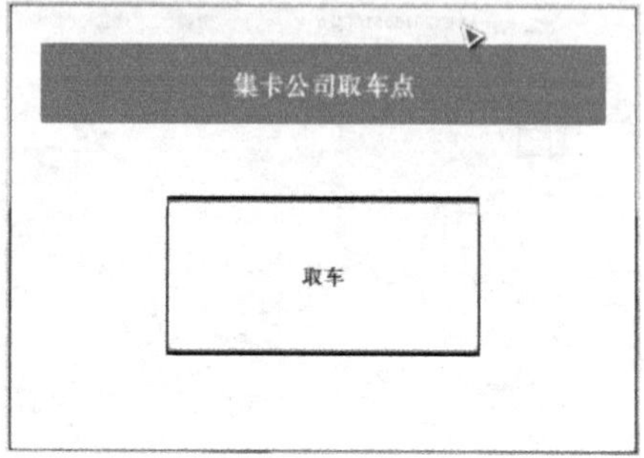

图 11-15　取车点与取车操作

取车　刷新

车辆信息列表

☐	箱号	尺寸	持箱人	进出	车号
☑	OOCL2725460	20	东方海外货柜航运	出口	苏B-00001
☐	MAERSK1458374	40	马士基	出口	苏B-00002

图 11-16　取车（20 英尺集装箱）

（2）外集卡司机来到集装箱货运站的站台外面，会看到已经装好集装箱的车辆，走进集卡车，按 Alt 键操作集卡车，按 T 键挂挡驾驶卡车出门左转去百蝶港，如图 11-17 所示。

图 11-17　集卡

（3）驾驶车辆到百蝶港外面，根据地面提示，选择 8 个进场通道中的任意一个，将外集卡车驾驶到闸口旁边，按 Alt 键下车，进入检查口办公室，根据提示按 Alt 键操作电脑，电脑上会显示集卡和集装箱信息，单击“确认”按钮，如图 11-18 所示。

集卡和集装箱信息

集卡信息

车牌 苏B-00001　车队 百蝶车队　车重 15t　时间 2016/05/18

集装箱信息 1

箱号 OOCL2725460　封铅号　尺寸 20　箱状态 进重

持箱人 东方海外货柜航运　箱型 散货　箱高 平箱　货特 超宽箱

确认

图 11-18　确认集卡和集装箱信息

（4）勾选出口箱信息中 20 英尺集装箱信息前面的复选框，自动选位→开闸→打印小票，按 Alt 键退出电脑，在左边的打印机前面，根据提示按住 Ctrl 同时单击拿起打印好的小票，如图 11-19 所示。

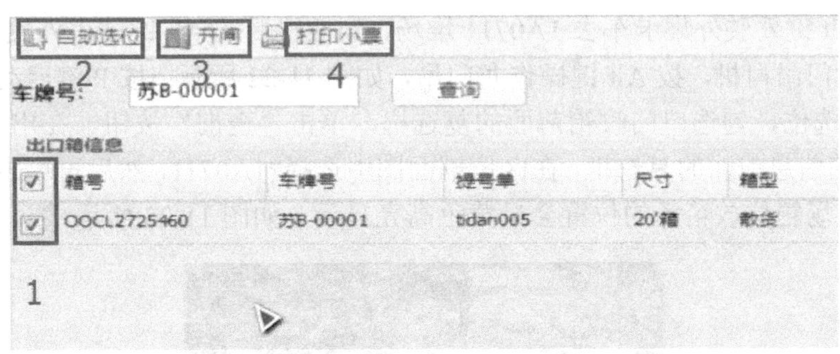

图 11-19　选位/开闸

（5）在任务栏中单击打开单据，如 11-20 所示；选择收箱小票，双击打开收箱小票的详细信息查看集装箱场箱位位置为 1A0711，如图 11-21 所示。然后在任务栏中单击单据按钮，收起单据。

图 11-20　打开单据

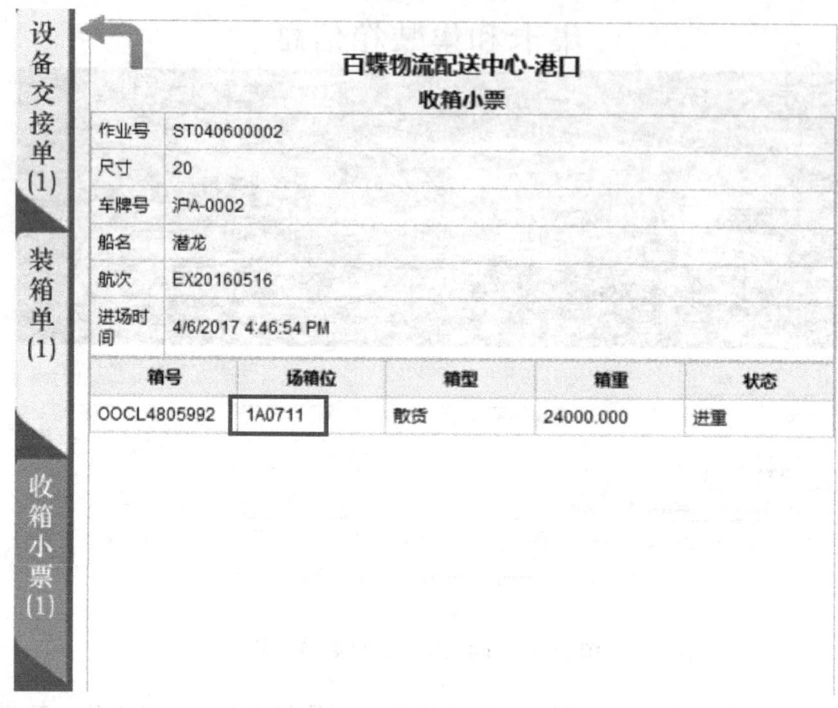

百蝶物流配送中心-港口

收箱小票

作业号	ST040600002
尺寸	20
车牌号	沪A-0002
船名	潜龙
航次	EX20160516
进场时间	4/6/2017 4:46:54 PM

箱号	场箱位	箱型	箱重	状态
OOCL4805992	1A0711	散货	24000.000	进重

图 11-21　查看收箱小票

3. 堆场吊放作业

（1）按 Alt 键驾驶外集卡车去 1A0711 堆场，到位置后按 Alt 键结束外集卡操作，切换人物角色为龙门吊司机，按 Alt 键操作龙门吊，如图 11-22 所示；按 P 键启动龙门吊电源，按 Q 键进行选位，勾选口门收箱前面的复选框，单击“查询”按钮，在出口箱信息勾选 20 英尺集装箱信息前面的复选框，在区位剖面图中选择*1A0711，然后再单击选位→提交，选位成功后该场箱位放箱子的位置会呈黄色高亮显示，如图 11-23 所示。

图 11-22　操作龙门吊

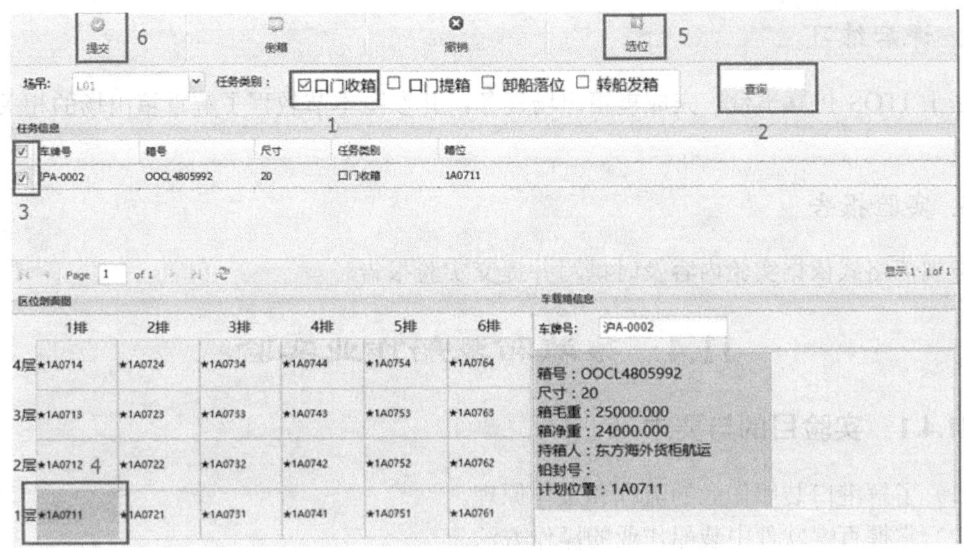

图 11-23 收箱选位

（2）按 A、D、W、S 键和键盘方向键操作龙门吊（龙门吊操作方法可参照装船任务作业），将集装箱从集卡车上吊起放到 1A0711 堆场上，按 F1、F2、F3 切换视角，便于吊箱，如图 11-24 和图 11-25 所示。

图 11-24 吊起箱子（20 英尺集装箱）

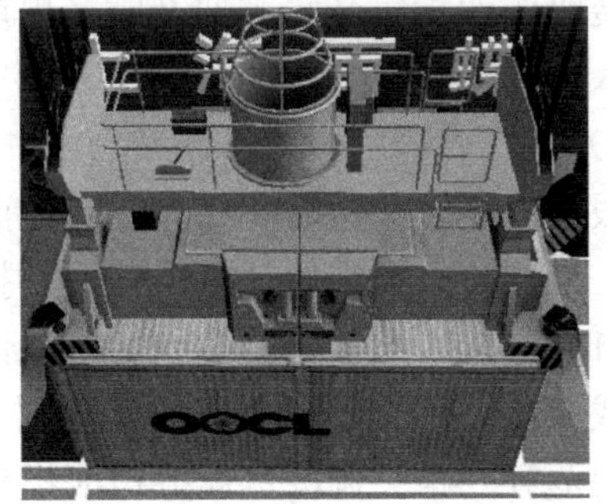

图 11-25 集装箱落堆场箱位（20 英尺集装箱）

（3）参照 20 英尺集装箱的集卡运输与堆场吊放作业流程，完成 40 英尺集装箱的对应作业。作业完成后，将外集卡车开回集装箱货运站，重箱进场业务全部操作结束。

11.3.5 实验思考与报告

1. 实验思考

（1）根据本节实验内容，以流程图形式描绘出口重箱进场的整个作业流程，并指出对应的信息流交换。

（2）对于港口码头，应该如何对进场重箱进行管理，管理内容主要包括什么？分别由哪些岗位的工作人员来完成审核确认？

2. 课后练习

基于 ITOS 仿真平台，完成重箱出场任务，并参照本节教程了解重箱出场的相关作业内容。

3. 实验报告

按规范格式依据实验内容及时撰写并提交实验报告。

11.4 集装箱装船作业实验

11.4.1 实验目的与要求

（1）了解港口装船作业的流程和工作原理。

（2）掌握百蝶软件中装船作业的操作方法。

11.4.2 实验原理与内容

1. 实验原理

1）装船作业

装船作业指集装箱需要及时（提前）堆放到前方堆场，然后在集装箱船靠岸后将集装箱装入船的作业。

2）工作内容

根据船期预、确报，在船舶抵港前，预先做出堆场配置计划、船舶配载计划以及泊位、场地、机械、人力配置计划。在具体操作上，主要有以下三方面内容。

（1）出口作业计划的编制。出口作业计划的编制依据和需要参考的货运资料是：集装箱装载清单、场站收据、堆场积载图、预配船图、危险货物说明书、特种箱的有关要求、船舶规范等。码头调度室业务员应根据上述有关货运资料进行如下核对与统计：①收箱结关后，将场站收据有关联于装船前一定时间内送外轮理货并签证交接；②接到船舶代理送交或转送的出口装载清单后，按箱型尺寸统计到港的各类型集装箱数；③将场站收据、危险货物说明书、冷藏箱温度情况与舱单进行核对；④将堆场积载图与装载清单进行核对，并编制实配船图。

（2）出口作业计划的实施。调度室业务员在出口装船前，应将实配船图送船长或大副审核，经船方签字确认后，方可根据实配图编制集装箱装船顺序表并由业务员签字，连同其他装船单证送交码头堆场箱控室，由堆场箱控室下达指令，按实配船图及装船顺序表组织装船作业。

（3）资料管理。出口装船作业完毕，调度室业务员应将场站收据相关联及装载清单等单证整理存档。

2. 实验内容

（1）预配船图。
（2）船舶配载。
（3）船舶调度。
（4）装船作业。

11.4.3 实验环境与准备

（1）每人一台计算机。
（2）安装百蝶软件。

11.4.4 实验步骤与操作

1. 进入三维环境

学生使用自己的账号登录，选择任务三、装船作业操作→港口调度员→准备→开始，进入 3D 虚拟场景。控制人物进入中控室，走近电脑，根据提示按 Alt 键操作电脑。打开虚拟电脑界面上的进入船舶管理系统，依次选择出口集港及装船→出口箱复核，在下拉列表中选择航次，勾选舱单信息，单击复核→提交，如图 11-26 所示。注意：由于教师已经在教师端录入好了出口舱单及出口箱进场计划，所以从第三步出口箱复核开始操作。

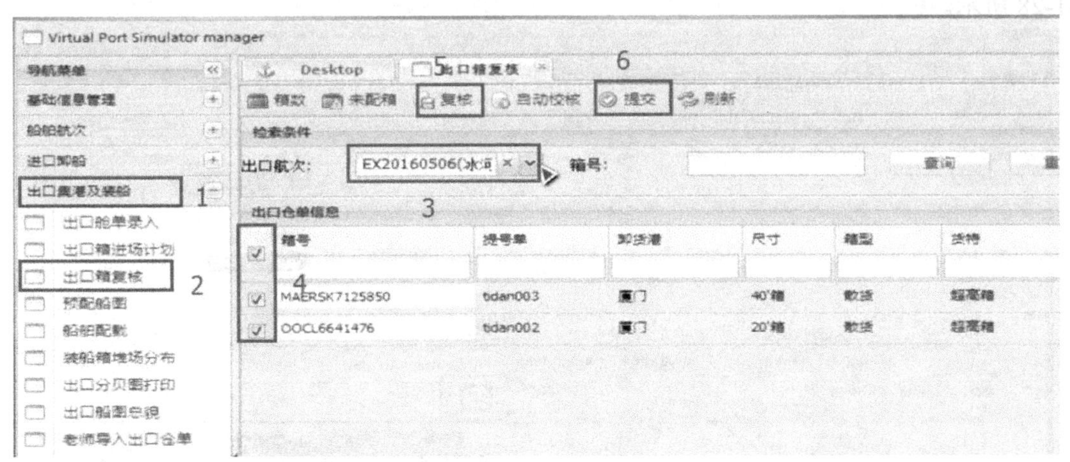

图 11-26 出口箱复核

2. 预配船图

（1）单击预配船图，选择出口航次，选择厦门卸货港，在船图：侧截面图预览上选择 D04（预配 40 英尺的集装箱），然后在船贝位信息选择空白位置进行预配，预配成功会变成红色，单击“保存”按钮，如图 11-27 所示。

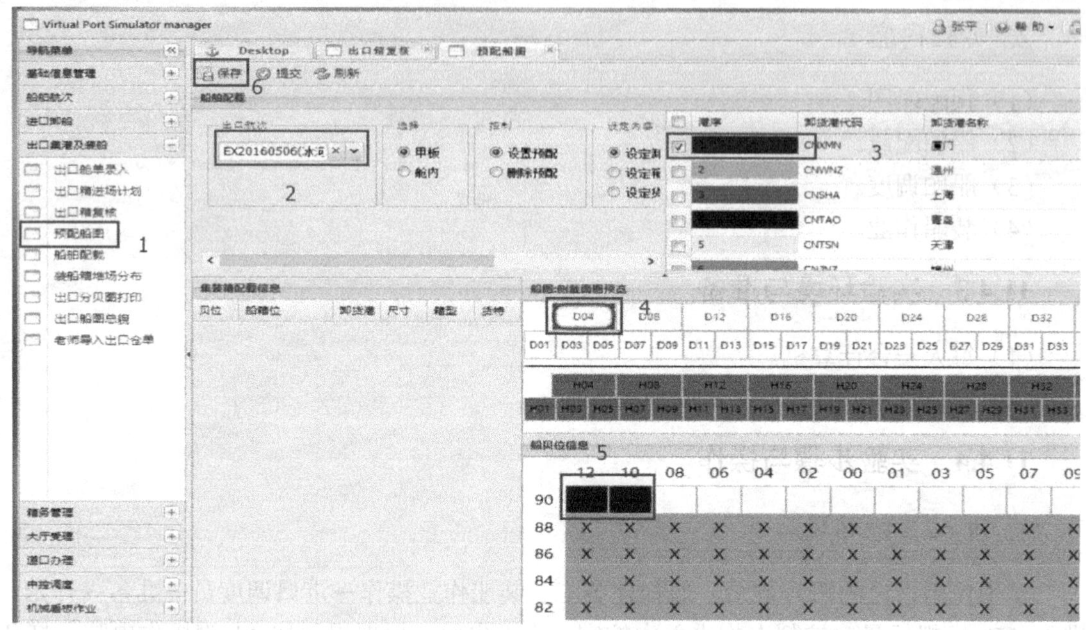

图 11-27　预配船图（40 英尺集装箱）

（2）选择厦门卸货港，在船图：侧截面图预览上选择 D01（预配 20 英尺的集装箱），然后在船贝位信息选择空白位置进行预配，预配成功会变成红色，单击保存→提交，如图 11-28 所示。

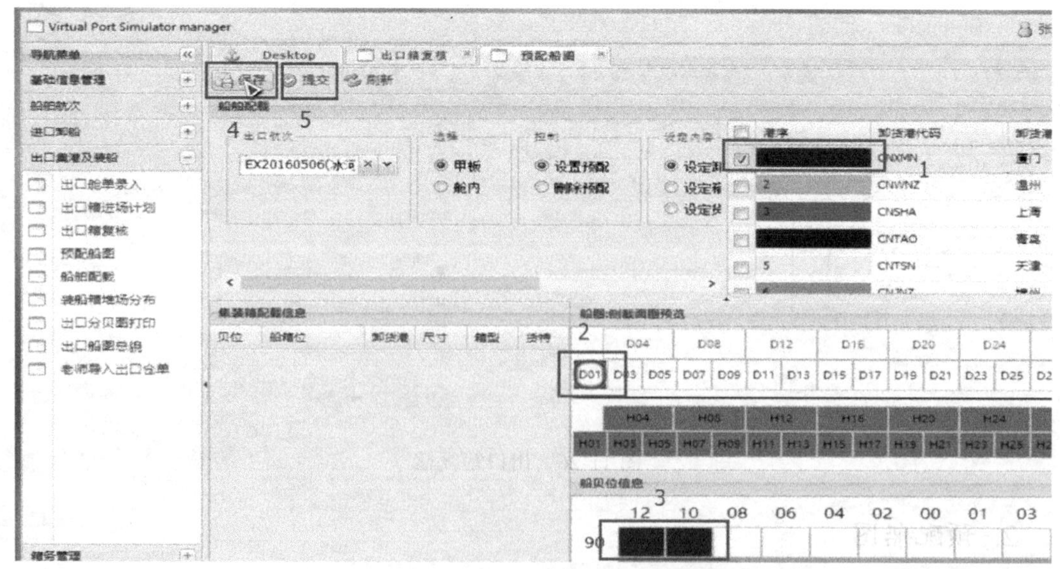

图 11-28　预配船图（20 英尺集装箱）

3. 船舶配载

（1）单击“船舶配载”，选择“出口航次”，选择“厦门卸货港”，选择 20 英尺的集装箱，并勾选前面的复选框，在船图：侧截面图预览上选择 D01 的灰色部分（图 11-29 中红色方框 5 标注的部分），然后在集装箱配载信息里面选择需要配载的集装箱，并在船贝位信息里面单击红色部分，进行配载，单击“保存”按钮，如图 11-29 所示。

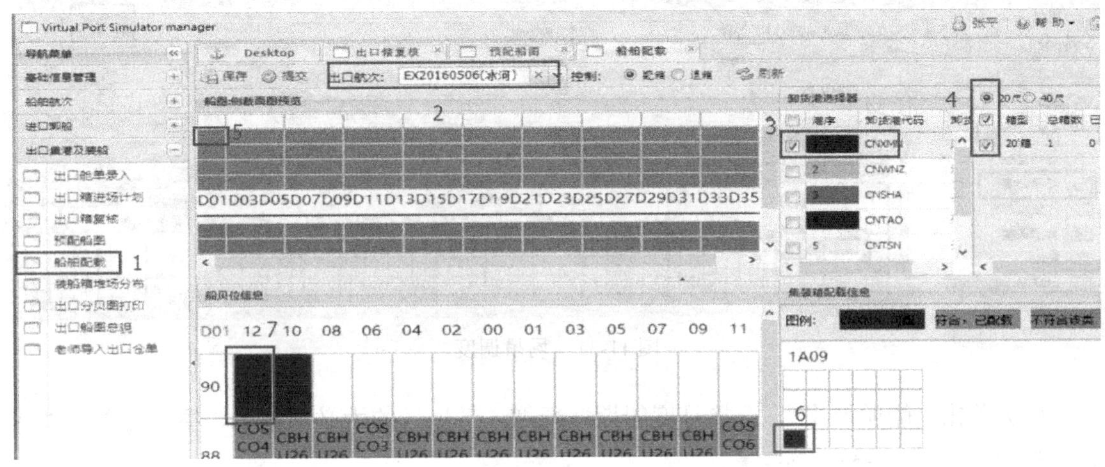

图 11-29 船舶配载（20 英尺集装箱）

（2）选择 40 英尺的集装箱，并勾选前面的复选框，在船图：侧截面图预览上选择 D04 的白色部分（图 11-29 中红色方框 2 标注的部分），在集装箱配载信息里面选择需要配载的集装箱，然后在船贝位信息里面单击红色部分，进行配载，单击保存→提交，如图 11-30 所示。

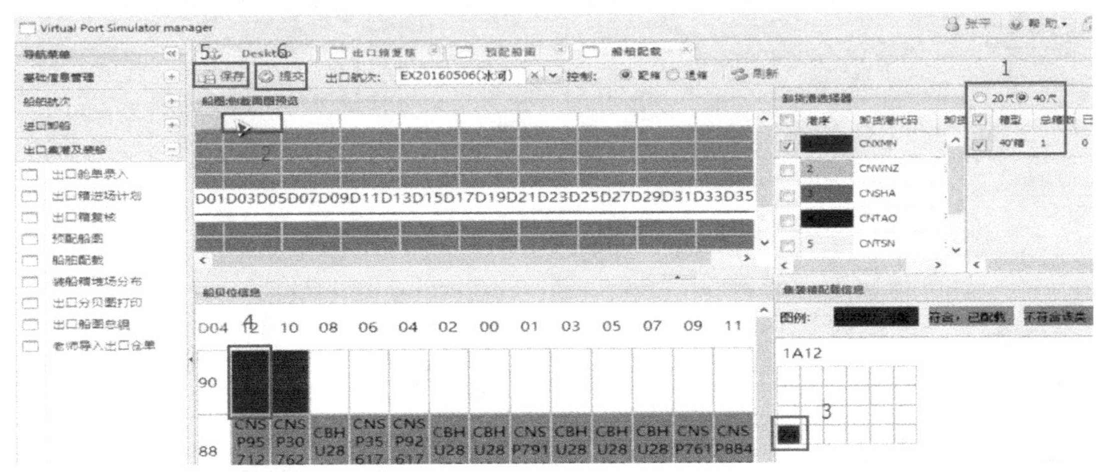

图 11-30 船舶配载（40 英尺集装箱）

4. 船舶调度

（1）单击“中控调度”，选择“场吊调度”，在下拉列表中选择“场吊 L01”，在堆场信息里面选择调度区域，在调度区域选择*1A 区域，单击“保存”按钮，如图 11-31 所示。

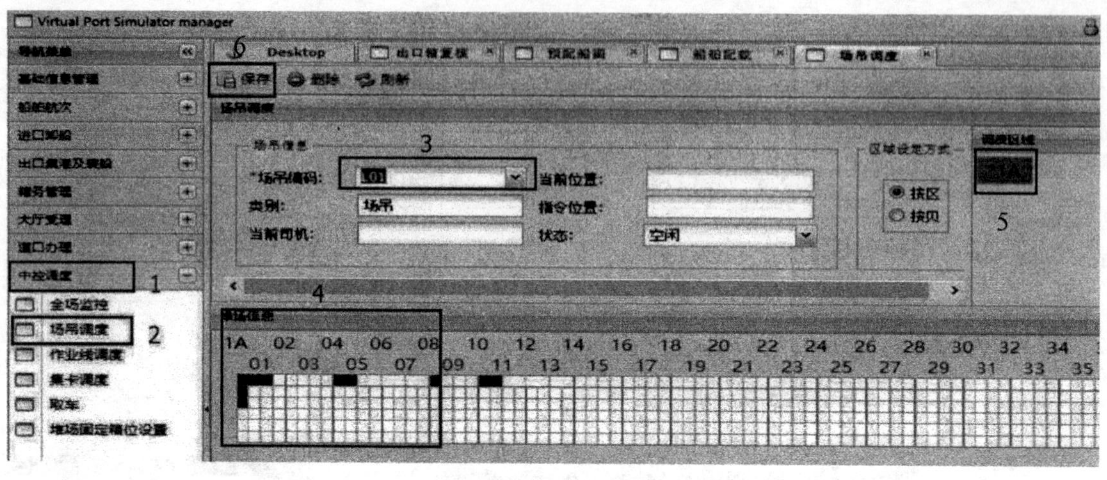

图 11-31　场吊调度

（2）单击“船舶航次”，选择月度船期→新增，带星号的为必填信息，填完再单击“保存”按钮，如图 11-32 所示。

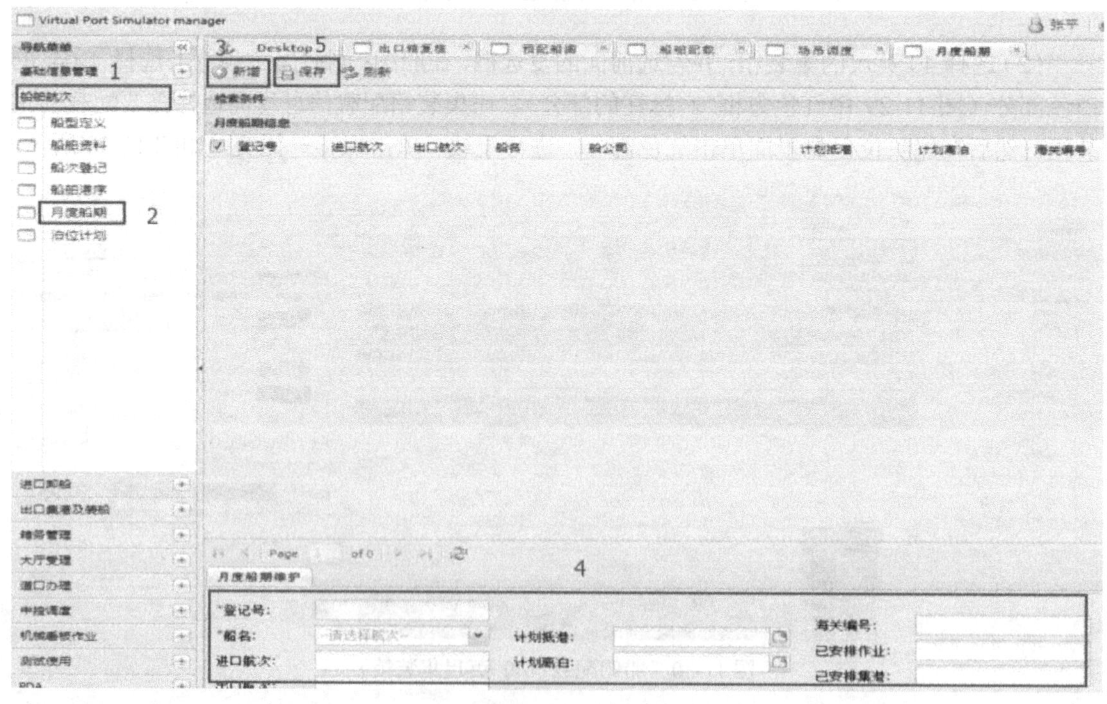

图 11-32　月度船期

（3）单击“泊位计划”，选择 001 泊位，按住左键拖动选择计划抵港与离港时间，选择好以后会出现橘色部分，双击打开橘色部分，选择船期→保存→提交，如图 11-33 所示。

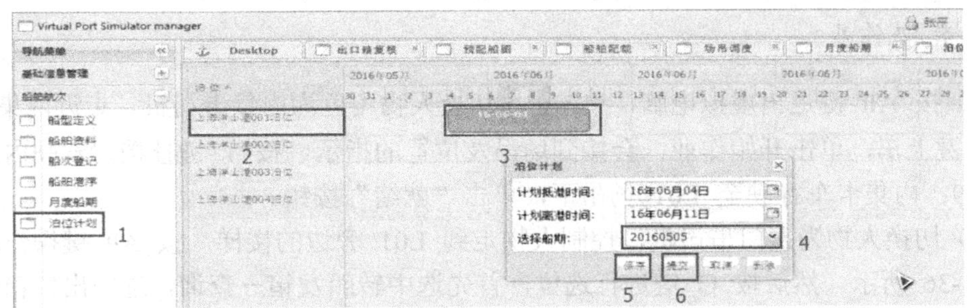

图 11-33 泊位计划

（4）单击中控调度→作业线调度→航次，在船贝位调度中选择 D01 和 D04 部分（因为前面船图配载的时候选的这两个），选择成功后会变成蓝色；在岸吊调度一览中选择 Q01 部分，选择成功后会变成蓝色；单击保存→提交，如图 11-34 所示。

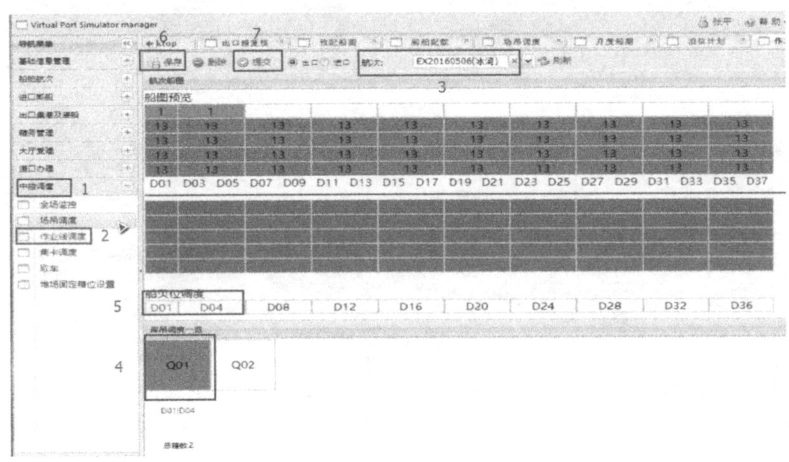

图 11-34 作业线调度

（5）单击集卡调度→保存作业线，勾选作业线路 Q01 前面的复选框，单击要箱车辆下面的数量部分，然后会在页面底部出现集卡信息，选中集卡数量进行安排（选中数量不得超过最大集卡数），单击保存集卡→提交，如图 11-35 所示。

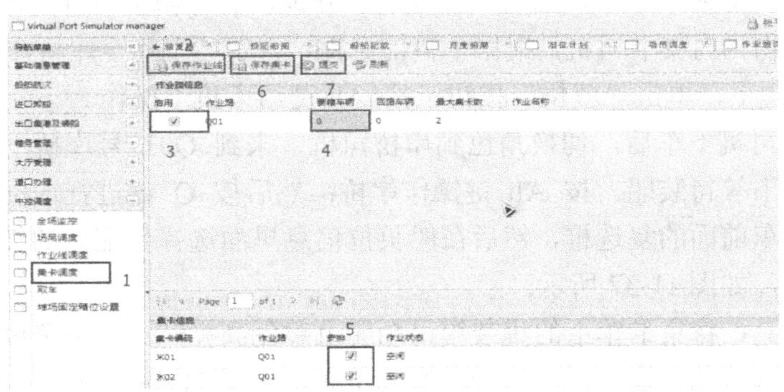

图 11-35 集卡调度

5. 装船作业

（1）按 Alt 键退出虚拟电脑，单击切换人物角色为内集卡司机。走近内集卡车，按 Alt 键上车，单击开始作业，会接到场吊及位置的指示，按 T 键挂挡，驾驶内集卡车去 1A09；内集卡车行驶至 L01 场吊下，单击“就绪”按钮。

（2）切换人物为龙门吊司机，控制人物走到 L01 旁边的楼梯，按 Alt 键操作场吊，如图 11-36 所示。然后按 Q 键进行选位，首先选中转船发箱→查询，选中出口箱信息中内集卡车前面的复选框，在区位剖面图中选择第一排第一层的集装箱，然后单击选位→提交，选位成功后该集装箱会呈黄色高亮显示。如图 11-36 所示。

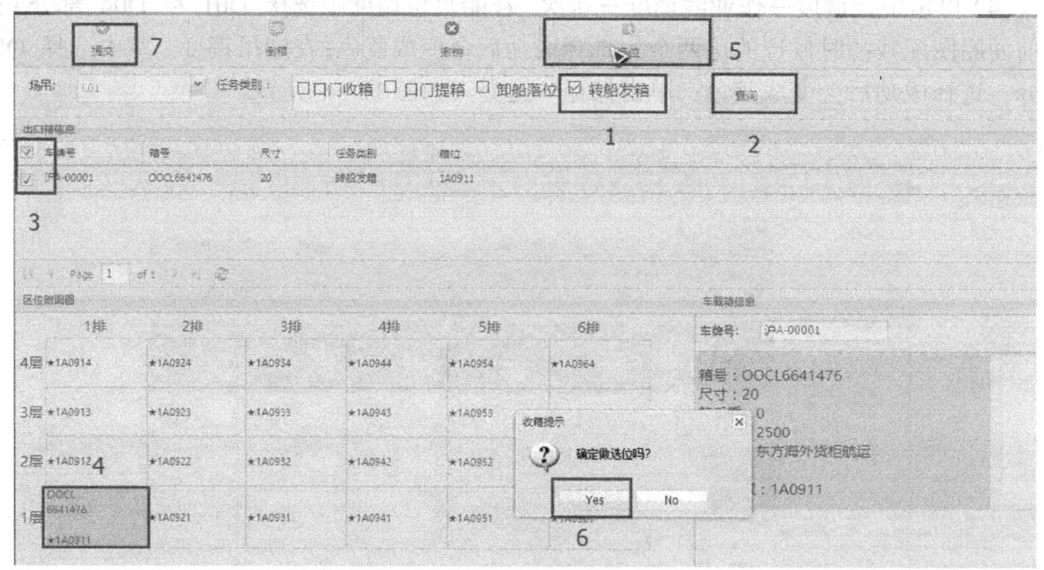

图 11-36 龙门吊选位信息操作

按↑↓方向键进行吊具的上升和下降，调整吊具对准黄色高亮显示的箱子（按 E 键可以控制调整的速度，再次按 E 键可以恢复至调整前的速度），调整位置至着床灯亮起，着床灯变为黄色时按 6 进行开锁；吊好箱子，按 6 键闭锁，然后吊起箱子至内集卡车上；调整吊具将箱子对准内集卡车，当着床灯亮起时开锁，放好箱子后升起吊具。

（3）切换人物为内集卡司机，根据车辆信息提示，驾驶车辆至岸桥 Q01，将内集卡车驾驶至岸桥 Q01 下，单击“就位”按钮，按 Alt 键结束集卡操作。

（4）内集卡司机下车后，切换角色到岸桥司机，来到 Q01 号岸桥下，看到有一集装箱已经运到岸桥下等待装船。按 Alt 键操作岸桥；然后按 Q 键进行选位，首先在出口箱信息里勾选集卡车前面的复选框，然后在船贝位信息里面选择预配好的红色部分，最后单击“选位”按钮，如图 11-37 所示。

按↑升起吊具，将集卡车上的集装箱吊至船上黄色高亮部分，调整位置，当着床灯亮起时，将箱子放入黄色方框内，然后开锁升起吊具，如图 11-38 所示。

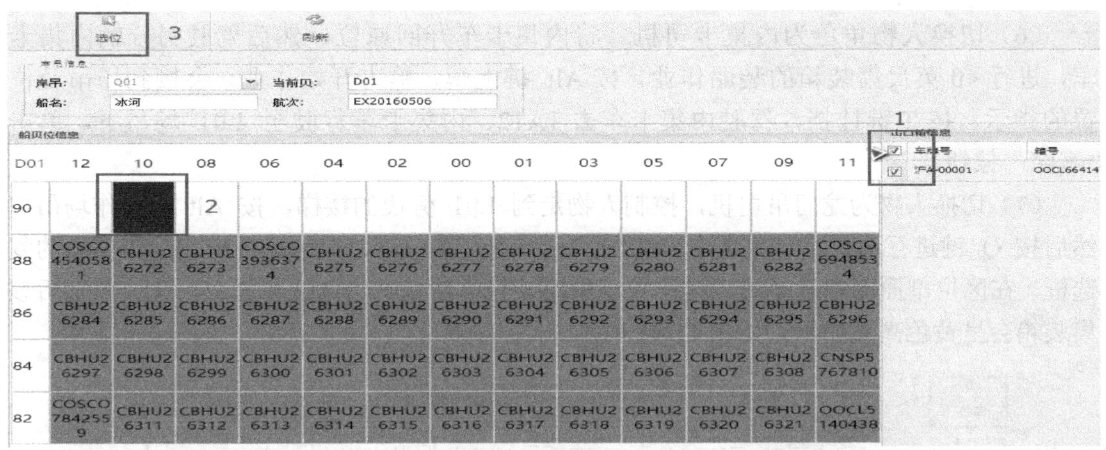

图 11-37　装船选位操作

图 11-38　集装箱装船操作

（5）切换角色到堆场指挥员，按 Q 键打开 PDA，选择装船作业，在下拉列表中选择岸吊 Q01 以及箱号 OOCL6641476，单击“确定”按钮，如图 11-39 和图 11-40 所示，按 Q 键收起 PDA。

图 11-39　PDA 装船作业

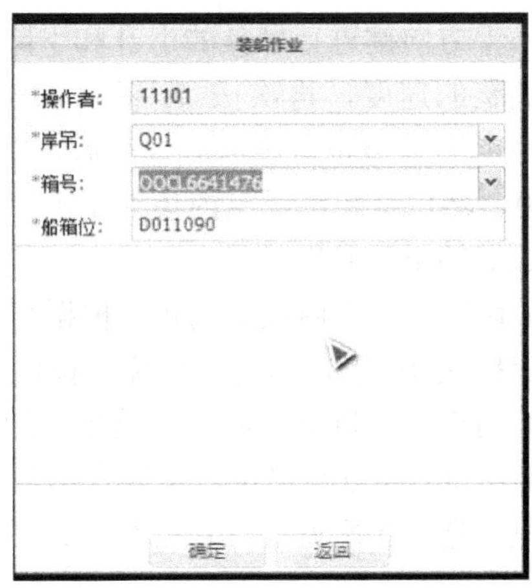

图 11-40　PDA 装船作业信息

（6）切换人物角色为内集卡司机。将内集卡车开回原位，然后驾驶另一辆内集卡车，进行 40 英尺集装箱的装船作业，按 Alt 键上车，单击开始作业，会接到场吊及位置的指示，按 T 键挂挡，驾驶内集卡车去 1A12，内集卡车行驶至 L01 场吊下，单击“就绪”按钮。

（7）切换人物为龙门吊司机，控制人物走到 L01 旁边的楼梯，按 Alt 键操作场吊。然后按 Q 键进行选位，首先选中转船发箱→查询，选中出口箱信息中内集卡车前面的复选框，在区位剖面图中选择第一排第一层的集装箱，然后单击选位→提交，选位成功后该集装箱会呈黄色高亮显示。如图 11-41 所示。

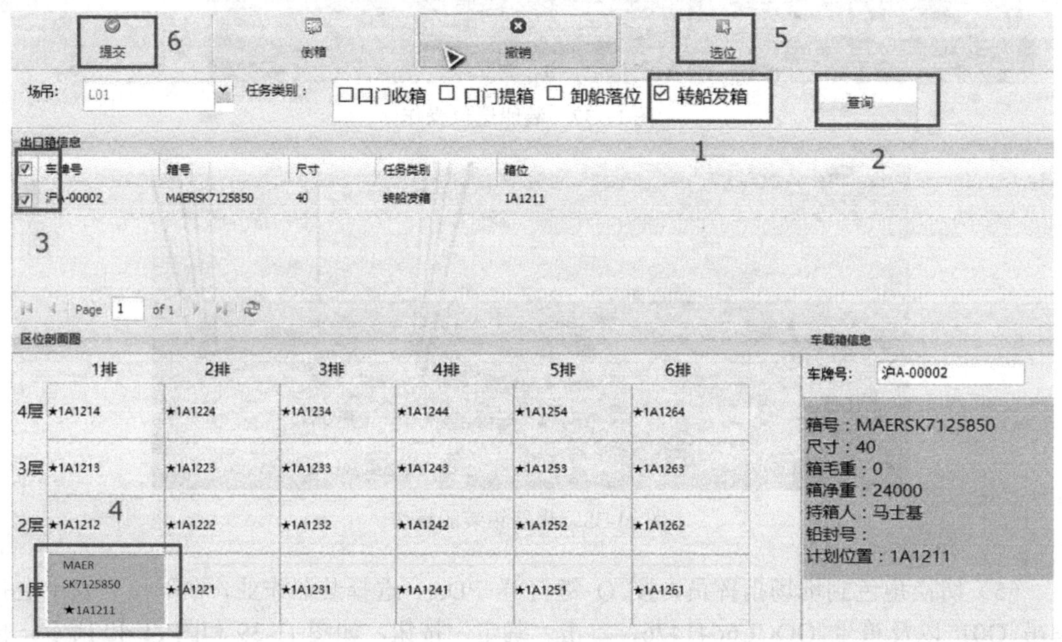

图 11-41 场吊选位信息

按↑↓方向键进行吊具的上升和下降，调整吊具对准黄色高亮显示的箱子（按 E 键可以控制调整的速度，再次按 E 键可以恢复至调整前的速度），按 O 键，吊具将在 20～40 英尺切换。调整位置至着床灯亮起，着床灯变为黄色时按 6 键进行开锁，吊好箱子，按 6 键闭锁，然后吊起箱子至内集卡车上，调整吊具将箱子对准内集卡车，当着床等亮起时开锁，放好箱子后升起吊具。

（8）切换人物为内集卡司机，根据车辆信息提示，驾驶车辆至岸桥 Q01，将内集卡车驾驶至岸桥 Q01 下，单击“就位”按钮，按 Alt 键结束集卡操作。

（9）内集卡司机下车后，切换角色到岸桥司机，来到 Q01 号岸桥下，按 Alt 键操作岸桥，然后按 Q 键进行选位，首先在出口箱信息里勾选集卡车前面的复选框，然后在船贝位信息里面选择预配好的红色部分，最后单击“选位”按钮，如图 11-42 所示。

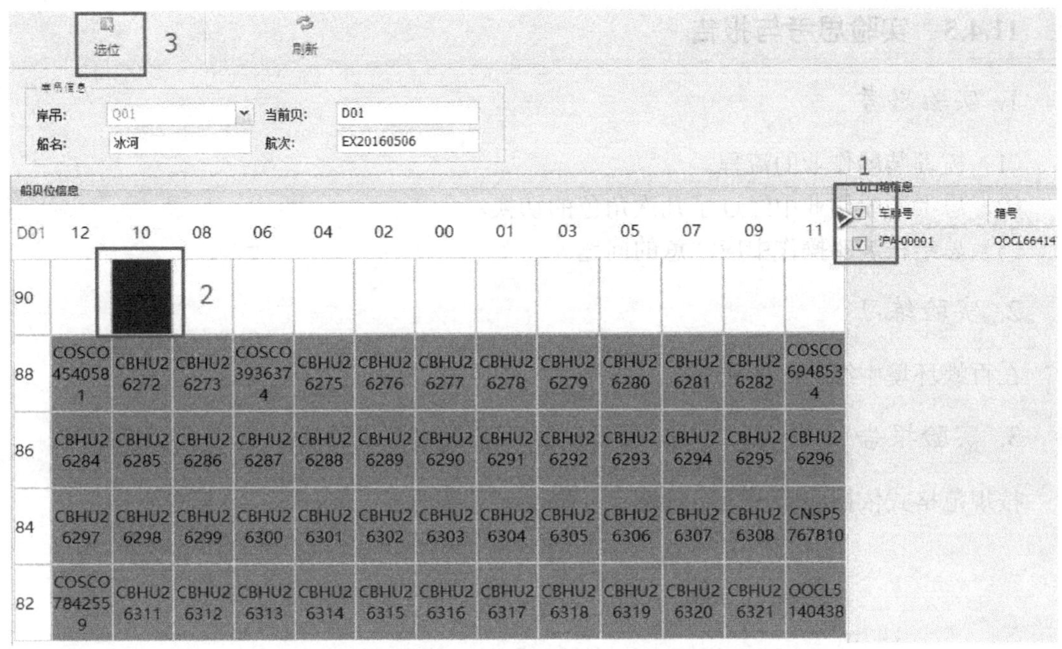

图 11-42 岸桥装船选位操作

按↑升起吊具，将集卡车上的集装箱吊至船上黄色高亮部分，调整位置，当着床灯亮起时，将箱子放入黄色方框内，然后开锁升起吊具。

（10）切换角色到堆场指挥员，按 Q 键打开 PDA，选择“装船作业”，在下拉列表中选择岸吊“Q01”以及箱号 MAERSK7125850，单击“确定”按钮，如图 11-43 和图 11-44 所示，按 Q 键收起 PDA，将集卡车开回集卡调度区，装船作业完毕。

图 11-43 PDA 装船作业

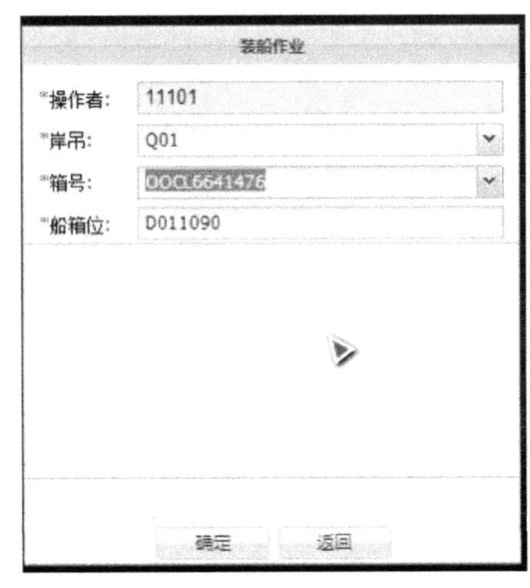

图 11-44 PDA 装船作业信息

注：卸船作业与装船作业操作方法相似，文中不再赘述。

11.4.5 实验思考与报告

1. 实验思考

（1）梳理装船作业的流程。

（2）思考装船作业中经过了几次角色的切换。

（3）总结在装船操作中应注意的问题。

2. 实验练习

在百蝶环境中练习卸船作业。

3. 实验报告

按规范格式依据实验内容及时撰写并提交实验报告。

第 12 章

“物流系统规划与设计”课程实验

12.1 仓储系统建模仿真与优化实验

12.1.1 实验目的与要求

通过本实验，结合理论教学中关于仓储系统部分的知识，深入理解仓储系统的构成要素、要素之间的联系，了解仓储系统布局的特点、要求。掌握 Flexsim 仿真软件在仓储系统布局中的应用。

12.1.2 实验原理与内容

物流中心仓储作业需要用到的实体设备均可在 Flexsim 仿真软件的实体库中找到对应的仿真对象，不需要导入绘图工具制作三维文件。

（1）3 条生产线 1、2、3 代表 3 种不同类型的产品。3 条生产线生产速度分别为：产品 1、3 按照正态分布时间间隔到达（均值 14、标准偏差 5）；产品 2 按照正态分布时间间隔到达（均值 20、标准偏差 5）。产品颜色自定义。

（2）3 种产品被分别送到 3 条传送带上，在传送带末端分别设置合成器进行产品装盘，每类产品每盘 4 个。托盘到达时间间隔服从指数分布，位置参数 0，尺度参数 5。

（3）装盘完成，送往共同的传送带（3 种产品共用一条传输带）运往巷道式立体货架。要求产品 1 送往第一个巷道式立体货架，产品 2 送往第二个巷道式立体货架，产品 3 送往第三个巷道式立体货架。货架传送带末端由堆垛机放到两排货架上。要求货物从第一行第一列开始放置，最小停留时间服从指数分布，位置参数 0，尺度参数 2000。

（4）从货架取出的货物由传送带送到客户的货车上，要求产品 1 送第一辆货车，产品 2、3 依次送往第二、三辆货车上。

12.1.3 实验环境与准备

PC、Windows 7、Flexsim 7.3。

12.1.4 实验步骤与操作

（1）根据要求完成总体布局图，如图 12-1 所示。

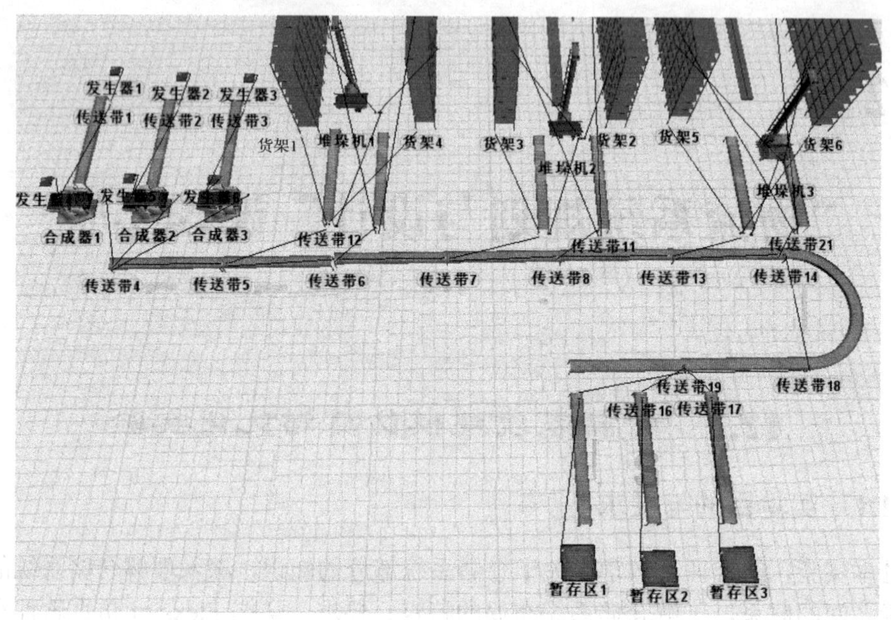

图 12-1 总体布局图

（2）对产品 1、2 的发生器参数设置，如图 12-2 和图 12-3 所示。

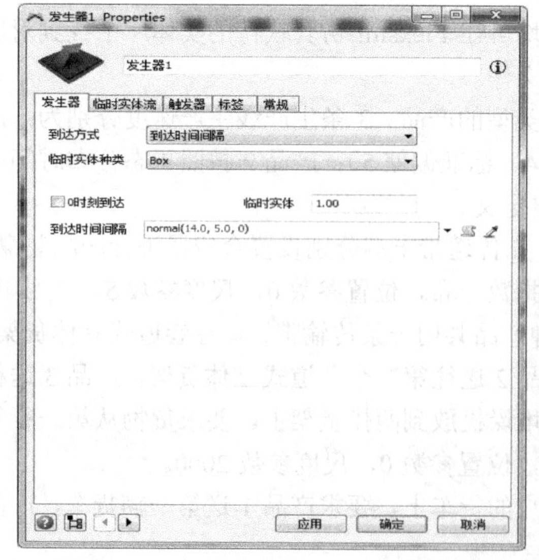

（a）

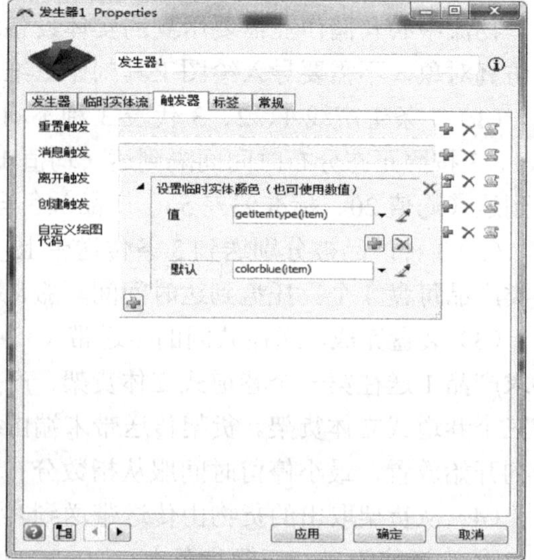

（b）

图 12-2 产品 1 发生器参数设置

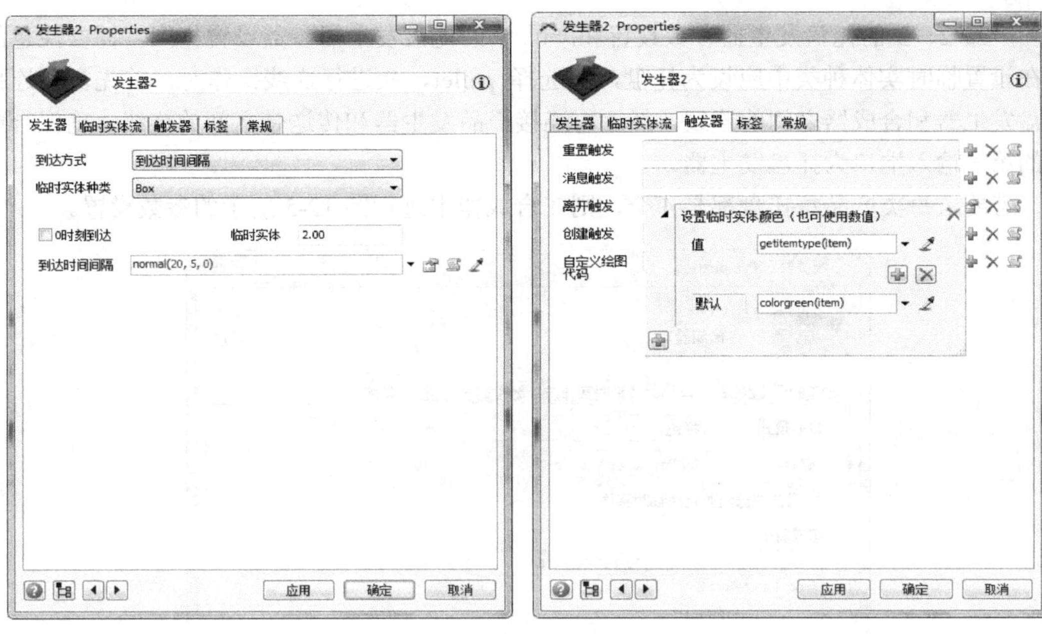

（a） （b）

图 12-3 产品 2 发生器参数设置

产品 3 的发生器参数设置和产品 1 相同。

当 3 种物品到达传送带末端时要在合成器上进行产品装盘，这时候需要用到托盘。在传送带末端放置有 3 个发生器，这 3 个发生器的作用是用来产生托盘的。产品 1 的托盘发生器参数设置如图 12-4 所示。

图 12-4 产品 1 的托盘发生器参数设置

产品 2、3 的托盘发生器参数设置和产品 1 的托盘发生器参数设置相同，需要注意的是在设置临时实体种类中应设为托盘，即选择 pallet，在进行连线操作时，首先需要连接托盘发生器和合成器之间的连线，然后再连接产品发生器和传送带之间的连线。确保合成器的第一输入端口为托盘发生器。

若要求每类产品每托盘都是 4 个，则在合成器中进行图 12-5 所示的参数设置。

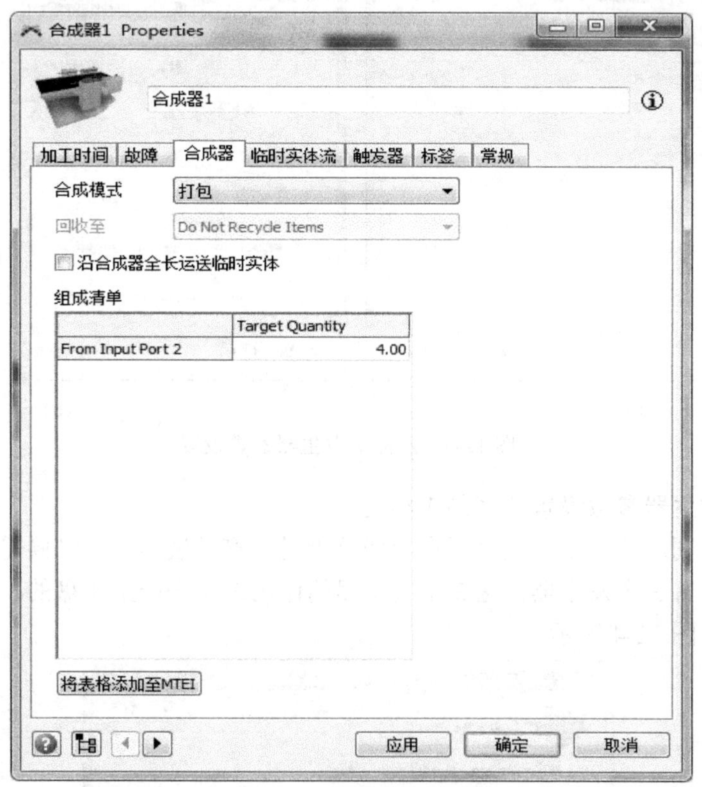

图 12-5　合成器参数设置

当产品装完盘之后，通过传送带进行入库作业操作。在该模型中入库作业和出库作业同时进行，产品 1 的入库、出库作业图如图 12-6 所示。

因为 3 种产品出入库作业参数设置类似，因此在分析的过程中以产品 1 的参数设置为例。在进行出入库作业中，图 12-6 所示的传送带 12 是作为入库作业的传送带，将产品 1 送到仓库中。该传送带参数设置如图 12-7 所示。

堆垛机也是作为出库和入库作业的工具，从仓储中心货架中进行货物的入库和出库作业操作。货架参数设置如 12-8 所示。

其他两种产品在进行出入库作业参数设置时和产品 1 的参数设置类似。传送带 9 作为货物出库的传送带，连接方向是从货架到传送带 9，从货架中取出的货物由传送带送到客户指定地点（3 种产品分别送到不同的地点）。对该步骤的参数设置如图 12-9 所示。

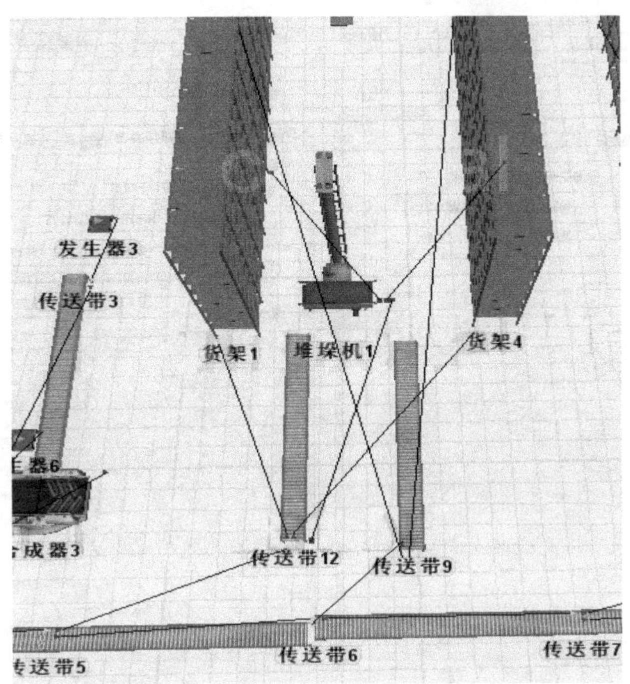

图 12-6　产品 1 的入库、出库作业图

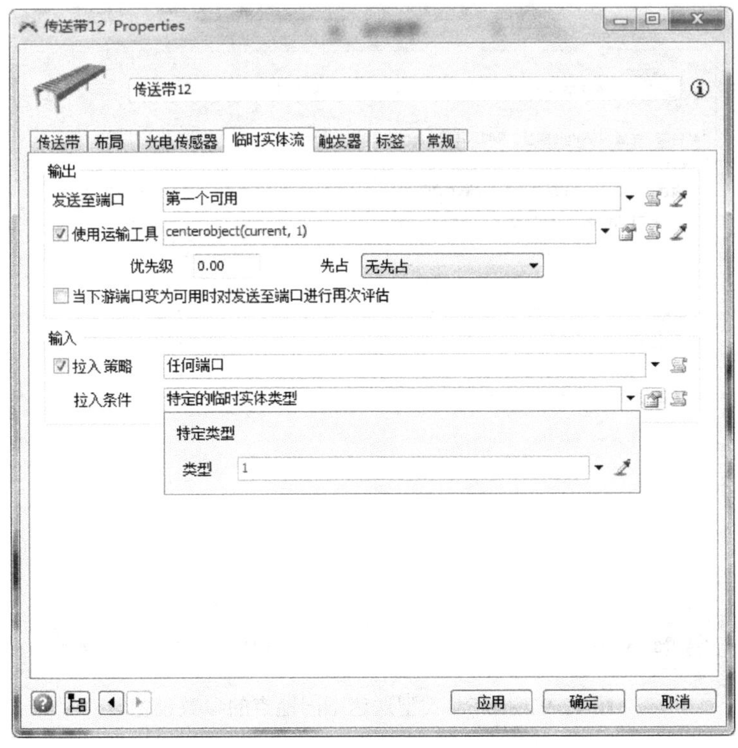

图 12-7　入库作业传送带参数设置

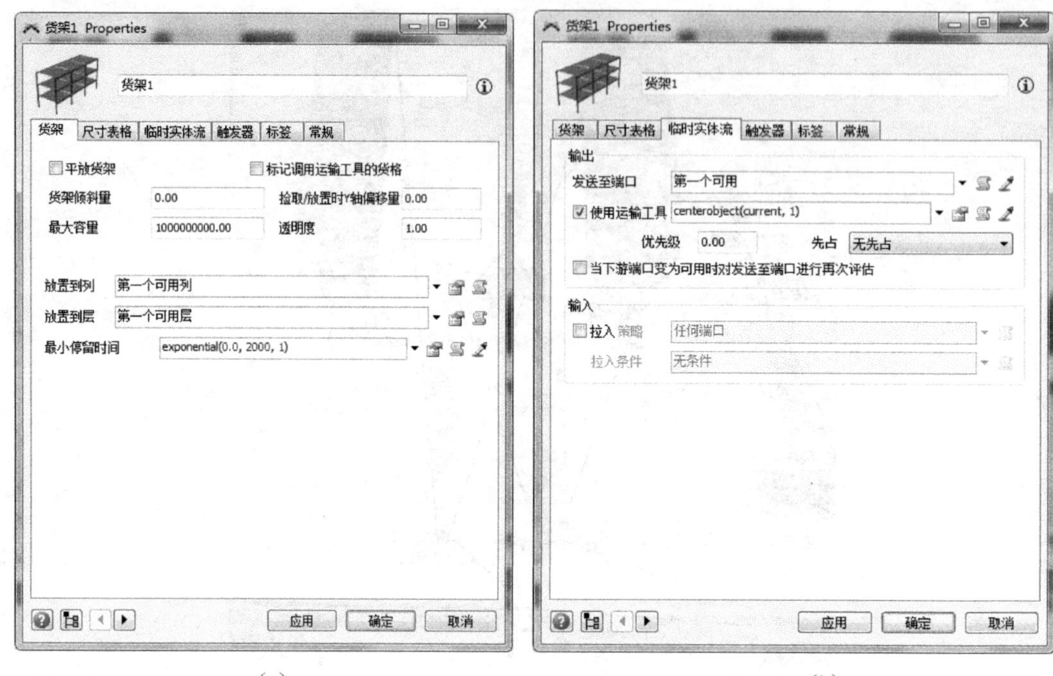

（a） （b）

图 12-8　货架参数设置

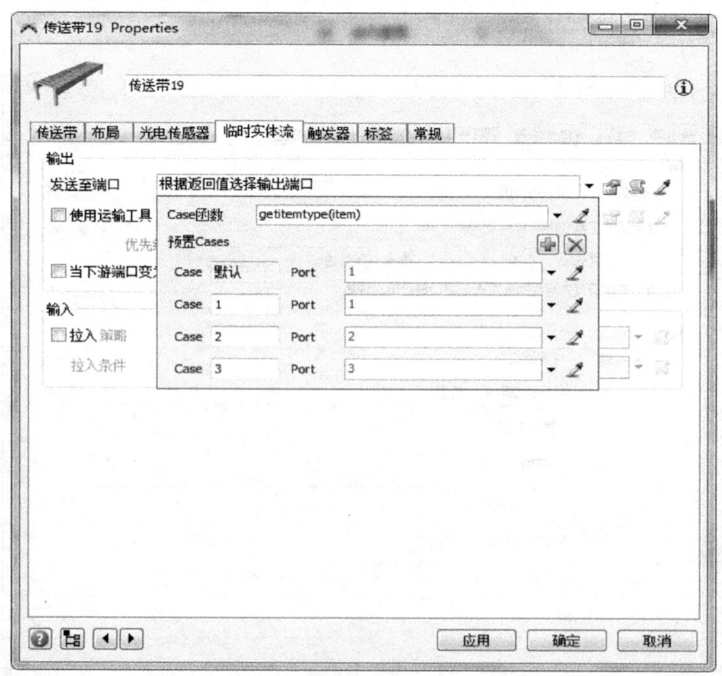

图 12-9　按产品类型送达不同地点的参数设置

总的运行模型如图 12-10 所示。

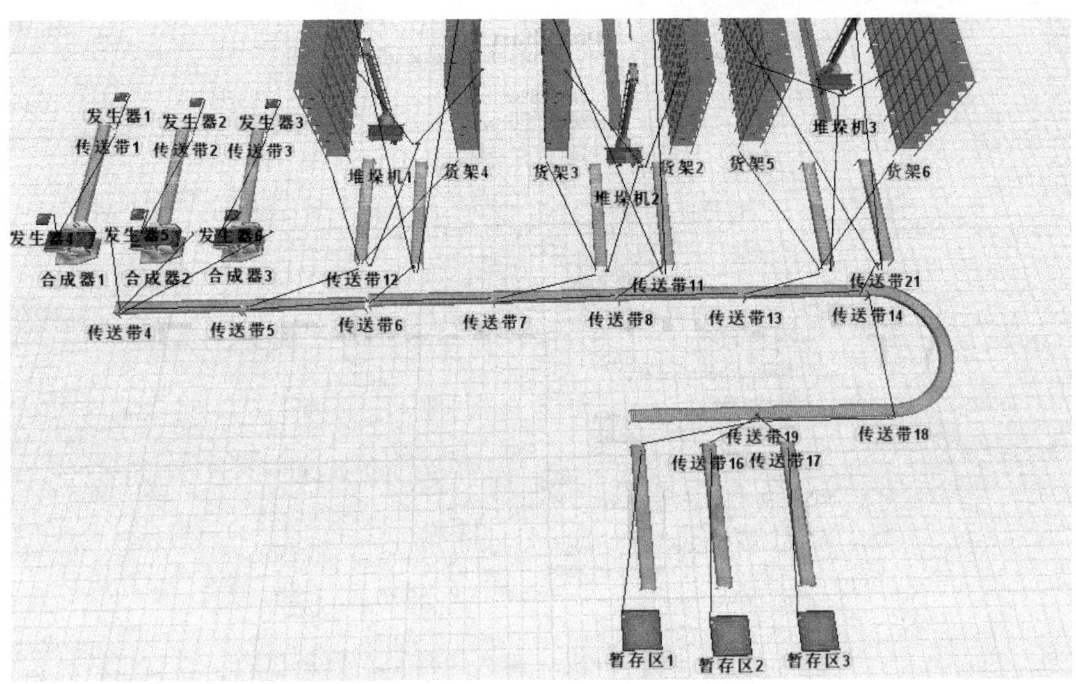

图 12-10　总的运行模型

运行结果分析与改进如图 12-11～图 12-13 所示。

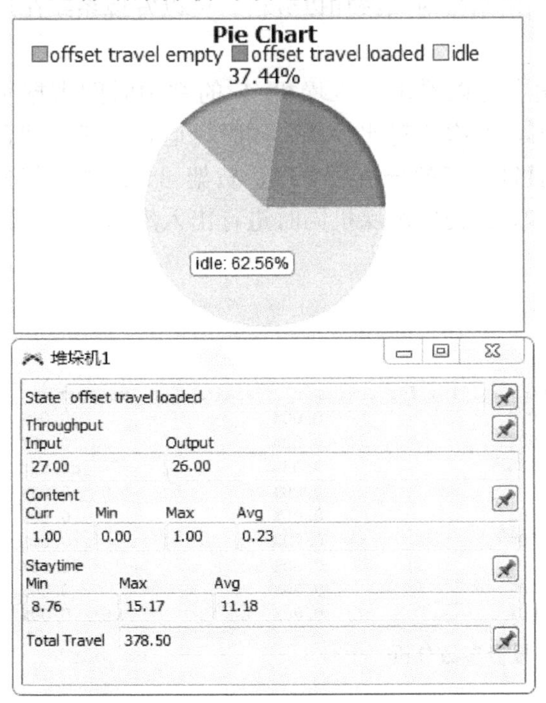

图 12-11　产品 1 的堆垛机分析图

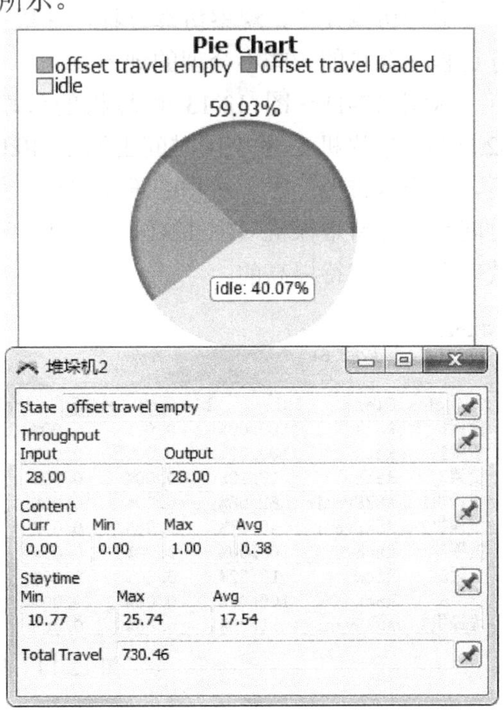

图 12-12　产品 2 的堆垛机分析图

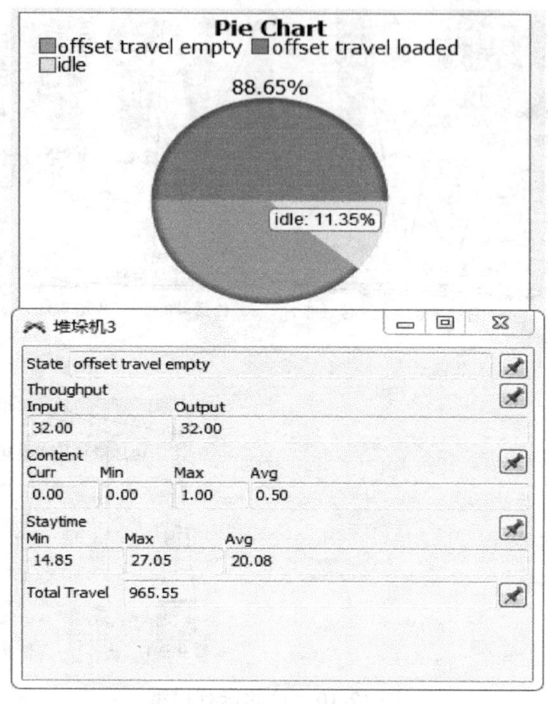

图 12-13　产品 3 的堆垛机分析图

运行仿真模型，观察仿真过程，并根据输出结果对系统加以分析，可以发现系统在运行过程中存在的一些不合理的地方。

从图 12-11～图 12-13 堆垛机的效率图中可以看出，堆垛机 1 的空闲时间占据了 62.56%，堆垛机 2 的空闲时间占据了 40.07%，效率相对比较低。同时，运行一段时间之后，在输送带上产生了货物的堆积现象，并且针对货架分析后发现，货架 3、5 中大部分时间都在等待堆垛机（图 12-14），因此产品 2、3 使用堆垛机同时进行出入库作业在使用效率上还是有待提高的。

Flexsim State Report

Time: 1283.61

Object	Class	idle	blocked	empty	releasing	waiting for operator	waiting for transporter
货架1	Rack	100.00%	0.00%	0.00%	0.00%	0.00%	0.00%
货架2	Rack	100.00%	0.00%	0.00%	0.00%	0.00%	0.00%
货架3	Rack	13.12%	0.00%	0.00%	0.00%	0.00%	86.88%
堆垛机1	ASRSvehic	62.56%	0.00%	0.00%	0.00%	0.00%	0.00%
堆垛机2	ASRSvehic	40.07%	0.00%	0.00%	0.00%	0.00%	0.00%
货架4	Rack	100.00%	0.00%	0.00%	0.00%	0.00%	0.00%
货架5	Rack	13.32%	0.00%	0.00%	0.00%	0.00%	86.68%
货架6	Rack	100.00%	0.00%	0.00%	0.00%	0.00%	0.00%
堆垛机3	ASRSvehic	11.35%	0.00%	0.00%	0.00%	0.00%	0.00%

图 12-14　状态报告参数分析

面对这些问题，我们对该作业流程进行了一些改进，并对改进后的流程进行对比分析。

产品 1、2、3 都按照指数分布时间间隔到达（位置参数为 0，尺度参数为 6），改变了产品入库的时间到达间隔，并对此进行分析。产品 1 的发生器到达时间参数设置如图 12-15 所示。

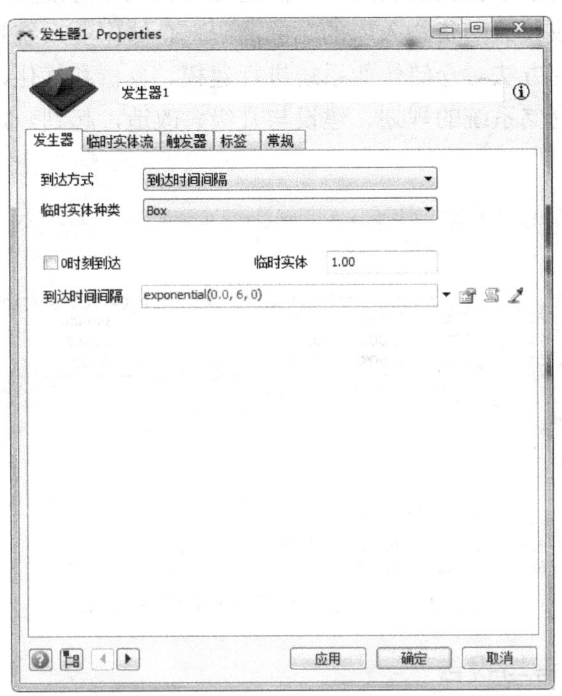

图 12-15 产品 1 的发生器到达时间参数设置

产品 2、3 的发生器参数设置和产品 1 的发生器参数设置相同，改进后的模型运行时间和改进前的运行时间相同，在相同的时间内进行分析，结果如图 12-16 所示。

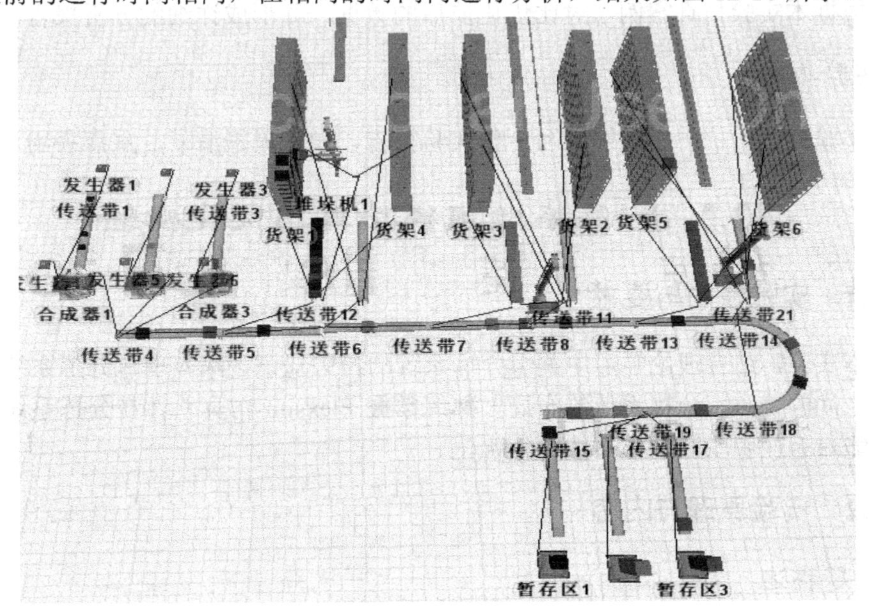

图 12-16 改进后的运行状态图

从图 12-17 改进后堆垛机的工作效率图中可以看出，堆垛机的空闲时间相对于改进前减少了很多，大大提高了堆垛机的利用率，但是在货物入库时发生了堆积现象，因此我们在优化的过程中不能仅仅改变货物入库的时间间隔。仓储作业系统是物流系统的重要组成部分，利用系统仿真的方法对仓储作业系统进行建模、分析和优化，目的是提高仓储作业效率，希望对于实际仓储系统的规划、建设与升级、改造，起到一定的理论支持和借鉴作用。

	A	B	C	F	H	J	K	L	M
1	Flexsim State Report								
2	Time:	1283.61							
3									
4	Object	Class	idle	blocked	empty	releasing	waiting for operator	waiting for transporter	breakdo
23	堆垛机1	ASRSvehic	62.56%	0.00%	0.00%	0.00%	0.00%	0.00%	0.0C
24	堆垛机2	ASRSvehic	40.07%	0.00%	0.00%	0.00%	0.00%	0.00%	0.0C
25	堆垛机3	ASRSvehic	11.35%	0.00%	0.00%	0.00%	0.00%	0.00%	0.0C

statereport

	A	B	C	F	H	J	K	L	M	N
1	Flexsim State Report									
2	Time:	1283								
3										
4	Object	Class	idle	blocked	empty	releasing	waiting for op	waiting for transporter	breakdowr	schedulec
23	堆垛机1	ASRSvehic	4.49%	0.00%	0.00%	0.00%	0.00%	0.00%	0.00%	0.00%
24	堆垛机2	ASRSvehic	6.81%	0.00%	0.00%	0.00%	0.00%	0.00%	0.00%	0.00%
25	堆垛机3	ASRSvehic	8.82%	0.00%	0.00%	0.00%	0.00%	0.00%	0.00%	0.00%

图 12-17　改进前后堆垛机的效率对比

12.1.5　实验思考与报告

1. 实验思考

（1）总结仓储系统的作业流程。

（2）根据本实验仿真案例，对比优化前后的数据，并形成详细的分析报告。

2. 实验报告

进行实验的每一位学生均需撰写一份实验报告，做到流程清晰，重点突出。

12.2　分拣系统建模仿真与优化实验

12.2.1　实验目的与要求

通过本实验，结合理论学习中关于分拣系统的相关知识，深入理解分拣系统的组成要素、要素之间的特点、分拣系统的布局，熟练掌握 Flexsim 仿真软件在分拣系统仿真中的运用，并能对企业中实际分拣系统进行优化。

12.2.2　实验原理与内容

1. 问题描述

分拣作业是 A 配送中心内部流程的最后一个环节。在这部分中，库管员开票后，登记业务系统，记录业务账数，并检查可销库存数量，放置产生开票后却不能配货的问题。配货前，库管员检查是否有未处理的状态调整单，若有，则先处理状态调整单，再检查拣货区商品数量是否能满足此次配货。如果不足，则生成补货单，将拣货区商品数量增加到大于等于配货数量，并通知上游部门执行补货作业；配货员按照销售票上所开商品数量进行配货。

分拣环节是将客户订单中不同数量、种类的货物从配送中心的货架取出并集中在一起的过程。分拣的目的在于正确且迅速地集合客户所订购的商品。在拣选方式上，A 配送中心还是采用比较原始的不分区、按单拣选方式，即根据订单到来的顺序安排空闲的工作人员对订单进行分拣。

2. 参数设定

为细化对企业的调查，我们就配送环节中最重要的环节——分拣环节做仿真研究。

现对仓库某配送作业进行模拟。经部门主管介绍，该仓库占地面积 1000 m^2，分为 5 个区：补货入口、存货区（货架为该企业主要存货工具）、库管员办公区、分拣包装区、出货码头。配送对象以箱为单位，为避免冗长复杂，故在研究中简化补货、入库检查等内容。

配送的 A、B、C 3 种货品基本资料如表 12-1 和表 12-2 所示，表 12-3 列出了分拣人员及订单的相关属性。

表 12-1　3 种产品的相关数据　　单位：箱

产品	初始库存	补货条件	补货速度	颜色
A	200	100	exponential（0，1，1）	红
B	200	100	3	黄
C	200	100	exponential（0，2，1）	蓝

表 12-2　订单组合　　单位：箱

产品	订单 1	订单 2	订单 3	订单 4	订单 5
A	4	10	8	0	16
B	2	16	8	20	0
C	12	0	8	0	4

表 12-3　其他相关数据

名称	属性	数据
分拣人员	数量	3 人
	分拣能力	1 箱/人
订单	到达间隔	exponential（0，1，1）
	各类分布	duniform（1，5）

配送中心内部使用的主要工具是地牛、叉车和手持终端。地牛主要是用于货物在配送中心内部的运输；叉车主要作用是高架货物的上架和取货，同时也会少量做一些货物运输工作；手持终端在货物的入库和出库过程中都起着发出指导信息的作用。

12.2.3 实验环境与准备

PC、Windows 7、Flexsim 7.3。

12.2.4 实验步骤与操作

1. 实体设置

根据该仓库的实际分拣系统布局，通过 Flexsim 建立模型如图 12-18 所示。

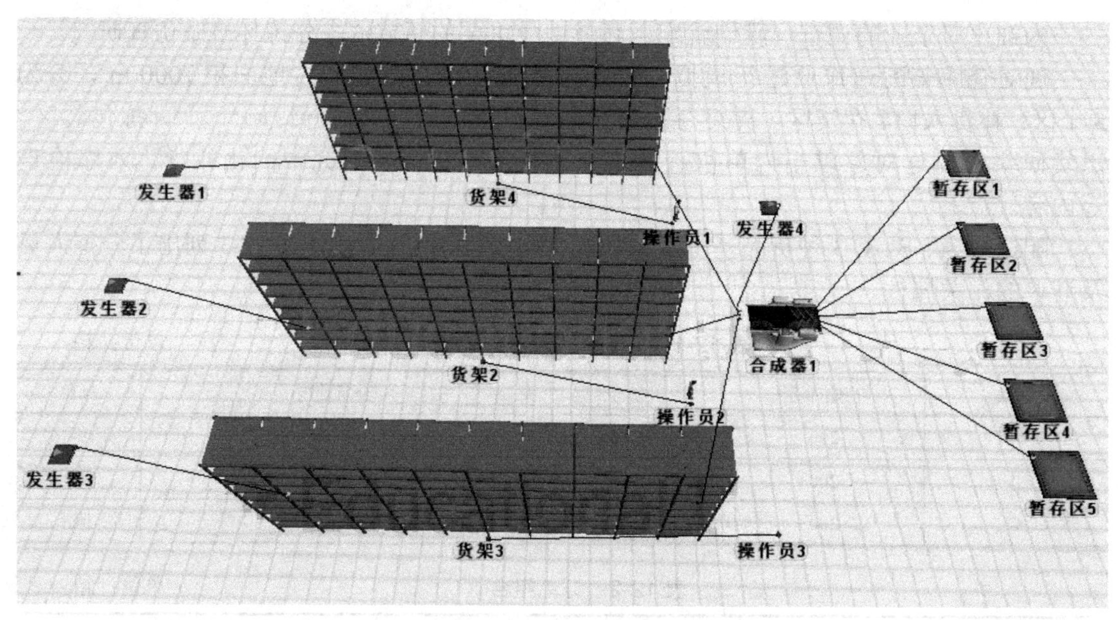

图 12-18 仓库分拣区布局

3 个货架分别表示 A、B、C 3 种电子产品的存储区，3 个发生器分别表示货物的补充，合成器 1 表示分拣作业，发生器 4 表示订单的派发，5 个暂存区分别表示 5 种订单的出库暂存。其具体参数如下。

货物到达——A 货物到达时间间隔，符合统计分布 exponential（0，1，1）；B 货物到达时间间隔为常量 3；C 货物到达时间间隔符合统计分布 exponential（0，2，1）。

货架 1～3 容量——200 箱。

订单到达——发生器 4 符合统计分布 exponential（0，1，1）。

暂存区 1～5 容量——2000 箱。

货物合成——合成时间为 10 s。

2. 货架的设置

货架以箱为存储单位。因为货物需求量不做讨论，故简化了入库操作。其具体安排有如下两种方法。

方法 1 是设置货架存储量为 200 箱。

方法 2 是对货架进行入库量控制，分别在货架 OnExit 触发器内容中编写代码：

If（content（current）>=200

{closeinput（current）；} / * *货架存货为 200 时，关闭输入端口*/

If（content（current）<200

{openinput（current）；} / * *货架存货小于 200 时，打开输入端口*/

3. 抽象订单的实体化

订单的下达来自客户，在仿真中我们令订单发生器产生托盘（pallet），使得抽象的订单实体化。实现方法是：在订单发生器（发生器 4）选项卡内，产生实体类型为 pallet，并根据不同订单设置不同托盘的类型和颜色，具体参数设置如图 12-19 所示。

订单设定完成，下面仅需对出货暂存区进行必要设置，使得订单与出货暂存区对应。其具体方法是：将暂存区输入实体类型与上文的不同值（case）对应。以暂存区 1 为例，如图 12-20 所示。设置完成后，订单（托盘）就会依据出库方向流进对应的暂存区，包装出库。

（a）

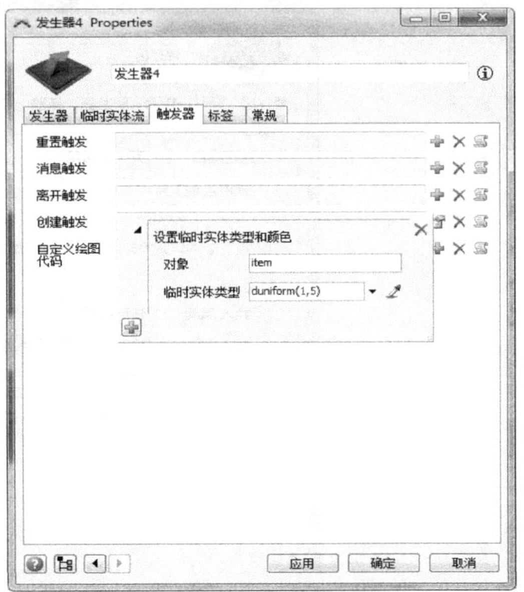

（b）

图 12-19 订单发生器参数设置

（c）

图 12-19　订单发生器参数设置（续）

图 12-20　暂存区参数设置

4. 合成器的设置

合成器的 3 种工作模式中，我们选择 Pack，即装盘。当满足订单后，合成器包装货物，然后输出至出货暂存区。

订单实体化后，托盘即作为驱动合成器（分拣流程）的因素。根据合成器的工作原理，选定各个合成器的输入端口 1 为订单发生器的输出端口，这样就完成了“一份订单配货”的分拣逻辑。现在我们可以设置不同订单的配货比例。假设客户订单 1 需要 A 货物 4 份、B 货物 2 份、C 货物 12 份，满足打包出库，则合成器进行图 12-21 所示设置。

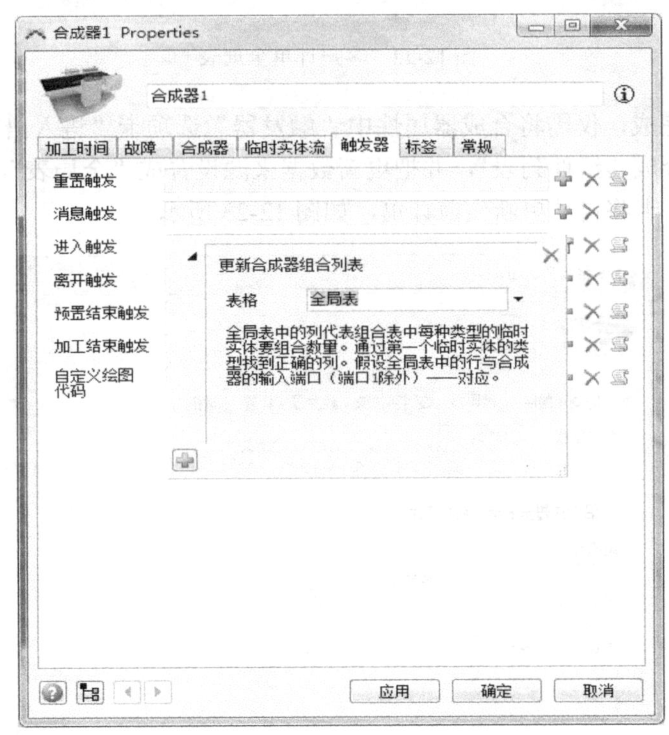

图 12-21 合成器全局表参数应用设置

5. 分拣策略设置

分拣策略的实现需要使用全局表，全局表可以存储数字型或字符型数据。模型中任何一个实体都可以用 gettablenum（）、gettablestr（）、settablestr（）、reft-able（）命令来访问这些数据，而且一个模型可以有多个全局表。下面我们从菜单栏的“工具”下拉菜单中单击“添加新全局表”，并按照订单内容添加数据。现实来源：因为有 3 个品种的货物，所以行数为 3，案例中提到配送中心有 5 种订单需配送，所以列数是 5，如图 12-22 所示。

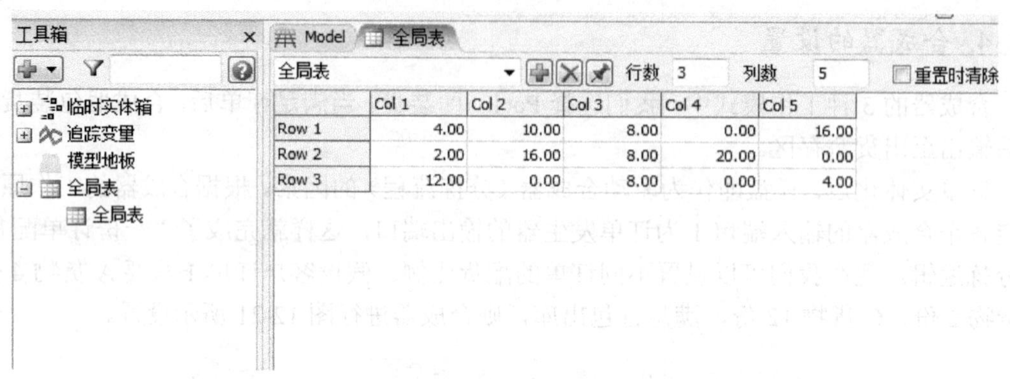

图 12-22　客户订单全局表

全局表设置完成，仅需将合成器属性中“触发器”选项卡“进入出发一项”，修改出发类型为“更新合成器组件列表”，并把更新数据来源设置成“全局表”，见图 12-22，此时打开合成器选项卡将自动更新当前订单，如图 12-23 所示。

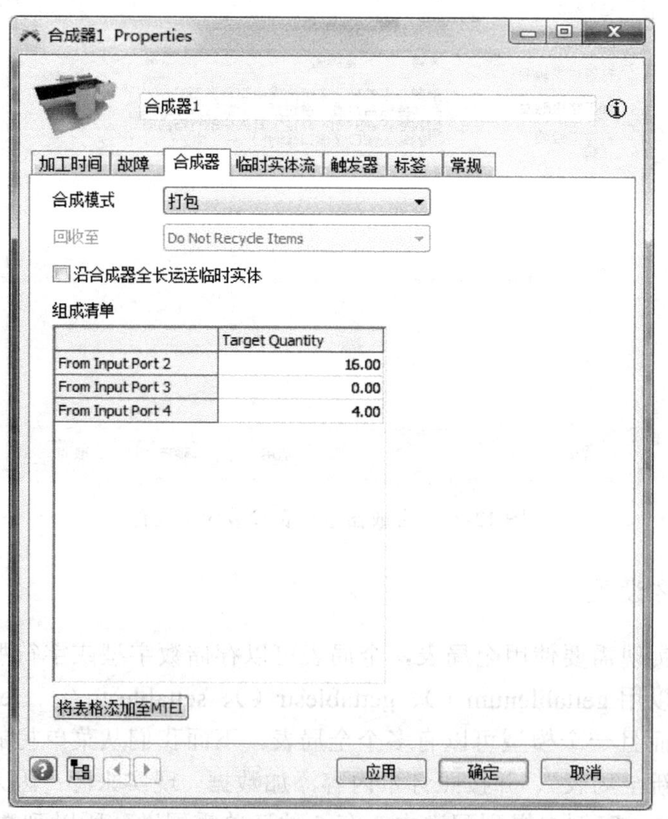

图 12-23　合成器选项卡自动更新组成清单

分拣系统运行图如 12-24 所示。

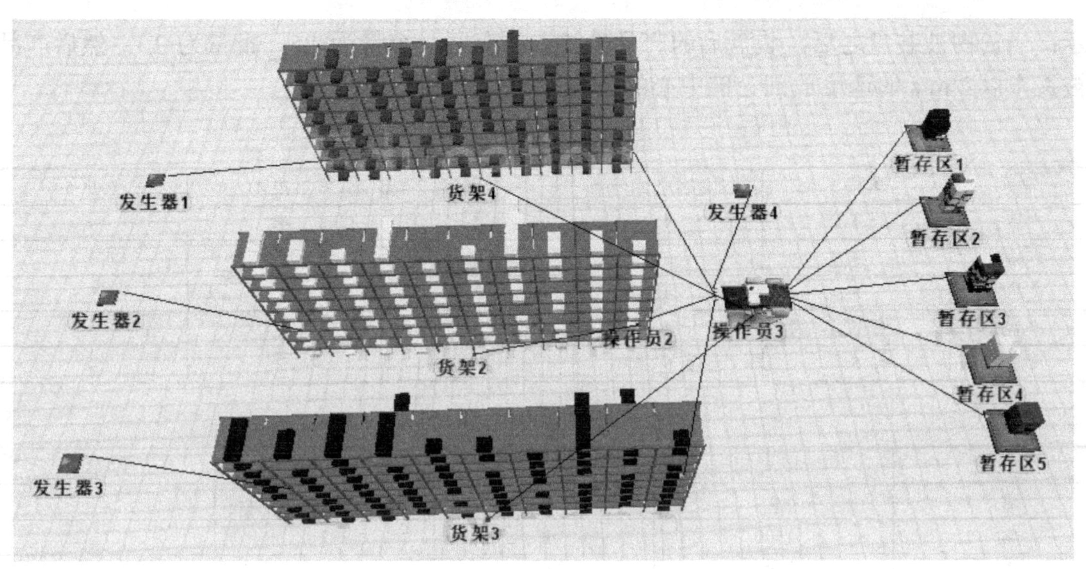

图 12-24 分拣系统运行图

12.2.5 实验思考与报告

1. 实验思考

（1）简述分拣作业的方法。

（2）根据本节仿真案例，寻找该案例运行过程中的瓶颈环节及其他需要进一步优化的细节。

2. 实验报告

进行实验的每一位学生均需撰写一份实验报告，做到流程清晰，重点突出。

12.3 配货系统建模仿真与优化实验

12.3.1 实验目的与要求

通过本实验，了解配货系统的相关构成要素、要素之间的联系、要素的特征，会运用 Flexsim 软件进行配货系统的布局，并对其进行优化。

12.3.2 实验原理与内容

生产线生产 5 种不同类型的产品，5 种不同类型的临时实体。临时实体在到达过程按正态分布时间到达（均值 20，方差 2），临时实体类型在 1～5 类型间服从均匀分布；之后 5 种产品被送到检测车间的暂存区，然后由 3 个操作员组成的小组协助搬运产品到检测装置上，并先预置产品（预置时使用操作员）。预置时间 6 s，预置结束后进入检测过程，检测时间 16 s。当检测完成后，通过各自的传送带将产品运输出去（传送带速度 2 m/s），在传送带末端按照客户订单进行装盘。5 个客户订单以及客户到达时间如表 12-4、表 12-5 所示：当货物被装盘之后，装盘后的产品先放入暂存区（容量为 25，批量为 1），然后产品被叉车以 2 m/s 的速度放到仓储中心的货架上（货架 8 层，8 列）。

表 12-4　客户订单

名称	客户 1	客户 2	客户 3	客户 4	客户 5
产品 1	4	4	4	4	4
产品 2	4	5	6	5	3
产品 3	5	4	3	4	5
产品 4	6	4	5	4	5
产品 5	5	6	4	5	4

表 12-5　客户到达时间

	到达时间	产品名称	产品类型	产品数量
客户 1	0	A	1	2
客户 2	1500	B	2	1
客户 3	1800	C	3	3
客户 4	2550	D	4	2
客户 5	3600	E	5	3

12.3.3　实验环境与准备

PC 机、Windows 7、Flexsim 7.3。

12.3.4　实验步骤与操作

配货系统总布局如图 12-25 所示。

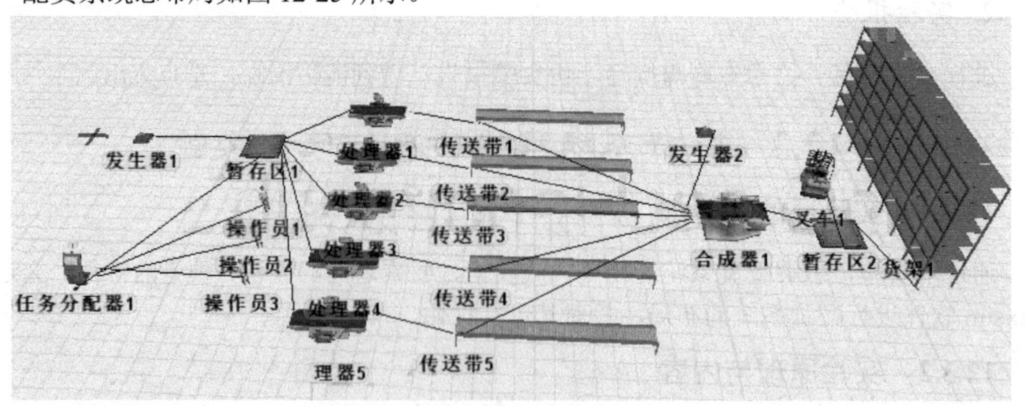

图 12-25　配货系统总布局

1. 建模步骤

生产线生产 5 种不同类型的产品，5 种不同类型的临时实体。临时实体在到达过程按正态分布时间到达（均值 20，方差 2），临时实体类型在 1～5 类型间服从均匀分布，对产生 5 种产品发生器参数设置如图 12-26 所示。

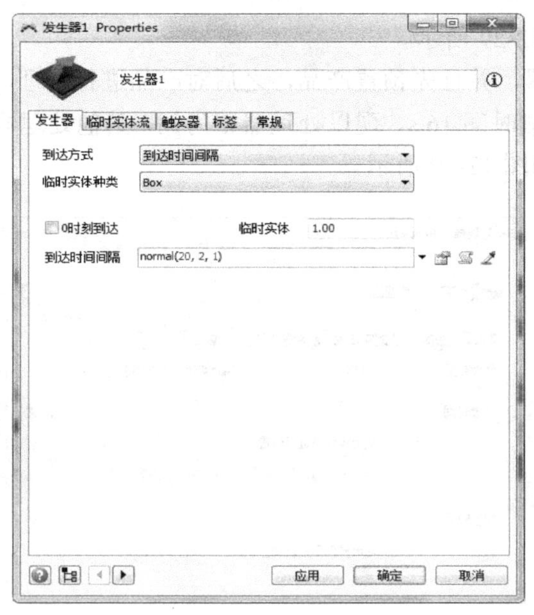

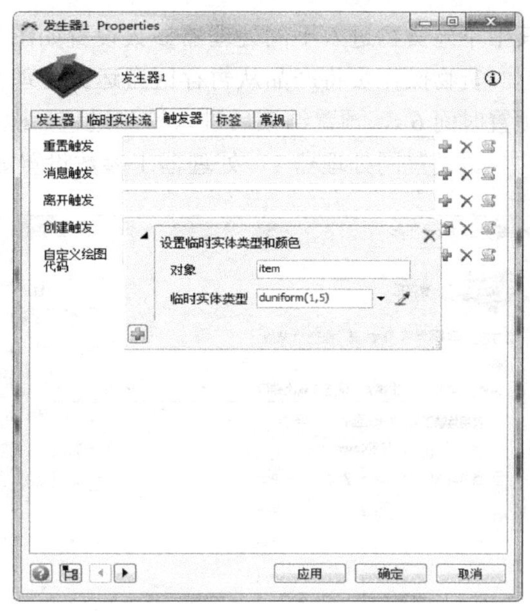

（a） （b）

图 12-26 产品发生器参数设置

5 种产品从检测车间暂存区由 3 个操作员组成的小组协助搬运产品，并且送到检测装置上，其中调用操作员参数设置如图 12-27 所示。注意：暂存区至任务分配器之间为 S 连接，任务分配器至操作员之间为 A 连接。任务分配器参数设置如图 12-28 所示。

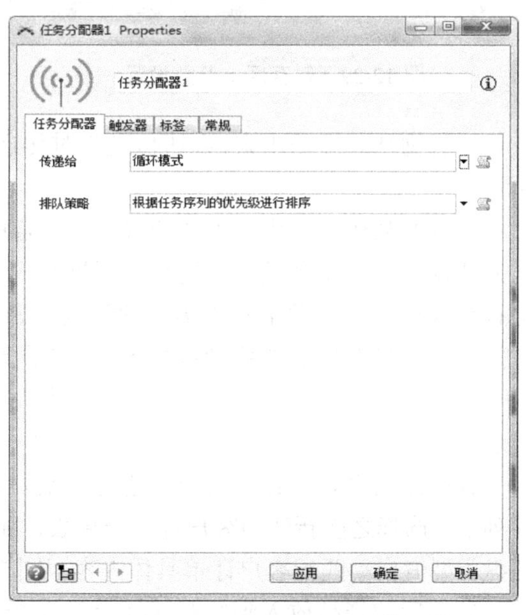

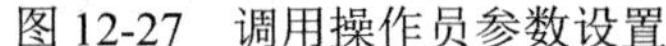
图 12-27 调用操作员参数设置

图 12-28 任务分配器参数设置

5 种货物在搬运过程中，不同的货物进入不同的处理器，然后进行货物的预置和处理。

其中不同货物进入不同处理器参数设置如图 12-29 所示。

货物操作员将产品从暂存区搬运到处理器，并且先预置产品，之后对产品进行处理，预置时间 6 s，预置结束后进入检测过程，检测时间 16 s，现以处理器 1 为例，其他处理器的参数设置同处理器 1，处理器 1 参数设置如图 12-30 所示。

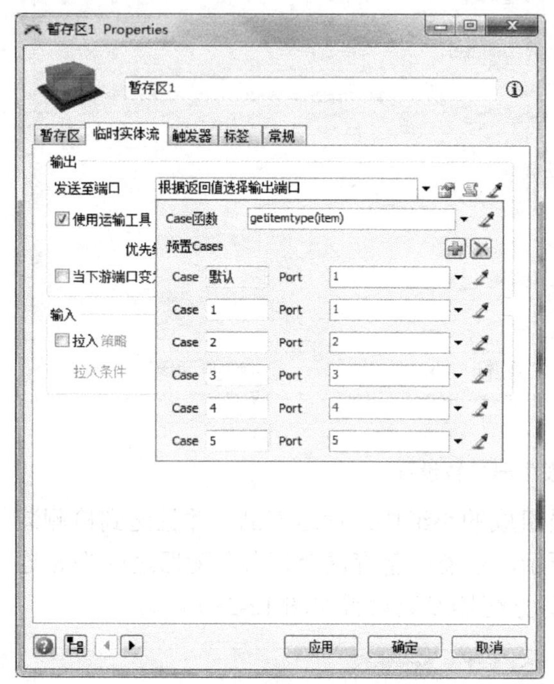

图 12-29　暂存区 1 参数设置

图 12-30　处理器 1 参数设置

当货物从处理器出来，到达传送带时传送带的速度为 2 m/s。传送带参数设置如图 12-31 所示。

当货物从传送带出来到达合成器时，合成器上就应有通过发生器根据客户到达时间发出的托盘，并且在合成器的托盘上根据客户订单进行装盘作业。此时，需要对托盘发生器进行参数设置，将发生器的实体种类设置为 pallet，托盘发生器到达方式设置为客户到达时间表，托盘发生器参数设置如图 12-32 所示。

客户订单需要使用全局表，全局表在工具箱中新建，客户订单全局表如图 12-33 所示。

合成器根据客户订单对货物进行装盘，在合成器的进入触发事件中采用更新合成器组件列表，选择之前新建的客户订单全局表，如图 12-34 所示。合成器将会根据托盘发生器的托盘类型值自动匹配客户订单具体内容。图 12-35 所示为合成器匹配的其中一个订单内容。

装盘后的产品放入到暂存区（容量为 25），并用速度为 2 m/s 的运输机放到仓储货架上（8 层 8 列），参数设置如图 12-36～图 12-38 所示。总运行模型如图 12-39 所示。

图 12-31　传送带参数设置

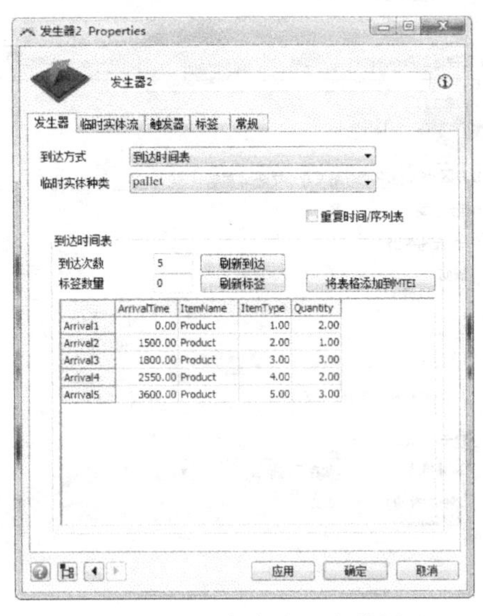

图 12-32　托盘发生器参数设置

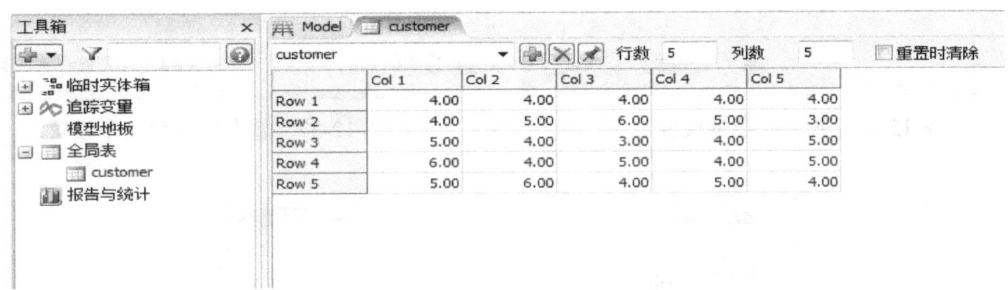

图 12-33　客户订单全局表

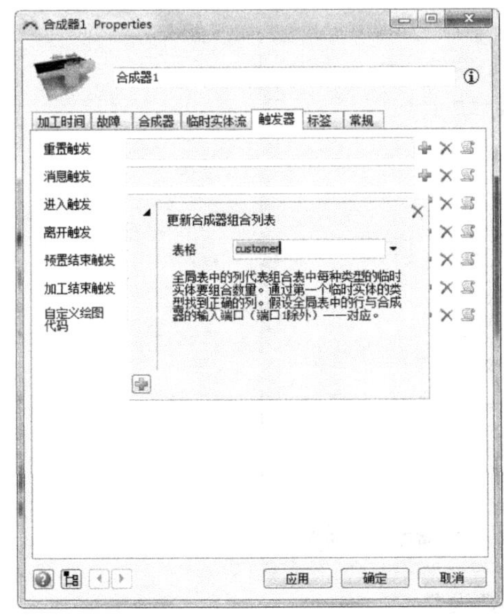

图 12-34　合成器进入触发参数设置

图 12-35　合成器合成清单

暂存区2 Properties
暂存区2
暂存区 临时实体流 触发器 标签 常规
最大容量 25.00
后进先出
成批
成批操作
目标批量 1.00
最长等待时间 0.00
一批离开后才接收新的一批
显示
实体堆放 暂存区内堆放
Z轴向堆放的起始高度 0.10
应用 确定 取消

图 12-36 暂存区容量设置

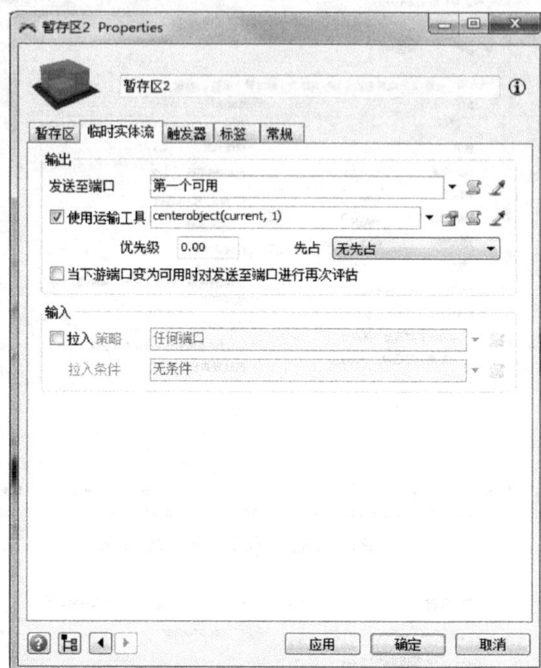

图 12-37 暂存区调用叉车设置

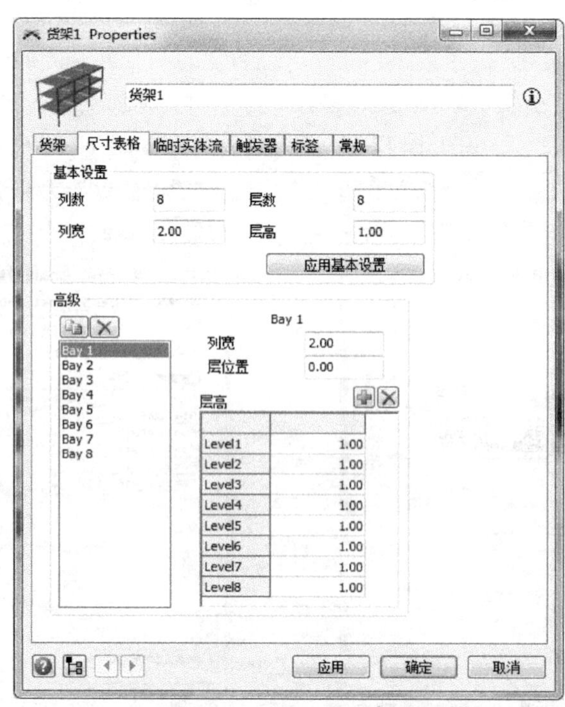

图 12-38 货架参数设置

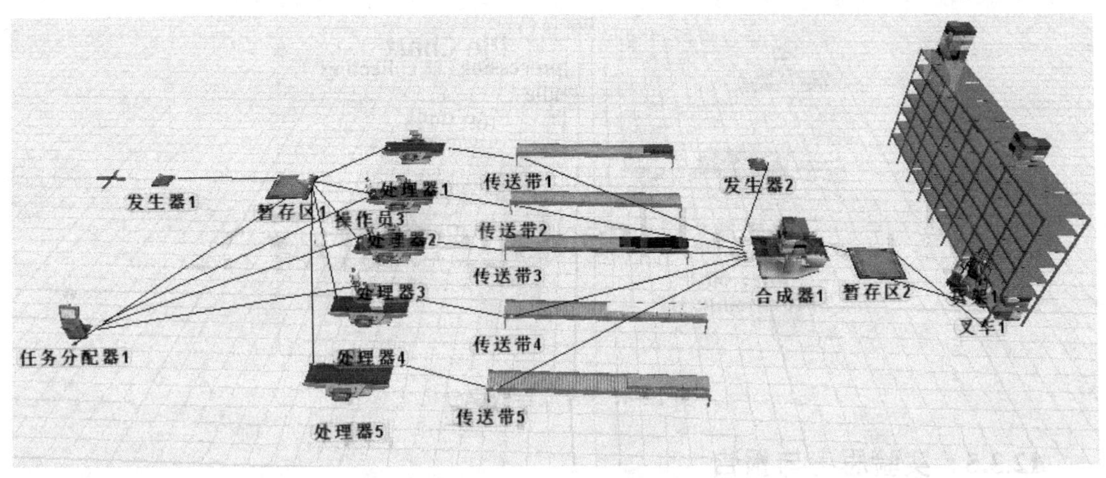

图 12-39 总运行模型

2. 运行结果与改进

对总运行结果进行分析，其中根据表 12-5 客户到达时间中每个客户对货物的需求量可知，在运行结果分析完成之后，货架上共有 11 盘货物，因此对货架进行分析后结果如图 12-40 所示。

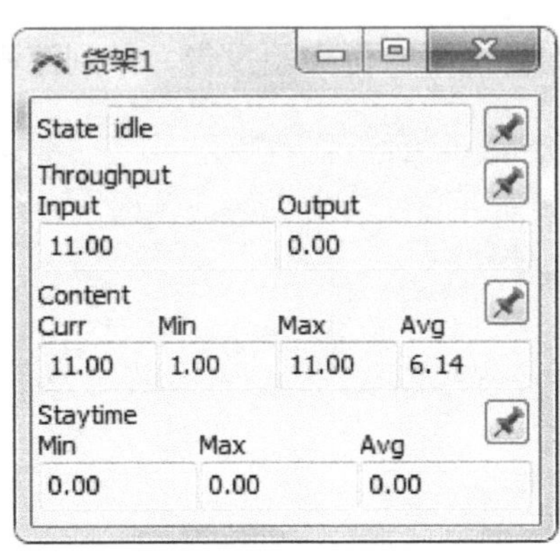

图 12-40 客户所需货物总量

根据 5 个客户订单以及 5 个客户到达时间可知，客户 1 所需数量为 2，即 2 个托盘，产品 1 所需数量为 4 即 4 个托盘，产品 2 为 4 个托盘、产品 3 为 5 个托盘、产品 4 为 6 个托盘、产品 5 为 5 个托盘。客户 2～5 所需托盘数量与产品 1 所需托盘数量的分析方法相同，因此在运行终止时，货架上托盘的数量为 11 个。

图 12-41 所示为合成器效率分析。由图 12-41 可知，在合成器工作的过程中出现了大量空余时间（30.06%），其实质为客户等待时间。因此该模型在运行过程中存在需要改进的地方，即减少客户等待时间。在实际操作时，要尽量避免客户等待时间过长，以提高服务效率和客户满意度。

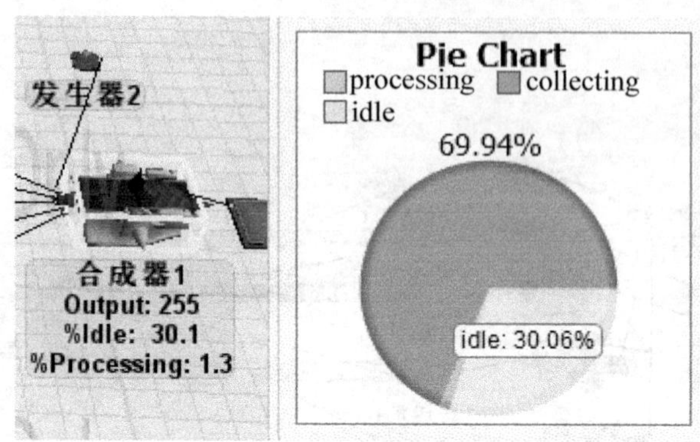

图 12-41　合成器效率分析

12.3.5　实验思考与报告

1. 实验思考

（1）总结配货系统的作业流程。

（2）根据本文仿真案例，思考如何优化以减少客户等待时间，提高客户满意度。

2. 实验报告

进行实验的每一位学生均需撰写一份实验报告，做到流程清晰，重点突出。

第 13 章

“物流高峰”课程实验

“物流高峰”课程是为高年级本科生开设的综合性课程，旨在帮助学生总结物流专业所学，结合课堂知识系统梳理、案例讨论与实践性锻炼，增强其专业知识的应用、拓展与实际动手能力，为日后走向工作岗位或继续深造提供必要的支持。为此，本章围绕“配送中心系统规划与优化”与“大学生物流设计竞赛”两项综合性的实验实践内容展开。

13.1 配送中心系统规划与优化实验

配送中心系统是物流管理专业教学的重点分析对象，可涵盖物流管理各专业主干课程的重要知识点应用，如“物流管理学”课程中的配送中心物流设施、设备选用；“商品学”课程中的分拣条码应用；“仓储管理”课程中的货物仓储作业与库存管理实践；“运输管理”课程中的配送路径组织与优化；“配送管理”课程中的配送中心选址规划；“物流信息技术”课程中的配送管理信息系统应用；“运作管理”课程中的工作布局规划问题；“物流系统规划与设计”课程中的物流需求预测与各类子系统优化等经典实践问题皆贯穿其中。

13.1.1 实验目的与要求

掌握百蝶物流仿真平台 IWMS（integrated workplale management system，智能仓储管理系统）的基本操作，学会对配送中心进行调研；建立系统分析思维，学会发现配送中心运作中存在的问题；结合专业知识，学会综合应用定量分析工具，对配送中心进行优化。

13.1.2 实验原理与内容

1. 实验原理

配送中心系统规划与优化所涉及的内容比较丰富，包括：配送中心选址规划；配送中心作业流程、组织管理体系和区域布局规划与设计；配送中心作业区域和设施规划与设计；运输配送系统的规划与设计；配送中心的设备采购与使用；配送中心管理信息系统的规划与设计；配送中心运营管理系统的规划与设计；配送中心内部各子系统的优化；配送中心的作业管理与优化；物流配送中心系统规划方案与运营评价；等等。

从功能看，上述配送中心系统规划的关键内容有配送中心选址、外部运输配送系统与内部仓储管理系统规划三个层面。配送中心选址规划是基于企业物流战略目标，根据供货状况、需求分布、运输条件、自然环境等影响因素，利用系统工程的方法，在指定区域内选择合适位置设立配送中心的过程，属于战略层面的决策。外部运输配送系统设计主要针对从配送中心到终端网点的运输规划设计，需处理配送区域划分、车辆配载、车辆调度安排、配送线路优化等一系列问题。内部仓储管理系统即配送中心内部的规划管理，主要涵盖作业区布局设计、设施设备与信息技术选用、入库、仓储、分拣、出库等作业流程优化、配送中心运营管理统筹等内容。鉴于大部分学生缺乏对配送中心内部作业的深入了解，本实验的内容将围绕配送中心内部仓储管理系统规划管理展开。

从方法看，配送中心系统规划与优化的常用方法是本书前面部分章节所介绍的工具、方法的综合应用，包括：用于货物需求预测的时间序列分析模型；用于仓储规划管理的ABC 分类法；用于库存管理优化的周期库存与安全库存测算模型；用于配送中心运营、分拣系统规划的 EIQ（entry item quantity，订单品项数量）分析法；用于估算时间成本、优化配送中心作业流程的系统仿真模拟法；等等。

2. 实验内容

配送中心的规划管理首先要进行基础资料的收集和调查研究工作。调查研究方法包括现场调研访问记录和厂商实际使用的表单收集，基础资料的收集过程分为两个阶段，即现行资料收集和未来趋势预测。

1）现行资料收集

现行资料收集主要针对物流需求展开，一般可包括以下几方面。

（1）基本运行资料：业务类型、营业范围、营业额、从业人员数、运输车辆数、供应厂商和客户数量等。

（2）物品资料：物品类型、品种规格、品项数、供货渠道、保管形式等。

（3）订单资料：物品种类、名称、数量、单位、订货日期、交货日期、交易方式、生产厂家等。

（4）货物特性：货物形态、气味、温度湿度要求、腐蚀变质特性、装填性质、重量、尺寸、包装规格、包装形式、储存特性和有效期限等。

（5）销售资料：按物品、种类、用途、地区、客户及时间等要素分别统计。

（6）作业流程：进货、搬运、储存、拣选、补货、流通加工、备货发货、配送、退货盘点、仓储配合作业（移仓调拨、容器回收、废弃物回收处理）等。

（7）事务流程与单据传递：接订单分类处理、采购任务指派、发货计划传送、库存管理和账务系统管理等。

（8）配送中心设施资料：规模、布置形式、主要设备规格、吞吐能力等。

（9）作业工时资料：机构设置、组织结构、各作业区人数、工作时数、作业时间与时序分布等。

（10）物品搬运资料：进货发货频率及数量、在库搬运车辆类型及能力、时段分布与作业形式等。

（11）供货厂商资料：供货厂商类型，物品种类、规格、质量、供货厂的地理位置、规模、信誉、交货能力、供货商数量、送货时间段等。

2）未来趋势预测

除收集现行资料外，还要考虑到物流配送中心在该计划区域的发展，做好未来趋势的预测分析。

（1）物品销售增长率、未来商品需求预测、未来消费增长趋势。

（2）物品在品种和类型方面的可能变化趋势。

（3）配送中心未来可能发展的规模和水平。

3）基础资料分析

完成基础资料收集后，应进行前期的定性与定量分析，分析方法包括以下两种。

（1）定性分析主要针对配送中心的物流与信息流展开，可采用作业流程分析、事务流程分析、作业时序分析以及自动化水平分析等方法。

（2）定量分析的内容有库存类别分析、需求分析、EIQ 分析、物品与包装特征分析以及储运单位分析（pallet carton box，PCB）等。

需要指出，实践中常犯的错误是只将资料做一番整理，以及进行单纯的统计和计算之类的工作，而无法将资料和规划设计有机地结合，最后只得到一堆数据与表格。为此在分析过程中，须结合实际需要有效地进行数据处理。

3. 配送中心系统规划与优化的常用方法

配送中心系统规划与优化的常用方法，是本书前面部分章节所介绍的工具、方法的综合应用，包括：用于货物需求预测的时间序列分析模型；用于仓储规划管理的 ABC 分类法；用于库存管理优化的周期库存与安全库存测算模型；用于配送中心运营、分拣系统规划的 EIQ 分析法；用于估算时间成本、优化配送中心作业流程的系统仿真模拟法；等等。

13.1.3 实验环境与准备

本实验以配送中心的仿真系统为基础，借助“亲临现场”的开放实验模拟环境，让实验人员能从中发现配送中心系统存在的问题，并收集相关数据，提出解决办法与优化规划设计方案。实验前需从硬件、软件与实验案例等方面做准备。

（1）硬件环境：需配置服务器 1 台，学生每人 1 台客户端电脑；均可连接网络。服务器方面，CPU 推荐 E5 或以上，RAM 推荐 8 G 或以上，硬盘剩余空间要求 100 G 或以上；客户端电脑方面，CPU 推荐 Intel Core 双核、主频 2 GHz 或以上，RAM 推荐 4 G 或以上，硬盘剩余空间要求 10 G 或以上、3D 仿真模拟软件对显卡的要求较高，显存须 1 G 或以上。

（2）软件环境：服务器方面，操作系统要求 Windows Server 2008 或 Windows Server 2012，数据库要求 Microsoft SQL Server 2005、Microsoft SQL Server 2008 或 Microsoft SQL

Server 2012，其他支持软件包括 IIS V6.0、Microsoft .NET Framework 4.5、DirectX 9.0、IE 6.0 及以上；学生客户端方面，操作系统要求 Windows 7 或以上，其他支持软件包括 Microsoft .NET Framework 4.5、DirectX 9.0、IE 6.0 及以上。

仿真模拟软件需安装 IWMS 虚拟配送中心运营系统（包含服务器端与客户端）、ITP 教学管理平台。其中，IWMS 由百蝶开发，是一套针对仓储与配送中心的三维互动仿真系统，以培养学生仓储配送中心的实验实践能力。该系统采用虚拟现实（virtual reality，VR）技术、人工智能（artificial intelligence，AI）技术、多媒体技术共同构建出一个逼真的三维仓储配送中心环境，学生通过客户端计算机的输入输出设备、VR 仿真模拟器等跟虚拟世界中的实体进行信息交换，产生仿真的结果——本实验的各种规划设计与优化分析，便主要通过该 IWMS 系统进行模拟调研。另外，百蝶 ITP 教学管理平台用于对学生实验进行管理控制，可提高课程与实验的开展效率。

（3）实验案例："全国大学生物流仿真设计大赛"的第二届初赛案例（以下简称"仿真大赛案例"），由全国大学生物流仿真运营设计大赛案例编写小组提供。"全国大学生物流仿真设计大赛"是由中国物流生产力促进中心发起并主办的一项以促进在校物流专业大学生学习与实践能力提升的赛事活动。大赛面向全国物流及其相关专业的本科大学生，通过对虚拟仿真的物流企业进行运营和研究，在探索和解决一系列物流生产实际问题的比赛过程中，提高学生的实际动手能力、组织管理能力、策划设计能力。大赛突破传统的比赛方式，在全国探索实行"线上＋线下"的竞赛模式，截至 2018 年初已成功举办 3 届，从省赛到国赛，参赛人数逾万人。

仿真大赛案例以配送中心管理优化与第三方仓配规划为主题，就配送中心的仓储规划、作业设计、流程优化、管理策略等问题予以展开。案例所涉及的关键数据如表 13-1～表 13-3 所示。

表 13-1　卓悦家电产品基础数据表

物料名称	包装规格	单品尺寸 /mm×mm×mm	包装箱尺寸 /mm×mm×mm	重量/kg	净重/kg	单价/元	堆码层数
电磁炉（C21-WH2105）	1-1-10	360×290×450	600×400×500	5.80	2.40	399	2
微波炉（Z3-L233B）	1-1-10	502×420×302	600×400×500	16.30	14.50	489	2
电烤箱（ZY38CB-AA）	1-1-10	535×405×400	600×400×500	12.00	7.60	299	2
电蒸锅（ZY-SYH18-2A）	1-1-24	327×227×253	440×320×300	1.60	1.20	139	3
电饭煲（ZB-FS3094）	1-1-24	383×294×225	440×320×300	5.70	4.50	999	3
电压力锅（ZY-QC50B4XM）	1-1-24	304×313×297	440×320×300	7.70	5.30	499	3
智能电饭煲（FZ4086）	1-1-24	357×291×249	440×320×300	8.30	7.10	2999	3
Wi-Fi 超级电饭煲（WFZ4011XM）	1-1-24	350×260×230	440×320×300	4.80	4.30	398	3
IH 电饭煲（ZB-FS4088）	1-1-24	405×290×248	440×320×300	5.90	4.80	699	3
榨汁机（ZJ-WJE2803D）	1-1-24	272×188×230	440×320×300	3.00	2.80	159	3

续表

物料名称	包装规格	单品尺寸 /mm×mm×mm	包装箱尺寸 /mm×mm×mm	重量/kg	净重/kg	单价/元	堆码层数
HALO 豆浆机(DJ13B-HJK2)	1-1-24	339×179×221	440×320×300	4.00	3.00	1299	3
智能电炖锅（ZY-WBZS162X）	1-1-24	295×260×244	440×320×300	5.00	4.00	699	3
双层防烫电水壶（TM1502b）	1-1-60	220×198×215	300×240×230	1.13	1.10	88	4
养生壶（ZK-GE1702）	1-1-60	220×180×215	300×240×230	2.20	1.75	179	4
料理机（ZJ-BL25C3）	1-1-24	356×147×180	440×320×300	2.20	1.67	169	3
电烤机（WJHN2828D）	1-1-24	365×310×115	440×320×300	4.50	3.60	269	3
面条机（ZY-WNS1501B）	1-1-24	242×230×275	440×320×300	6.00	5.80	469	3
面包机（ZZ-TLC2000）	1-1-24	345×230×266	440×320×300	7.70	5.80	369	3
小砍骨刀（38815-150）	1-20-1200	295×65×0.5	300×240×230	0.35	0.25	59	4
厨房多用剪刀（41378-000）	1-20-1200	220×76×1.5	300×240×230	0.35	0.20	39	4

表 13-2 卓悦家电 2015～2016 年销售数据统计表

产品名称	销售量/（件/月）											
	7 月	8 月	9 月	10 月	11 月	12 月	1 月	2 月	3 月	4 月	5 月	6 月
电磁炉 C21-WH2105	1049	1025	953	851	936	923	907	912	914	924	1096	1111
微波炉 Z3-L233B	267	234	249	263	267	226	231	291	246	246	249	347
电烤箱 ZY38CB-AA	55	53	56	51	49	48	49	52	50	55	54	48
电蒸锅 ZY-SYH18-2A	396	356	379	316	394	331	365	348	362	375	347	398
电饭煲 ZB-FS3094	96	92	91	87	84	85	89	90	91	93	95	92
电压力锅 ZY-QC50B4XM	1263	1176	1168	941	997	936	949	1148	1114	1157	1145	1196
智能电饭煲 FZ4086	347	247	218	314	246	293	218	314	308	280	307	225
Wi-Fi 超级电饭煲 WFZ4011XM	1247	1051	1147	1073	1149	1031	1154	1040	1051	1134	1247	1237
IH 电饭煲 ZB-FS4088	1001	1079	968	998	987	978	938	885	978	727	736	1074
榨汁机 ZJ-WJE2803D	561	595	664	594	595	514	567	561	512	541	517	502
HALO 豆浆机 DJ13B-HJK2	195	128	164	191	135	141	194	126	161	175	196	215
智能电炖锅 ZY-WBZS162X	214	197	117	196	125	137	114	172	183	214	293	151
双层防烫电水壶 TM1502b	96	94	91	89	86	88	90	89	86	91	88	84

续表

产品名称	销售量/（件/月）											
	7月	8月	9月	10月	11月	12月	1月	2月	3月	4月	5月	6月
养生壶 ZK-GE1702	112	196	168	146	115	194	151	198	112	148	196	115
料理机 ZJ-BL25C3	41	45	43	50	49	53	52	48	46	42	45	47
电烤机 WJHN2828D	56	61	52	49	53	50	56	60	58	54	56	60
面条机 ZY-WNS1501B	106	125	156	123	186	151	160	165	194	184	151	191
面包机 ZZ-TLC2000	64	68	57	54	60	55	56	63	74	71	61	53
小砍骨刀 38815-150	1209	1198	1178	1201	1206	1180	1196	1190	1204	1188	1197	1191
厨房多用剪刀 41378-000	99	87	41	39	38	33	70	76	81	85	93	77

表 13-3　卓悦家电 2016 年 6 月 16 日某时间段的几张订单数据

收货人	物料名称	订货数量	单位
宝山店	Wi-Fi 超级电饭煲（WFZ4011XM）	4	件
	面条机（ZY-WNS1501B）	2	件
	小砍骨刀（38815-150）	8	件
新里城店	Wi-Fi 超级电饭煲（WFZ4011XM）	3	件
	电蒸锅（ZY-SYH18-2A）	2	件
	厨房多用剪刀（41378-000）	5	件
高清路店	Wi-Fi 超级电饭煲（WFZ4011XM）	3	件
	小砍骨刀（38815-150）	9	件
	厨房多用剪刀（41378-000）	4	件
徐泾路店	Wi-Fi 超级电饭煲（WFZ4011XM）	4	件
	面条机（ZY-WNS1501B）	1	件
	小砍骨刀（38815-150）	7	件
昌化店	Wi-Fi 超级电饭煲（WFZ4011XM）	3	件
	厨房多用剪刀（41378-000）	5	件
	小砍骨刀（38815-150）	9	件
航北店	Wi-Fi 超级电饭煲（WFZ4011XM）	3	件
	电蒸锅（ZY-SYH18-2A）	2	件
	小砍骨刀（38815-150）	9	件
龙宜店	Wi-Fi 超级电饭煲（WFZ4011XM）	2	件
	小砍骨刀（38815-150）	8	件
	厨房多用剪刀（41378-000）	6	件

续表

收货人	物料名称	订货数量	单位
徐汇店	Wi-Fi 超级电饭煲（WFZ4011XM）	3	件
	面条机（ZY-WNS1501B）	1	件
	小砍骨刀（38815-150）	6	件
武宁店	Wi-Fi 超级电饭煲（WFZ4011XM）	3	件
	面条机（ZY-WNS1501B）	1	件
	小砍骨刀（38815-150）	5	件
张江店	Wi-Fi 超级电饭煲（WFZ4011XM）	2	件
	电蒸锅（ZY-SYH18-2A）	1	件
	厨房多用剪刀（41378-000）	4	件

（4）辅助参考材料：《IWMS 虚拟仓储中心运营课程指导书》《IWMS 虚拟仓储中心运营操作手册》《ITP 百蝶虚拟仿真运营软件教师使用手册》，由百蝶公司提供。

13.1.4 实验步骤与操作

1. 配送中心调研

1）配送中心布局

（1）学生单击电脑桌面上的图标，使用自己的账号进行登录，成功登录后，依次选择课程管理→上课管理→任务一配送中心参观调研→入库管理员→准备→开始，进入 3D 虚拟场景，如图 13-1 所示。

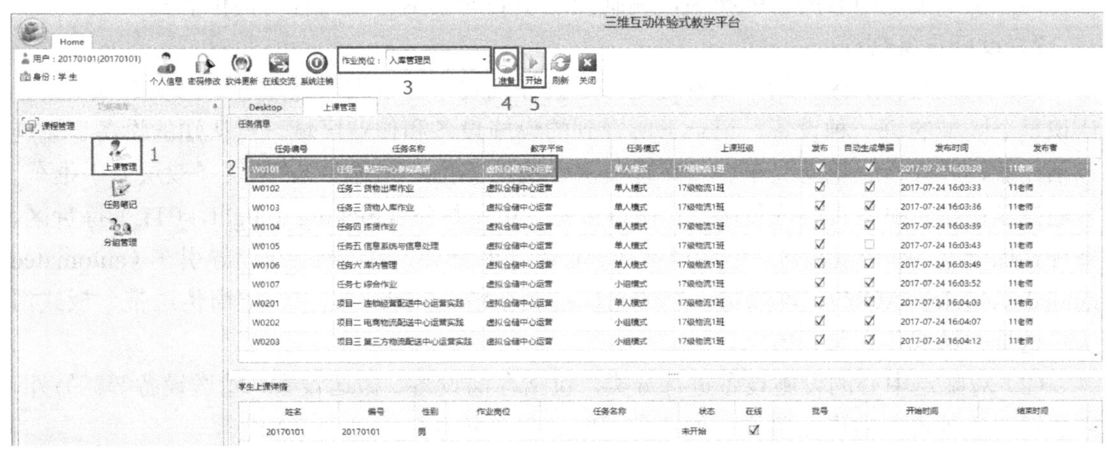

图 13-1 ITP 教学平台

（2）进入 3D 虚拟场景，如图 13-2 所示，具有如下按键操作（注：所有按键操作都需在英文输入法状态下操作才有效）。

第一步，按 F1 为第一视角，F2 为第三视角，F3 为飞行视角，了解不同的视角，考察虚拟配送中心。

第二步，按 W、S、A、D 键可进行前后左右移动，“实地”了解配送中心各区域。

第三步，按住右键进行拖动可以转换方向，第三视角下转动鼠标滚轮可调节视野远近，飞行视角下按 Q 键可以上升，按 E 键可以下降，进一步从全局分析配送中心布置。

图 13-2　配送中心 3D 虚拟场景

（3）通过上述调研，应用 Microsoft Visio 或其他绘图工具，绘制配送中心的平面布置图，并标识主要功能区与设施设备。

（4）基于配送中心的功能布局，编制配送中心的基本作业流程与岗位职责。

2）设施设备规模

（1）从托盘存放区开始，顺着通道靠近且仔细观察、咨询教师或者到网上查找资料，认识每个区域的每一种设备，记录下所看到的设施设备和作业区域。需认知的设备、设施包括托盘、升降台、电动叉车、入库理货区、液压手推车（地牛）、单层（双层）手推车、普通托盘货架、中型货架拣货区、仓储办公室、电子标签（picking to light，PTL）拣货区、播种式拣货架、拣货复核区、出库理货区、立体仓库货架、输送机、自动导引车（automated guided vehicle，AGV）、堆垛机、立体仓库控制系统、皮带传送带、滚筒传送带、板式滑块传送带、链式传送带、PDA。

（2）对配送中心的设施设备进行分类，包括存储设备、搬运设备、输送设备等。另外，需要识别各种设备的作业单位，如托盘（P）、包装箱（C）、件（B）。

（3）统计配送中心设施设备及规模调研，如表 13-4 所示。

表 13-4 配送中心设施设备及规模调研

调查问题	调查结果	备注
立体仓库货架规模		描述为几排几列几层共计多少个货位
普通托盘货架规模		
阁楼货架规模		
电子标签货架规模		
播种式货架规模		
电动叉车数量		
液压叉车数量		
单层手推车		
双层手推车		
输送分拣设备种类		分别是哪几种？
出/入库月台口数量		出/入库分别是几个？
输送系统分拣口数量		
岗位角色		

3）配送中心管理信息系统

（1）控制人员走进仓储部办公室，如图 13-3 所示。走近电脑，鼠标指针移到椅子上，出现橙色方框，按 Alt 键操作仓储部电脑，进入电脑界面，如图 13-4 所示。

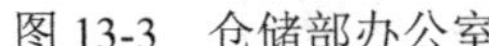
图 13-3 仓储部办公室

图 13-4 操作仓储部电脑

（2）打开虚拟电脑界面上的仓储管理系统，可分别进行配送中心管理信息系统的出库、入库、库内管理、基础信息管理与仓库报表等模块的操作，如图 13-5 所示。

（3）学习使用该管理信息系统，打印相关单据，如图 13-6 所示，并配合 PDA（图 13-7）与相关设施设备，分别熟悉出库、入库、拣货、库内管理的具体操作。注意信息系统、PDA 与配送中心作业之间的相互衔接。

图 13-5 配送中心的管理信息系统界面

百蝶物流配送中心-仓库

拣货单

拣货单号: PK2017050400001　　出库单号：SO2017050400001

货主: BD [百蝶集团]　　波次单号:

序号	货物编号	货物名称	托盘编号	拣货库位	计划拣货数	实际拣货数
1	6907992502052	伊利纯牛奶250ml	PAL_146	A010405	90	0
2	6932340105036	康师傅矿物质水550ml	PAL_121	P030201	40	0

图 13-6 拣货单示例

图 13-7 通过 PDA 进行各项配送中心作业

（4）熟悉配送中心管理信息系统，了解货物的分类和编码规则，理解条码技术的应用在物流信息化管理中的作用。

（5）深入配送中心管理信息系统的各模块，进一步熟悉货物信息查询与仓库报表功能，收集配送中心的基本运营数据。

2. 系统分析与发现问题

1）作业流程分析

（1）以出库作业为例，完成一项出库作业，归纳总结出库作业流程、主要步骤，应用 Microsoft Visio 或其他绘图工具，绘制作业流程图。掌握储位编码的规则，理解物流与信息流的关系，重点把握出库单据与 PDA 的关键信息。

（2）在仓库中分别寻找电子标签货架、中型货架和普通托盘货架的货位标签，查看标签上面的编号。每种货架随机记录 3 个标签编号，并记录该标签所表示库位的位置，如表 13-5 所示。认识配送中心的货位基本编码规则，分别指出标签如 F010502 编码各部分代表的含义，并在系统中找到该标签，确认自己的分析是否正确。

表 13-5 配送中心货位编号调查表

货架类型	货位编号 1	货位编号 2	货位编号 3
电子标签货架			
中型货架			
普通托盘货架			

（3）分析货物出库流程中，所拣选货物在配送中心的移动轨迹，在图 13-8 中画出三类货物的移动路线。

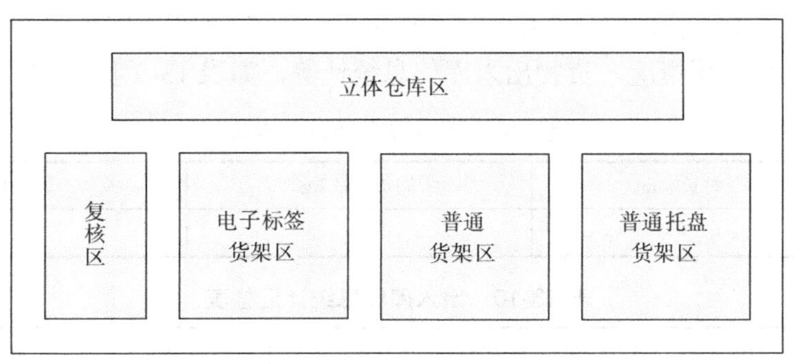

图 13-8 配送中心货物移动路线

（4）分析出库操作每一环节的主要内容与存在问题。例如，复核环节中，主要复核什么，一般会出现哪些问题，面对问题应该采取什么样的应对措施；为何每一环节都要扫描 PDA，如果不进行 PDA 的信息确认，会产生什么后果；出库环节中，有哪些作业环节比较耗时，效率较低；等等。

（5）以此类推，分析配送中心的入库、分拣、补货、移库等作业流程，在熟悉流程的基础上，测试相关环节的作业效率，找出存在的问题。

2）数据采集与分析

基于配送中心的管理信息系统，从以下方面进行数据采集与分析。

（1）参考表 13-6 格式，完成配送中心货物的基本规格数据采集。

表 13-6 货物基本规格数据采集表

货品代码	货品名称	包装规格	装箱规格/mm×mm×mm	码放层数	装盘件数	拣货形态 整箱/拆零/整托
03050260	统一冰红茶	1-12-288	440×320×300	3	288	拆零

（2）参考表 13-7 格式，完成配送中心的现有库存数据采集。

表 13-7 配送中心库存数据采集表

货品代码	货物名称	年出货量	当前库存总数量	存储区库存	拣货区库存

（3）参考表 13-8 格式，基于 ITP 平台采集配送中心的各项作业（操作）成本数据。

表 13-8 作业成本调查表

成本类型	成本科目	科目名称	成本值

（4）基于配送中心管理信息系统的“仓库报表”功能，采集配送中心的其他运营数据，包括配送中心月台使用情况、货物出入库信息统计等，如表 13-9 和表 13-10 所示。

表 13-9 月台使用情况调查表

月台	卸货时长/min	卸货重量/kg	卸货体积/m^3

表 13-10 出入库信息统计汇总表

货品代码	货品名称	出/入库次数	总数量	计量单位	总重量	总体积

（5）应用 Excel 等工具，对所采集数据做基本分类处理，尝试采用需求预测、ABC 库存分类、EIQ 模型、作业成本计算等方法，进行数据分析。在某些数据支撑不足的情况下，从模拟系统中无法获取的，可做合理的假设。

3）发现问题

从两方面切入配送中心的存在问题：一方面，基于基础数据的采集与处理，发掘配送中心管理中的瓶颈，提出有待解决的问题；另一方面，根据仿真大赛案例的相关提示，从配送中心的规模设计、仓储规划、分拣策略、成本核算、项目上线实施等角度展开分析。

3. 流程设计与优化方案

配送中心系统的规划与优化方案，是以前一节的数据分析与问题发现为出发点的，本节以“分拣作业设计”与“项目上线设计”为例，简要提示优化设计方案的制订。

1）分拣作业设计

分拣作业设计是根据配送中心当前货物的基本存储情况、分类布局，结合具体商品、订单的出库频率、规模等数据，拟定最优分拣策略的过程，主要工作包括以下几方面。

（1）对配送中心的储位分配与库存数据进行分析，包括库区中的托盘式货架和立体仓储，以及分拣区中的阁楼式货架、PTL 区域的具体安排情况。

（2）根据表 13-2，进行 EIQ 分析，完成 EIQ 基本资料统计表。

（3）基于 EIQ 图表分析深入订单分析，配合交叉分析如订单数量分析、品项数量分析、订单品项数分析、品项受订次数分析等，做出综合判断。

（4）从 EIQ 分析出发，结合 ABC 分类法对配送中心拣货系统进行大致规划，了解该物流配送中心的作业特征，有了相应的数据分析支撑，现需要结合仓库的实际情况对配送中心进行设计调整。

（5）从摘果式、播种式等常用拣选方式中，拟定合理的拣选方式。

（6）以减少拣货距离为目标，计算对比不同的拣货路径，绘制相关路线图，选择合理的拣货路径策略。

（7）根据已经设计好的拣货策略，进行拣货人员的岗位分工。

2）项目上线设计

项目上线设计是指为客户提供第三方仓储服务的具体实施方案与各项准备措施。该方案需要对客户的商品进行物流编码、码盘、标准化作业规范设计等，并需要与配送中心已有的货物处理作业相协调。

物流编码设计工作包括：把握商品编码的核心原则；确定物流编码的基本思路，拟定物流编码的内容涵盖；制定具体的编码，包括数字分段、类型、性质、品种、规格等元素的表达方式，编制货物编码表；等等。

码盘设计工作包括：确定货物码盘的基本原则；对当前货物规格进行分类统计，与托盘规格数据进行比对分析；选定若干种码盘方式，绘制货物组托示意图。

13.1.5　实验思考与报告

1. 实验思考

（1）现代配送中心的内部规划与管理优化，主要涉及什么内容？

（2）配送中心系统的定量分析，关键需要采集哪些数据？

（3）实践当中，配送中心的哪些管理优化做法适合管理一线的作业改进？

（4）如何优化配送中心内立体仓库的存储策略？根据配送中心立体仓库现状，设计合理的存储策略，优化货位分配。

2. 实验报告

按规范格式依据实验内容及时撰写并提交实验报告。

13.2 大学生物流设计竞赛实验

全国大学生物流设计大赛（National Contest on Logistics Design by University Students，NCOLD）是由教育部高等学校物流类专业教学指导委员会和中国物流与采购联合会共同举办的一项面向全国大学生的大型物流教学实践方面的竞赛活动，是教育部实施“质量工程”中的几项专业设计大赛之一，也是目前国内最具专业性、权威性、实用性的大学生物流大赛，大赛每两年举办一次。NCOLD 促进了物流教学与实践相结合，提高了大学生实际动手能力、策划能力、协调组织能力，学生参与 NCOLD 的规划方案设计，对物流理论知识的综合应用，有良好的锻炼效果，本节实验即针对 NCOLD 赛题的方案设计思路展开。

13.2.1 实验目的与要求

了解 NCOLD 赛事，学会针对物流竞赛做好前期准备；建立物流竞赛分析思维，学会基于企业实际案例发掘存在问题；结合专业知识，综合应用各种物流管理工具，制订设计方案。

13.2.2 实验原理与内容

1. 实验原理

物流行业相关企业的案例分析与解决方案设计，一般根据如下步骤展开：①现状分析；②问题识别与整理；③提出解决方案；④解决方案的评价与选择；⑤方案实施与保障。本实验即围绕 NCOLD 赛事案例，制订专业性的规划设计方案文本展开。

在对企业的物流运作实施改进之前，首先需要对目标企业物流运作的现状进行分析，可从企业的物流结构、物流/供应链的绩效，以及物流/供应链运作的商业环境三个方面进行。其中，企业的物流结构分析包括产品的实际流动即产品流分析；信息管理即信息流分析，如订单信息处理、物流单据处理、需求预测信息、物流管理信息等；企业与整个供应链的组织结构分析。

产品流分析的目的是描述物流供应链中各个节点（制造商、供应商、分销配送企业等环节）的结构，含货物在这些节点之间的距离、货物数量和流动方式、模式，通过流程示意图描述实物分拨的全过程。订单信息处理主要分析哪些订单信息沿供应链传递，信息流与产品流的相互关系，伴随物流而产生的信息流，如发货单、送货单和发票等。通过分析与效益评估、绘制信息流图，理解整个供应链层面的信息流规律，发现潜在问题。此外，还可采用 SCOR（supply chain operation reference model，供应链运作参考模型），从货源搜寻、制造、交货、计划 4 个部分，全面分析供应链的运行现状。

物流/供应链的绩效分析包括客户物流服务水平与物流成本分析、各项物流功能绩效分析以及相对物流绩效对比分析等。其中，客户物流服务绩效分析需清楚识别不同层次的客户，包括企业内部客户，即部门之间的服务水平与绩效；物流成本分析的关键则是总物流成本计算，乃至整个供应链层面的成本结构分析。

物流/供应链运作的商业环境包括内部分析与外部分析两方面：前者主要分析企业的内部政策、经营战略和物流/供应链战略，并从资源、资金、人才等层面识别出企业的优势和劣势；后者主要针对宏观、中观与微观层面的环境分析而言，可采用如 PEST（politics economy society technology，政治、经济、社会、技术）分析、波特五力模型、竞争对手分析等工具，识别企业所面临的机会与挑战。

存在问题识别与整理是竞赛设计方案制订的关键步骤，通过对前期资料的分析整理、分类与排序，逐步归纳出企业物流或供应链层面的存在问题，这些问题往往阻碍了物流绩效的提升。一般而言，案例或企业实践中出现的问题，就是供应链的某一个或者某几个关键点出现了失衡、失调。在制订方案时，建议抓住某个关键点进行重点研究与处理，基本思路为：该关键点处于供应链的哪个具体位置（企业本身、企业上游供应商或者是企业下游客户等）；它的实际作用是什么；它的失衡最可能导致什么样的问题，即与这个问题关系最密切的环节、最直接受其影响的环节有哪些；应该如何避免其失衡的产生；产生失衡后的措施如何；等等。此外，不能忽略存在问题之间的关联性分析。

解决方案设计重点从三个层次进行分析：第一，从问题表现的各功能部门入手，解决实际问题；第二，从公司部门之间的协作来分析和解决问题；第三，从供应链的各参与主体协调机制来综合考虑解决问题的途径。经以上分析，再综合考虑内外部环境与发展趋势，形成几种相应的对策，最后结合案例的实际情况做具体评价与选择。例如，有关供应商的问题，由于供应商处于企业上游，它的运作出现问题最直接会影响企业的采购环节，从而影响企业的生产、库存和运营成本。要避免供应商环节的问题，首先需要加强对供应商的沟通与管理，包括供应商评估、供应商 ABC 分类管理、供应商淘汰、通过减少和优化同类供应商数量来加强供应商对企业的依赖性等方法。其次，企业不但要从供应商的角度寻找原因，还要应该分析自身的内部政策，是否各部门间存在不协调、目标不一致；是否由于过度追求采购成本最优，导致供应商无利可图而降低了配合度；等等，从而有的放矢地形成若干系统的组织改进方案。

在方案评价与选择阶段，除了考虑综合成本、企业效益、回报率等经济指标，还要考虑更广泛的领域，如方案设计的前瞻性、员工的支持度等。方案的实施保障则重点把握资源、时间进度、人员安排以及反馈控制等问题。

2. 实验内容

根据 NCOLD 的第五届赛题，进行案例分析与解决方案设计。

13.2.3 实验环境与准备

本实验以 NCOLD 赛事为基础，由学生组队参赛，通过赛事案例分析与相关数据收集，提出企业存在的实际问题与规划设计方案。实验前需要从计算机、组队、实验案例等方面做准备。

（1）学生每人配 1 台计算机，均可连接网络，已安装常用的文字与表格处理、绘图等软件，如 Microsoft Office、Microsoft Visio 等。

（2）在教师的指导下，以 3～5 人为小组完成组队，以小组为单位完成案例分析与设计方案文本制定。

（3）实验案例：以“郑明杯”第五届全国大学生物流设计大赛的案例为实验分析案例，详见 http://www.clpp.org.cn/index.php?m=content&c=index&a=show&catid=257&id=41.的电子案例下载。该案例由著名冷链示范企业上海郑明现代物流有限公司（ZM Logistics，以下简称 ZM 公司）赞助提供，实验小组可从案例中选择不超过 5 个子案例进行设计，形成完整的设计方案。设计方案可以是文字材料、数学模型、软件或工程设计等。设计内容可以包括但不仅限于以下一个或几个项目。

案例 1：冷链市场现状、国内外差异和未来趋势的分析与判断。

案例 2：从脆薯项目看领先的专业供应链解决方案提供商建设之路。

案例 3：谈生鲜电商，看 ZM 公司与京东如何“郑京全场”。

案例 4：大数据时代 ZM 公司的改革与机遇。

案例 5：自贸区背景下 ZM 公司的发展之路。

案例 6：客户财务之急，危呼？机呼？

案例 7：信息技术如何保障冷链物流质量与安全。

案例 8：冷链车辆统一调度平台的优化。

案例 9：面向生鲜电商的冷库内部设计。

案例 10：面向 90 后的冷链物流企业建设。

案例 11：西北地区冷库网络布局的探索。

案例 12：冷链物流末端配送网络建设——面向 B2B 的城市配送网。

案例 13：郑明物流如何切入冷链零担物流市场。

案例 14：打造冷链行业最有价值的品牌。

案例 15：客户，想说爱你不容易。

13.2.4 实验步骤与操作

1. 资料收集与前期分析准备

第一，分析案例企业 ZM 公司的基本情况，重点包括企业的主营业务、组织结构、财务状况、人力资源、企业文化、战略目标、核心资源与能力等，归纳出 ZM 公司的优势和劣势，以及可能存在的问题。

第二，对冷链物流、汽配物流、电商物流、商贸物流与供应链金融五个行业进行分析，包括行业宏观环境、竞争环境、主要竞争者等系统调研，重点分析冷链、电商物流以及供应链金融的行业发展趋势，进而把握 ZM 公司所面临的机会与威胁。

第三，深入 ZM 公司各主营业务的核心业务流程，绘制流程结构图、描述产品流和信息流，分析不同业务之间的关联性与组织实施。

第四，从供应链视角，分析 ZM 公司不同业务的上下游关系，识别供应链模式与链主，以及 ZM 公司所处的供应链地位与行业地位。

第五，收集相关数据，从战略视角分析 ZM 公司当前的环境、资源、能力与其战略目标的匹配程度。

2. 存在问题分析

第一，从前期资料分析切入，基于 SWOT（strengths weaknesses opportunities threats，优势、劣势、机会、威胁）模型，从宏观层面整理 ZM 公司当前的存在问题。

第二，仔细阅读案例，从 15 个子案例切入，应用 5W1H 分析工具，描述每个子案例的主题与有待解决的问题，并通过示意图进行简化概括。

第三，对 15 个案例进行分类，可通过两方面切入：一方面，将同类相关主题分为一组，探讨问题的共性，如冷链市场前景（子案例 1）、集成供应链服务（子案例 2）、生鲜电商（子案例 3）、零担冷链（子案例 13）都属于 ZM 公司的市场开发问题，适合制订一体化的规划方案予以处理；另一方面，可从研究工具与方案层面将问题归类，如冷链车辆调度（子案例 8）、冷库网络布局（子案例 11）、末端配送网络建设（子案例 12）等问题，都需要采用物流定量建模进行分析。

第四，结合案例分析小组的资源和优势，选择合适的子案例组，作为设计方案的分析主题。

3. 制订设计方案文本

第一，根据“存在问题→原因分析→解决方案”的思路，系统拟订规划设计方案的框架。

第二，从生鲜电商（子案例 3）切入，通过相关材料描述问题，进而对生鲜电商领域的可行性进行分析，思考其条件与发展难点，并通过数据提供支撑，最后制订具体的实施方案，通过流程图的方式描述。

第三，从冷库网络布局（子案例 11）切入，归纳出适用的物流网络规划模型，在合理假设的基础上，收集输入数据，制订冷库布局方案。

第四，小组在教师的指导下，完成规范的方案文本，包括绪论、环境分析、问题归纳、可行性分析、系统建模、规划设计、营收分析、风险管理、实施保障等内容。

13.2.5 实验思考与报告

1. 实验思考

（1）冷链物流有哪些重要的发展趋势？这些趋势对企业而言，有什么重要的意义？

（2）物流企业的案例分析中，是否存在一般化的分析思路或方法？实践中，应如何发现物流企业存在的问题？

（3）在物流规划设计的方案文本中，应该如何“用数据说话”？

（4）冷链车辆的调度优化与普通物流车辆的调度有何异同？可以使用什么系统的方法对冷链车辆调度进行优化设计？

2. 实验报告

按规范格式依据实验内容及时撰写并提交实验报告。

第 14 章

物流管理专业实习

物流管理专业是一门实践性很强的学科，只有将理论与实践充分结合，才能真正掌握这门学科的精髓。专业实习是在学生学习完一些专业基础课程和部分专业课程后，开始综合性课程学习的中间所开展的实践性教学环节，既是对学生前期理论学习的检验，也是锻炼学生实践能力的有效手段。该教学环节对学生巩固前期所学基础专业知识，提升学生专业观察能力、理解能力、沟通能力，确定专业就业方向以及未来综合型课程学习打下坚实基础等，都具有重要的意义。

14.1　实习目的与要求

1. 实习目的

通过专业实习，巩固前期所学基础专业知识，学生借此机会可以进一步领会和掌握企业经营管理与物流管理的相关知识，切实把所学知识运用于实践，提高分析问题和解决问题的能力，提升学生的专业素养和专业综合能力。同时也可以对物流行业、现实社会的工作现状有更为直接的了解，为今后进一步学习、毕业，并顺利进入工作角色奠定坚实的基础。

2. 实习要求

通过实习，要求学生将自己所学专业知识、管理知识应用到具体的工作岗位当中，用专业的角度和方法去认识问题、分析问题和解决问题，锻炼提升自己的专业素养和综合能力。其具体要求包括以下几点。

（1）每位学生必须按时参加，无特殊情况不得缺席，不得推迟。

（2）参加实习前教育，明确实习目的，端正态度，充分认知专业实习的重要性，了解实习安排计划，以饱满的热情投入到实习中去。

（3）实习过程中，学生要听从组织安排，敬岗爱业，踏实工作，认真观察仔细体会，做好实习周记等工作记录。实习结束后，及时按要求撰写实习报告。

（4）实习学生应充分尊重实习单位同事，尊重老师，团结互助，克服困难，顺利圆满完成实习内容。

（5）实习期间应遵守学院与实习单位的规章制度，注意安全保密，服从实习单位统一安排。要体现出大学生精神文明风貌，自尊、自爱、自强，关心集体，爱护公物，不做有损于学校学院荣誉的事。

14.2 实习内容与时间

1. 实习内容

（1）认识企业的经营现状、发展战略和发展愿景等。

（2）掌握物流企业的仓储、运输、配送和物流信息管理等业务的运作流程、操作方式、工作技巧、单证的填制和信息的流转过程等。

（3）对自己从事岗位工作的现状做出描述，观察发现实践中存在的问题，深刻思考分析其原因并结合专业知识提出解决办法及改进措施。

（4）了解企业物流人才状况，了解物流人才的素质要求。

（5）把握物流行业发展状况和发展趋势。

2. 实习时间

实习从第 6 学期结束后的暑期开始，时间为 6～8 周。

14.3 实习方式与考核

1. 实习方式

顶岗实习，即学生进入企业直接按分配的具体工作岗位上的工作内容和要求从事实习，边工作边实习，条件允许情况下可在实习期间开展轮岗工作。

2. 实习考核

学生的专业实习成绩由实习指导教师根据学生的实习态度（10%）、出勤及纪律情况（10%）、实习单位的评价（40%）、实习报告（40%）四个因素综合评定。实习成绩分为五个等级：优秀、良好、中等、及格、不及格。评分标准如下。

优秀：能很好地完成实习任务，达到实习大纲中规定的全部要求，实习报告能对实习内容进行全面、系统的总结，并能运用学过的理论对某些问题加以分析。实习态度端正，实习中无违纪行为。专业素养表现突出，实习单位评价高。

良好：能较好地完成实习任务，达到实习大纲中规定的全部要求，实习报告能对实习内容进行比较全面、系统的总结。实习态度端正，实习中无违纪行为。专业素养表现较好，实习单位评价较高。

中等：达到实习大纲中规定的主要要求，实习报告能对实习内容进行比较全面的总结，学习态度基本正确，实习中无违纪行为。专业素养表现一般，实习单位评价一般。

及格：实习态度端正，完成实习的主要任务，达到实习大纲中规定的基本要求，能够完成实习报告，内容基本正确，但不够完整、系统。专业素养表现一般，实习单位评价一般。

不及格：有以下情况之一者，实习成绩不及格：未按时完成实习任务；在实习中有严重违纪行为；在实习单位中造成不良影响；实习单位评价较差或实习报告未完成。

14.4　实习报告注意事项

专业实习报告 3000～5000 字，应包括以下内容。

（1）实习概况包括实习单位、实习过程、实习方式和实习内容等。

（2）实习周记，即每周实习内容和实习体会。

（3）专业实习的主要收获，结合实际，记述对所学专业基础课程理论知识的理解和认识；阐述自己在实习中认识问题、分析问题和解决问题的具体工作。

（4）记述所获取的感性知识及某些实践经验。

（5）专业实习的总体体会及建议等。

第 15 章

物流管理毕业实习

毕业实习是在学生学习完全部专业课程，正在撰写毕业论文并即将走向社会工作岗位的阶段开展的实践性教学环节，此环节对于巩固加深专业知识，提升研究和实际工作能力，具有重要意义。

15.1 实习目的与要求

1. 实习目的

（1）通过毕业实习巩固加深所学专业知识。

（2）培养学生综合运用所学知识来观察、分析和解决实际问题的能力，为毕业后走向实际工作岗位积累工作经验。

（3）深入调查实习单位，收集与毕业论文相关资料，综合利用所学知识分析研究，为毕业论文提供研究案例。

2. 实习要求

要求学生在毕业实习中锻炼解决实际问题的能力，积累工作经验，学会在专业领域开展科学研究。其具体要求包括以下几点。

（1）每位学生必须按时参加，无特殊情况不得缺席，不得推迟。

（2）参加实习前教育，明确实习目的，端正态度，充分认知实习的重要性，了解实习安排计划，以饱满的热情投入到实习中去。

（3）实习过程中，学生要听从组织安排，敬岗爱业，踏实工作，认真观察仔细体会，做好实习周记等工作记录。实习结束后，及时按要求撰写实习报告。

（4）实习学生应充分尊重实习单位同事，尊重老师，团结互助，克服困难，顺利圆满完成实习内容。

（5）实习期间应遵守学院与实习单位的规章制度，注意安全保密，服从实习单位统一安排。要体现出大学生的精神文明风貌，自尊、自爱、自强，关心集体，爱护公物，不做有损于学校学院荣誉的事。

15.2 实习内容与时间

1. 实习内容

（1）认识企业的经营现状、发展战略和发展愿景等。

（2）掌握物流企业的仓储、运输、配送和物流信息管理等业务的运作流程、操作方式、工作技巧、单证的填制和信息的流转过程等，总结积累一些好的工作经验。

（3）为毕业论文调研并收集相关资料。

2. 实习时间

第 8 学期开始，第 1～4 周，共 4 周。

15.3 实习方式与考核

1. 实习方式

采用学生在企业分散实习、论文教师具体指导相结合的方式。由指导教师协助学生联系实习单位，学生带着问题进入企业开展实习，通过实习积累工作经验，开展调查研究辅助论文研究。

2. 实习考核

学生毕业实习成绩由实习指导教师根据学生的实习态度（10%）、出勤及纪律情况（10%）、实习单位的评价（40%）、实习报告（40%）四个因素综合评定。实习成绩分为五个等级：优秀、良好、中等、及格、不及格。评分标准如下。

优秀：能很好地完成实习任务，达到实习大纲中规定的全部要求，实习报告能对实习内容进行全面、系统的总结，并能运用学过的理论对某些问题加以分析。实习态度端正，实习中无违纪行为。专业素养表现突出，实习单位评价高。

良好：能较好地完成实习任务，达到实习大纲中规定的全部要求，实习报告能对实习内容进行比较全面、系统的总结。实习态度端正，实习中无违纪行为。专业素养表现较好，实习单位评价较高。

中等：达到实习大纲中规定的主要要求，实习报告能对实习内容进行比较全面的总结，学习态度基本正确，实习中无违纪行为。专业素养表现一般，实习单位评价一般。

及格：实习态度端正，完成实习的主要任务，达到实习大纲中规定的基本要求，能够完成实习报告，内容基本正确，但不够完整、系统。专业素养表现一般，实习单位评价一般。

不及格：未按时完成实习任务；在实习中有严重违纪行为；在实习单位中造成不良影

响；实习单位评价较差或实习报告未完成。有以上情况之一者，实习成绩不及格。

15.4 实习报告注意事项

毕业实习报告 3000～5000 字，应包括以下内容。

（1）实习概况：实习单位、实习过程、实习方式和实习内容等。

（2）实习周记，即每周实习内容和实习体会。

（3）实习过程中积累的工作经验总结。

（4）实习中对于自己论文研究的辅助。

（5）实习其他体会和建议等。

参 考 文 献

陈爱玲，罗彦芳，郭艳丽. 2017. 基于综合实验平台的物流管理专业实验教学体系研究[J]. 物流工程与管理，39（2）：192-194.

陈长彬. 2009.《供应链管理》课程教学实验设计分析——以“啤酒分销游戏”为例[J]. 现代商贸工业，（16）：244-245.

杜茂宝. 2006. Excel 在存货 ABC 分类管理动态模型建立中的应用[J]. 财会通讯，（5）：68-69.

冯根尧. 2015. 运营管理实验教程[M]. 北京：北京大学出版社.

冯华. 2008. 供应链管理实验教程[M]. 武汉：武汉大学出版社.

胡凌. 2014. 基于物流仿真软件的 3D 物流决策模拟教学平台构建[J]. 物流技术，33（19）：494-496.

姜大立. 2017. 供应链建模[M]. 北京：中国石化出版社.

李明武，綦丹. 2015. 基于能力导向的物流管理应用型本科专业实践教学体系构建[J]. 物流技术，34（20）：212-214.

李顺毅. 2015 财经高校经济类专业高峰体验课程模式探索[J]. 经济研究导刊，（21）：193-194.

梁雯，叶春森，吴海辉. 2012. 依托科技文化竞赛 强化学生创新实践能力——以大学生物流设计大赛为例[J]. 物流工程与管理，34（3）：223-225.

刘丹. 2011. 本科物流管理专业实践教学体系构建研究[J]. 物流工程与管理，33（7）：128-115.

刘玲. 2013，国际货运集装箱班轮运输代理作业[M]. 北京：机械工业出版社.

孙金凤，王文铭. 2010. ERP 沙务模拟演练教程[M]. 北京：清华大学出版社.

田扬，赵瑞静. 2006. 利用 Excel 构建存货 ABC 分类管理模型[J]. 中国管理信息化，9（4）：97.

王利，孟庆良，黄颖，等. 2013.“大学生物流设计大赛”方式的课程设计与实践探索[J]. 教育教学论坛，（04）：206-207.

王武林. 2015，创新高峰体验课程教学范式的路径探讨[J]. 教育文化论坛，7（3）：73-76.

肖怀云. 2011，探索大学生物流设计大赛在物流实践教学中的应用[J]. 物流科技，34（1）：30-32.

杨浩雄，杜新建，吴忠，等. 2010. 物流管理实验教程[M]. 北京：科学出版社.

杨淑霞. 2010. 物流管理实验教学课程体系设计思路探究[J]. 中国科教创新导刊，29：51.

于霞. 2017. 本科院校物流管理专业实践教学体系构建与保障研究[J]. 中国市场，36：94-95.

袁开福. 2013. 物流管理本科专业能力架构与课程体系的关系研究——基于可就业能力的视角[J]. 物流技术，32（3）：478-481.

张大成. 2013. 物流管理本科专业实验教学体系建设研究[J]. 经济师，1：133-136.

赵昶，倪文斌，邬雪芬. 2013. 运作管理模拟决策实验教程[M]. 杭州：浙江大学出版社.

赵宁，宓超，宓为建. 2015. 港口集装箱运营管理与实践案例[M]. 北京：中国人民大学出版社.

周小芬，王勇，朱妹帆. 2015. 应用型物流管理专业实验教学课程体系设计思路探究[J]. 物流工程与管理，37（11）：290-291.

附录 1

沙盘模拟企业基本情况

新的管理层上任之后，对市场未来的发展趋势应当有所了解，因为这将影响你们对于企业未来的战略规划和运作管理。

以下是关于市场发展的一些预测。这些预测来自一家业内公认的市场调研咨询公司，它针对市场发展前景的预测有着较高的可信度，不过应当记住的是，这毕竟是预测，有可能不准确。

1. 企业介绍

该企业是一个典型的本地企业，经营状况良好。它目前的主打产品 Beryl 含有较新的技术，在市场的发展还不错。不过，由于原来的管理层在企业发展上比较保守，特别是在市场开发以及新产品的研发方面，使得企业一直处于小规模经营的状况。在未来的几年内，市场的竞争将越来越激烈，如果继续目前的经营模式，很可能会逐渐被市场淘汰。因而，董事会决定引入新的管理层，对企业的经营模式进行变革，使企业发展成为更有潜力的实体。

2. 产品发展

Beryl 产品目前在市场上的销路还不错，但是可以预见在不久的将来，激烈的竞争即将开始，一方面是来自国内同行的纷纷仿效；另一方面是由于中国加入 WTO（Word Trade Organization，世界贸易组织）之后，外国竞争者所构成的重大威胁。这些外国竞争者拥有更先进的研发技术和生产技术，如果企业不在产品上进行创新，将很容易落伍。

Crystal 产品是 Beryl 产品的技术改进版，它继承了 Beryl 产品的很多优良特性，在一段时间内可以为企业的发展带来可观利润。

Ruby 产品是一个完全重新设计的产品，采用了最新技术，在技术创新及有利于环保方面产生了很大的飞跃。但目前很难评估客户针对这种新技术的态度。

Saphire 产品被视为一个未来技术的产品，大家都存在着期望，然而它的市场何时才能形成是一个完全未知的因素。

3. 市场分析

本地市场针对 Beryl 产品的需求开始减弱，而且利润空间也开始下滑。不过在未来几年中，还是有不少 Beryl 产品的需求，而 Crystal 产品的需求也开始慢慢多起来。

在市场预测中可以看到，区域市场在未来几年，Beryl 产品有一定销量，而 Crystal 产品销量较多。不过，相比本地市场和国内市场而言，区域市场的容量还是要小一些。

亚洲市场的开拓需要 3 年时间。因此针对其需求量的预测不能特别确定。该市场可能会有较大的容量，对于高技术含量的产品有较多的倾向性。

国际市场的开拓需要 4 年的时间。对于那些研发技术和设备相对落后的企业来说，该市场应该是一个比较理想的发展空间，对于 Beryl 产品的需求较多，而且利润空间较高。

参与竞争的企业在未来的发展中，将主要参考以下的市场预测。

附图 1-1 表示了未来几个产品的市场容量发展趋势。

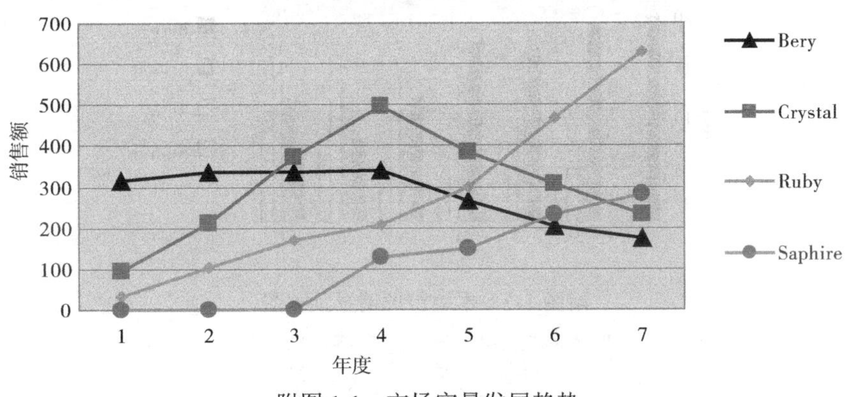

附图 1-1 市场容量发展趋势

4. 市场预测

总体来看，根据企业的实际情况可以比较准确地预计 1～3 年的销售情况，但由于市场存在很大的不确定性，4～7 年的预计只能作为一个参考，可能存在较多的变数。如附表 1-1 所示。

附表 1-1 产品销售情况及价格分析

分类	销量预测	单价预测
本地	Beryl 是一个成熟的产品，在未来 3 年内本地市场上需求较大，但随着时间的推移，需求可能迅速下降； Crystal 在本地市场的需求呈上升趋势； Ruby 和 Saphire 的需求量不明确； 不管哪种产品，未来可能会要求企业具有 ISO 认证资格	Beryl 的单价逐年下滑，利润空间越来越小； Ruby 和 Saphire 随着产品的完善，价格会逐步提高
区域	区域市场的需求量相对本地市场来讲，容量不大，而且对客户的资质要求相对较严格，供应商可能只有具备 ISO 资格认证——包括 ISO 9000 和 ISO 14000 才可以允许接单	由于对供应商的资格要求较严，竞争的激烈性相对较低，价格普遍比本地市场高

续表

分类	销量预测	单价预测
国内	Beryl、Crystal 的需求逐年上升，第 4 年达到顶峰，之后开始下滑。Ruby、Saphire 需求预计呈上升趋势；同时供应商也可能要求得到 ISO 9000 认证	与销售量相类似，Beryl、Crystal 的价格逐年上升，第 4 年达到顶峰，之后开始下滑。Ruby、Saphire 单价逐年稳步上升
亚洲	所有产品几乎都供不应求	Beryl 在亚洲市场的价格相对于本地市场来说，没有竞争力
国际	Beryl 的需求量非常大，其他产品需求不甚明朗	受各种因素影响，价格变动风险大

附图 1-2～附图 1-11 所示为未来几个产品在本地市场、区域市场、国内市场、亚洲市场、国际市场销量与单位预测图。

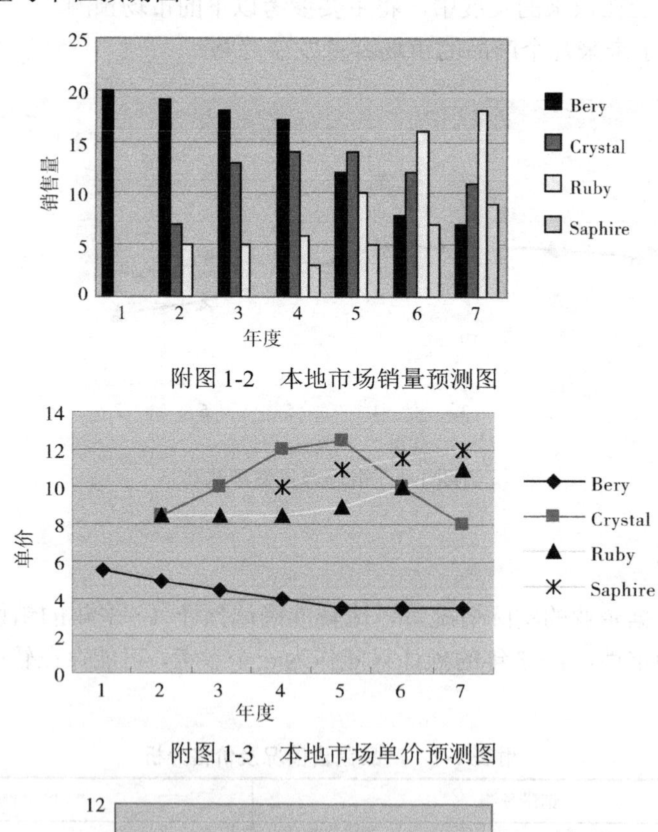

附图 1-2　本地市场销量预测图

附图 1-3　本地市场单价预测图

附图 1-4　区域市场销量预测图

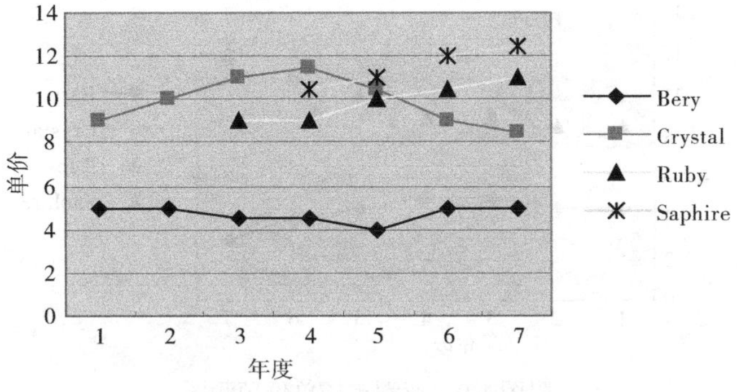

附图 1-5　区域市场单价预测图

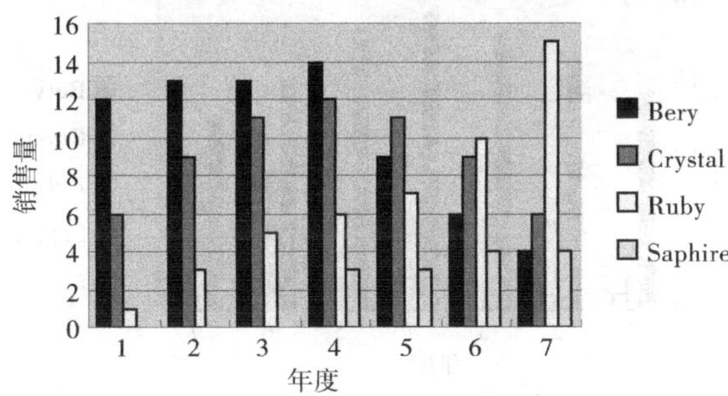

附图 1-6　国内市场销量预测图

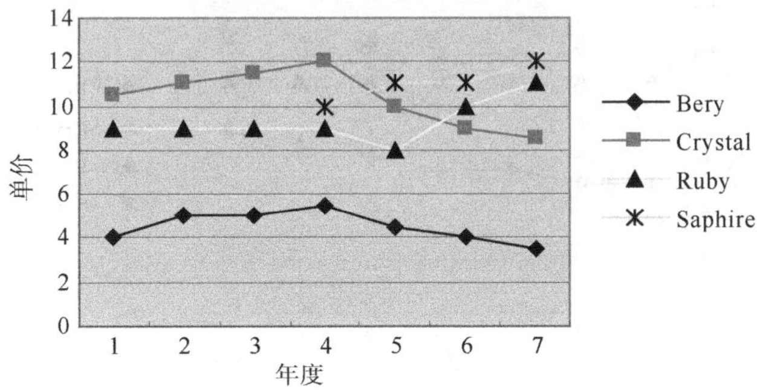

附图 1-7　国内市场单价预测图

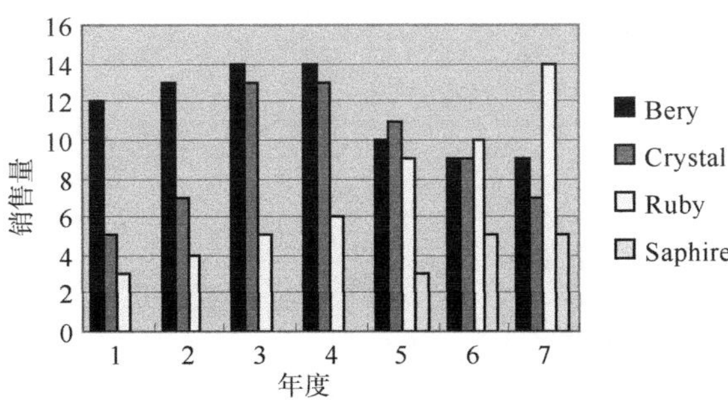

附图 1-8　亚洲市场销量预测图

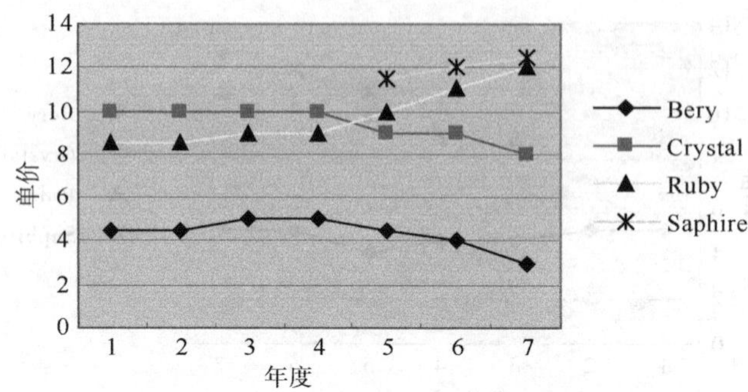

附图 1-9　亚洲市场单价预测图

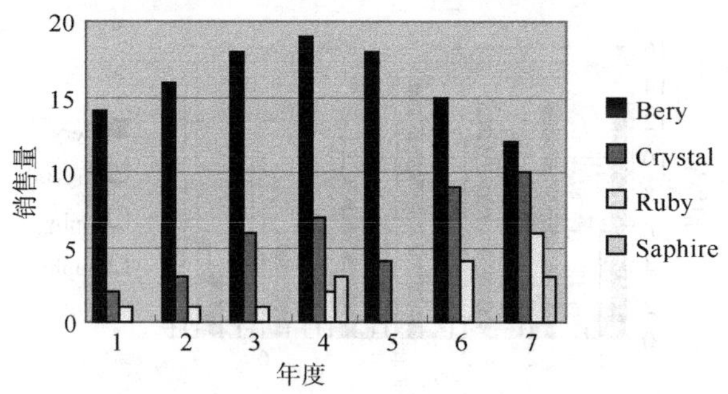

附图 1-10　国际市场销量预测图

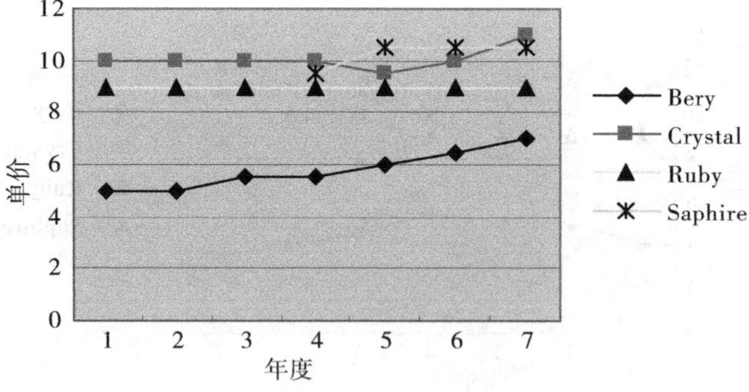

附图 1-11　国际市场单价预测图

附录 2

沙盘模拟广告投入及上年度销售收入合计表

产品	Bery 产品					Crystal 产品					Ruby 产品					Saphire 产品				
市场	本地	区域	国内	亚洲	国际	本地	区域	国内	亚洲	国际	本地	区域	国内	亚洲	国际	本地	区域	国内	亚洲	国际
第一年广告投入																				
第二年广告投入																				
第一年销售收入																				
第三年广告投入																				
第二年销售收入																				
第四年广告投入																				
第三年销售收入																				
...																				

附录3

沙盘模拟学员自主经营每年需填写的相关计划表

1. 重要决策表

时间	1季度	2季度	3季度	4季度	年底
决策内容					

2. 现金预算表

单位：百万元

项目	1季度	2季度	3季度	4季度
期初现金（+）				
变卖生产线（+）				
变卖原料（+）				
变卖厂房（+）				
应收款到期（+）				
支付上年应交税				
广告费投入				
贴现费用				
利息（短期贷款）				
支付到期短期贷款				
原料采购支付现金				
转产费				
生产线投资				

续表

项目	1 季度	2 季度	3 季度	4 季度
生产费用				
产品研发投资				
支付行政管理费用				
利息（长期贷款）				
支付到期长期贷款				
维修费费用				
租金				
购买新建筑				
市场开拓投资				
ISO 认证投资				
其他				
现金余额				
需要新贷款				

3. 产能预估表

生产线类型	产名类型	1 季度	2 季度	3 季度	4 季度
生产线 1	产品：				
生产线 2	产品：				
生产线 3	产品：				
生产线 4	产品：				
…	…				

4. 生产计划与物料需求计划表

产品：　　　　　　　　　　　　　　　　生产线类型：

项目	去年				今年			
	1 季度	2 季度	3 季度	4 季度	1 季度	2 季度	3 季度	4 季度
产出计划								
投产计划								
原材料需求								
原材料采购								

产品：　　　　　　　　　　　　　　　生产线类型：

项目	去年				今年			
	1 季度	2 季度	3 季度	4 季度	1 季度	2 季度	3 季度	4 季度
产出计划								
投产计划								
原材料需求								
原材料采购								

产品：　　　　　　　　　　　　　　　生产线类型：

项目	去年				今年			
	1 季度	2 季度	3 季度	4 季度	1 季度	2 季度	3 季度	4 季度
产出计划								
投产计划								
原材料需求								
原材料采购								

产品：　　　　　　　　　　　　　　　生产线类型：

项目	去年				今年			
	1 季度	2 季度	3 季度	4 季度	1 季度	2 季度	3 季度	4 季度
产出计划								
投产计划								
原材料需求								
原材料采购								

注：有多少条生产线，将形成多少个生产计划与物料需求计划，可以根据需要复制增加

5. 采购计划汇总表

原材料	1 季度	2 季度	3 季度	4 季度
M1				
M2				
M3				
M4				

6. 起始年任务清单

单位：百万元

每年初：				
（1）支付应付税（根据上年度结果）				
（2）支付广告费				
（3）登记销售订单				
每个季度：				
（1）申请短期贷款/更新短期贷款/短款还本付息				
（2）更新应付款/归还应付款				
（3）更新原料订单/原材料入库				
（4）下原料订单				
（5）更新生产/完工入库				
（6）投资新生产线/生产线转产/变卖生产线				
（7）开始下一批生产				
（8）产品研发投资				
（9）更新应收款/应收款收现				
（10）按订单交货				
（11）支付行政管理费用				
每年末：				
（1）申请长期贷款/更新长期贷款/长贷支付利息				
（2）支付设备维修费				
（3）支付租金（或购买建筑）				
（4）计提折旧				
（5）新市场开拓投资 /ISO 资格认证投资				
（6）关账				

7. 订单

项目					合计
市场					
产品名称					
账期					
交货期					
单价					
订单数量					
订单销售额*					

续表

项目					合计
成本*					
毛利*					

注：*为交货时填写

8. 现金流量表

单位：百万元

项目	1季度	2季度	3季度	4季度
应收款到期（＋）				
变卖生产线（＋）				
变卖原料（＋）				
变卖厂房（＋）				
短期贷款（＋）				
高利贷贷款（＋）				
长期贷款（＋）				
收入总计				
支付上年应交税				
广告费				
贴现费用				
归还短贷及利息				
归还高利贷及利息				
原料采购支付现金				
成品采购支付现金				
转产费				
生产线投资				
加工费用				
产品研发				
行政管理费				
长期贷款及利息				
维修费				
租金				
购买新建筑				

续表

项目	1 季度	2 季度	3 季度	4 季度
市场开拓投资				
ISO 认证投资				
其他				
支出总计				
现金余额				

9. 综合管理费用明细表

单位：百万元

项目	金额	备注
广告费		
转产费		
产品研发		□Crystal □Ruby□Saphire
行政管理		
维修费		
租金		
市场开拓		□区域 □国内□国际
ISO 认证		□ISO 9000 □ISO 14000
其他		
合计		

10. 损益表

单位：百万元

项目	去年	今年
一、销售收入		
减：成本		
二、毛利		
减：综合费用		
折旧		
财务净损益		
三、营业利润		
加：营业外净收益		

续表

项目	去年	今年
四、利润总额		
减：所得税		
五、净利润		

11. 资产负债表

单位：百万元

资产	年初数	期末数	负债及所有者权益	年初数	期末数
流动资产：			负债：		
现金			短期负债	26	**20**
应收账款			应付账款	0	**0**
原材料			应交税金	3	**2**
产成品			长期负债	0	**20**
在制品					
流动资产合计			负债合计	**29**	**42**
固定资产：			所有者权益：		
土地建筑净值			股东资本	64	**64**
机器设备净值			以前年度利润	4	**11**
在建工程			当年净利润	7	**4**
固定资产合计			所有者权益合计	**75**	**79**
资产总计			负债及权益总计	**104**	**121**

附录 4

课程实践报告模板

课 程 实 践 报 告

专 业 年 级____________________

课 程 名 称____________________

指 导 教 师____________________

学 生 姓 名____________________

学 生 学 号____________________

实 践 日 期____________________

实 践 地 点____________________

实 践 成 绩____________________

教务处制

20 年 月 日

实践项目名称	
实践目的及要求	
实践内容	
实践步骤	
实践环境	
实践结果与分析	
教师评语	

注：可根据实际情况加页

附录 5

课程实验报告模板

课 程 实 验 报 告

专 业 年 级____________________

课 程 名 称____________________

指 导 教 师____________________

学 生 姓 名____________________

学 生 学 号____________________

实 验 日 期____________________

实 验 地 点____________________

实 验 成 绩____________________

教务处制

20 年 月 日

实验项目名称	
实验目的及要求	
实验内容	
实验步骤	
实验环境	
实验结果与分析	
教师评语	

注：可根据实际情况加页